财经类高等院校研究生专业前沿文献导读系列丛书
中央财经大学研究生专业前沿文献导读教材项目

财政学前沿文献导读

何 杨 主编

中国财经出版传媒集团
中国财政经济出版社

图书在版编目（CIP）数据

财政学前沿文献导读／何杨主编．－－北京：中国财政经济出版社，2020.12

（财经类高等院校研究生专业前沿文献导读系列丛书）

中央财经大学研究生专业前沿文献导读教材项目

ISBN 978－7－5223－0104－4

Ⅰ.①财⋯ Ⅱ.①何⋯ Ⅲ.①财政学－文献－研究 Ⅳ.①F810

中国版本图书馆 CIP 数据核字（2020）第 196465 号

责任编辑：杨　波　　　　　　　责任校对：李　丽
封面设计：陈宇琰

财政学前沿文献导读

CAIZHENGXUE QIANYAN WENXIAN DAODU

中国财政经济出版社 出版

URL：http://www.cfeph.cn
E－mail：cfeph@cfeph.cn

（版权所有　翻印必究）

社址：北京市海淀区阜成路甲 28 号　邮政编码：100142
营销中心电话：010－88191522
天猫网店：中国财政经济出版社旗舰店
网址：https://zgczjjcbs.tmall.com
北京时捷印刷有限公司印刷　各地新华书店经销
成品尺寸：185mm×260mm　16 开　13.5 印张　277 000 字
2020 年 12 月第 1 版　2020 年 12 月北京第 1 次印刷
定价：60.00 元
ISBN 978－7－5223－0104－4
（图书出现印装问题，本社负责调换，电话：010－88190548）
本社质量投诉电话：010－88190744
打击盗版举报热线：010－88191661　　QQ：2242791300

中央财经大学研究生专业前沿文献导读教材项目
编委会成员

主　　　任：马海涛

委　　　员：（按姓氏笔画排序）

　　　　　　白彦锋　　冯秀军　　陈斌开　　李建军
　　　　　　吴　溪　　张晓涛　　林　嵩　　林光彬
　　　　　　贾尚晖

丛 书 主 编：马海涛

丛书副主编：张学勇　　肖　鹏

总　　序

　　党的十九大报告指出:"建设教育强国是中华民族伟大复兴的基础工程,必须把教育事业放在优先位置",要"加快一流大学和一流学科建设,实现高等教育内涵式发展。"2020年7月29日,在新中国成立以来的第一次全国研究生教育大会上,习近平总书记强调研究生教育在培养创新人才、提高创新能力、服务经济社会发展、推进国家治理体系和治理能力现代化方面具有重要作用。研究生教育肩负着高层次人才培养和创新创造的重要使命,是国家发展、社会进步的重要基石,是应对全球人才竞争的基础布局。改革开放特别是党的十八大以来,我国研究生教育快速发展,已成为世界研究生教育大国。中国特色社会主义进入新时代,各行各业对高层次创新人才的需求更加迫切,研究生教育的地位和作用更加凸显。

　　深化研究生教育改革,要重视发挥课程教学在研究生培养中的作用,而高水平教材建设是开展高水平课程教学的基础。2014年教育部发布《关于改进和加强研究生课程建设的意见》;2016年中共中央办公厅、国务院办公厅发布《关于加强和改进新形势下大中小学教材建设的意见》;2017年国务院成立国家教材委员会,进一步明确了教材建设是事关未来的战略工程、基础工程的重要地位;2020年9月,教育部、国家发展和改革委员会、财政部联合发布《关于加快新时代研究生教育改革发展的意见》(教研〔2020〕9号)中明确提出培养单位要紧密结合经济社会发展需要,优化课程体系,加强教材建设,打造精品示范课程,编写遴选优秀教材,推动优质资源共享。

　　中央财经大学高度重视研究生教材建设工作,坚持"科学规划、突出特色、鼓励创新、择优资助"的原则,围绕立德树人根本任务,以一流学科建设为目标,设立专项资金资助研究生教材建设,推动习近平新时代中国特色社会主义思想和社会主义核心价值观融入教材建设、融入课堂教学，培育学生经世济民、诚信服务、德法兼修的职业素养。从2009年起，先后组织了多批次研究生教材建设工作，瞄准学科前沿，出版各专业研究生前沿文献导读，推进以职业能力训练为导向的案例教学与案例库体系，着力组织建设一批国际化、高水平的专业学位研究生教学案例集，逐步形成了以"研究生精品教材系列、专业学位研究生教学案例集系列、研究生专业前沿文献导读系列"为代表的具有中央财经大学特色的研究生教材体系。

呈现在读者面前的研究生专业前沿文献导读系列丛书由多部文献导读教材组成，涉及经济学、管理学、法学三个学科门类，均由教学经验丰富、学术研究能力突出的一线教师组织编写。编者中既有国家级教学名师等称号的获得者，也不乏在专业领域造诣颇深的中青年学者。本系列丛书以"立足中国，放眼世界"的眼光和格局，本着扎根中国大地办大学的教育理念，致力于打造一批具有中国特色，具有较强思想性、科学性、系统性和时代性的适用于高等院校尤其是财经类院校研究生教学的专业教材，力求在各个专业领域内产生一定的影响力。

研究生专业前沿文献导读系列丛书的出版得到了"中央高校建设世界一流大学（学科）和特色发展引导专项资金"的支持。我们希望本套丛书的出版能够为相关课程教学提供基本的教学方案和参考资料，能够启发研究生对专业前沿知识的学习和对现实问题的思考，提高研究生运用理论知识解决现实问题的能力，进而将其培养成为具有良好学术素养、掌握前沿理论、具备国际视野的高层次拔尖创新人才。

在编写研究生专业前沿文献导读系列丛书的过程中，我们虽力求完善，但难免存在不足，恳请广大同行和读者批评指正。

研究生专业前沿文献导读系列丛书编委会
2020年10月于北京

前 言

财政学（Public Finance）是研究以国家为主体的财政分配关系及其运行规律的一门学科。财政学的发展经历了官房学时代、政治经济学时代和经济学时代（刘晓路、郭庆旺，2016），也和现代政治经济学、现代经济学和现代公共管理学的发展紧密相关（李俊生，2014），是研究国家治理的基础和重要支柱。财政学的主要研究内容包括政府收入支出运行规律以及与之相关的财政政策和财政制度。本书以财政可持续发展为主线，梳理财政学在不同发展阶段的经典文献，并对当前的学术前沿研究成果和研究方向进行分析和展望。

梳理财政学科的发展历程，欧洲大陆18世纪的官房学（Cameralism）研究的是王室财政的收支活动。Hood（1998）总结，官房学主要强调国家如何增强自身的行政、经济和军事能力，以改造社会，增进福利，达到秩序国家（Police State）的状态。欧洲主流国家从领地国家转变到财政国家或者税收国家之后，财政学伴随着英国政治经济学的兴起而发展。以亚当·斯密、大卫·李嘉图、约翰·穆勒为代表的政治经济学家，强调国家要顺应经济规律，构建了财政学的经济学基础。现代主流财政学理论也被称为盎格鲁—撒克逊学派，以美国的马斯格雷夫（Richard A. Musgrave）、哈维·罗森（Harvey S. Rosen）以及大卫·海曼（David N. Hyman）等学者为代表，逐步形成了公共经济学的财政学研究范式。经济学的研究方法在财政学研究中得到了广泛采用，但同时财政学作为紧密联系财政实践的一门学科，政治学、社会学、管理学和法学等学科中也对财政学问题研究给予了关注。中国古代也涌现了一些宝贵的财政学思想，改革开放之后引入了英美主流的财政学理论和分析方法，推动了我国财政学科的发展。

财政学的学术前沿问题涵盖内容广泛，影响深远，涵盖多学科研究方法。

本书邀请了多位年轻而富有科研能力的中青年学者参与,尽可能较为全面地展示学科研究的发展脉络和前沿动态,对于前沿文献的梳理,既包括发表在国外一流学术刊物上的前沿文献,也包括国内在这一领域研究的前沿文献,并注重对中国现实问题研究成果的总结,体现了国际视野、中国视角,用规范的研究方法关注和研究中国的财政问题。

第一章首先从财政与国家能力切入,这里的国家能力体现为多个方面,包括国家征税的能力(Besley 和 Persson,2009;Brennan 和 Buchanan,1980)、经济发展的能力、改善治理增进福利的能力(Backhaus 和 Wagner,2005)。财政能力和税收能力并非与生俱来,并且不同国家的税收能力具有显著的差异。从财政能力的内涵来看,它既涉及影响政权合法性和国家信用高低的政治因素,也包含财政制度设计和财政管理技术。从财政治理的政府间关系、公共支出、税收收入和非税收入几个维度的研究梳理中可以看到,财政在一国国家能力的塑造与提升中具有至关重要的作用,是国家宏观调控的重要手段。本章由中央财经大学财政税务学院刘金科副教授撰写。

一个国家的历史背后是一部惊心动魄的财政史,中西方的财政史研究成果已汗牛充栋。要研究财政学,就需要注重财政史的学习,只有了解历史才能更好地理解现实的局限,并更好地展望未来的发展。第二章的作者中央财经大学财政税务学院马金华教授基于多年关于财政史的研究,悉心梳理了中西方财政史的研究成果,并尤为关注新财政史的发展,即将财政史的研究和国家治理、经济发展和社会演变等结合起来,并融合多学科的研究方法,展示出财政史研究的蓬勃生命力。正如书中所言,财政赋税不仅仅是一种单纯的社会经济表征,它还是政治和社会变迁的动因。财政赋税体系的形成和嬗变是政治、社会和经济变革的结果和表现,同时又对政治体制、国家形成、社会结构、经济变革甚至文化心态等都产生了广泛而深远的影响。

中央地方财政关系在中国这个大国治理中显得尤为重要。第三章财政分权作者中央财经大学财政税务学院杨龙见副教授从理论和实践两个层面对此进行了梳理。这一领域的研究集中在财政分权、财政竞争以及政府间转移支付问题上。第一代财政分权理论以 Hayek(1945)、Tibeout(1956)、Oates(1972)的研究成果为代表,主要集中于财政分权对经济增长的内生原因研究。在民主选举体制和跨区域的人口流动不受限制的条件下，他们认为，联邦制下的财政分权将资源配置的权力更多向地方政府倾斜，将会提高社会总体福利水平。20世纪90年代后，财政分权理论发展到第二代，以钱颖一和罗兰（Qian 和 Roland）、温格斯特（B. Weingast）与怀尔德森（D. E. Wildasin）等人的研究成果为代表。他们在分权框架上引入了激励相容与机制设计学说，认为一个有效的政府激励结构应该能够实现地方政府官员和地方居民福利之间的"相容"。然而，不同国家的财政分权程度和方式却存在着一定差异，其原因和影响对于研究中国的中央与地方财政关系都有重要的启示。

现代财政学最好地体现"聚财为国、政出于民"理念的是现代预算制度的建立和预算理论的发展。无论是参与式预算、绩效预算，还是跨期预算、中期预算等英美国家的预算实践和预算理论都逐步引入中国，预算作为法定的政府资金分配方案，其审核、表决、监督等程序实际上贯穿政府资金使用的全过程。预算不仅仅是"钱"的问题，更重要的是隐藏在其背后的利益主体关系问题。在我国国家治理能力提升的过程中，预算改革至关重要。中央财经大学财政税务学院肖鹏教授在第四章中对国内外预算理论的发展进行了梳理，并对当前重要的预算研究问题进行了分析。良好的财政预算制度有助于政府机构优化运作机制、降低运作成本、提高活动的效率，使市场在资源配置中发挥基础性作用。

第五章社会保险是当前财政体制和财政政策领域的一个重要问题。随着中国收入分配问题凸显、老龄化问题日益严重，社会保险的制度设计显得尤为重要。政府介入私人保险领域既说明了信息不对称等保险领域的普遍信息失真，也是政府弥补收入分配不公等市场失灵的体现。社会保险的制度设计涉及统计学、保险精算、财政预算等多个领域，其中养老保险的再分配效应和长期偿付能力更是颇具挑战。本章由中央财经大学财政税务学院邵磊副教授撰写。当前我国社会保险尚不完善，对于地方财政、家庭行为和个人微观行为的影响的实证证据不足，影响了社会保险政策的科学制定，这些都是未来我国社会保险领域的重要研究问题。

中国地方政府的债务风险是否可控已经成为当前中国经济健康状况的重要指针之一。政府债务是否存在风险，政府债务风险与哪些因素有关，国内外的许多专家学者都进行了相关的研究和探讨。与西方国家相比，我国地方政府的债务问题具有其特殊性。在不具备发债的法律权利背景下，通过组建融资平台公司进行借债，形成了巨额的隐性负债。《预算法》修订之后，尽管地方政府发债方式日益规范，但是由于地方政府融资冲动没有得到遏制，债务扩张带来的财政风险和金融风险仍然堪忧。在第六章，中央财经大学财政税务学院何杨教授对地方政府债务的偿债能力、债务风险识别以及债务风险预警的国内外研究进行了系统梳理，是进一步加强我国地方政府债务风险研究的基础。

除了从宏观经济层面关注财税问题，还要认识到财政税收和微观个体也紧密相连。中央财经大学财政税务学院寇恩惠副教授在第七章对逃税与税收管理的研究领域进行详细阐述。在理论上，很多专家学者主要借鉴 Allingham 和 Sandmo（1972）的研究结果，并在此基础上进行了进一步的丰富与发展，但在不同的税收环境下，A－S 模型理论仍面临着巨大的挑战。Yitzhaki（1974）指出，如果发现逃税的惩罚（以及任何相关的非计划成本）与低估的税收成正比（而不是像 Allingham 和 Sandmo 所假设的那样，收入被低估），那么税率对逃税赌博的条款没有影响。其他学者又从税收遵从度、税收管理的激励措施等多个角度对逃税的成因及理论模型进行了不同层面的研究。同时，各种实证研究方法也都在逃税领域进行了探索，对于政府税收管理也具有重要的政策启示。

"谁支付谁受益"是评估财税政策实施效果的重要问题。在第八章中，中央财经大学财政税务学院汪昊教授对税收归宿的理论和实证研究进行了详细的梳理。在国外的研究中，所得税、房产税和社会保障税等直接税的税收归宿带来了主要的研究问题，而在我国的税制结构中，间接税的税收负担衡量显得更为重要。已有研究通过构建较为一般化的分析框架，测算了不同税种在不同人群之间的税负分布，为评估和完善税收政策具有重要的理论意义。

在开放经济中，资本、人员、技术的流动跨越国界，而所得税的全球收入课税，一直以来就与资本、人员和技术的跨境流动具有冲突。少数没有开征所得税和不对居民境外所得征税的国家（地区）就成为吸引跨国纳税人利润转移的税收"洼地"。跨国纳税人的利润转移和税基侵蚀行为带来了什么样的影响，各国采取的单边措施和国际税收合作能否解决全球化背景下的所得税难题，是全球化发展和国际税收制度完善亟待解决的理论和实践问题。在第九章中，中央财经大学财政税务学院博士生王卉乔对于跨国纳税人通过避税地进行利润、财富转移的行为以及国际税收合作的影响进行了综述，并对加强我国作为资本输出国的相关研究进行了深入探讨。

感谢中央财经大学研究生院的资助，感谢中国财政经济出版社编辑的辛勤付出，博士生王路同学对于书稿的校对做出了贡献。由于水平有限，疏漏之处还望读者海涵。

中国财政学国内研究在引入西方公共经济学研究框架和方法后得到了很大的发展。很多实证研究运用公共经济学理论和计量研究方法，对财政政策和财政制度与经济增长、收入分配、社会福利等方面的影响进行了探索。同时，针对中国财政体制、预算改革、税制改革的经济效应进行了中国化的研究。在我国政府治理水平提升、经济增长方式转变的历史时期，财政税收如何实现可持续的增长为学术研究提出了重大的命题。中国财政问题的研究也将更加扎根于中国大地，期待着财政学的研究者心怀经世济民之志，通过严谨科学的学术训练，在财政学理论构建和政策创新中尽到自己的绵薄之力。

何 杨

2020 年 10 月

目 录

第一章　财政与国家能力 ································· 1
　　第一节　引言 ··· 3
　　第二节　经典文献和国外文献中的前沿研究 ············· 4
　　第三节　中国问题和国内文献中的前沿研究 ············· 11

第二章　中外财政史 ····································· 21
　　第一节　中国财政史领域的重要文献和研究重点 ········· 24
　　第二节　外国财政史领域的重要文献和研究概况 ········· 35
　　第三节　新财政史的兴起与研究趋势 ··················· 42

第三章　财政分权 ······································· 49
　　第一节　财政分权理论 ······························· 51
　　第二节　财政分权实践 ······························· 62

第四章　政府预算 ······································· 71
　　第一节　西方预算理论发展 ··························· 73
　　第二节　国内预算理论发展 ··························· 79

第五章　社会保险 ······································· 91
　　第一节　经典文献和国外文献中的前沿研究 ············· 94
　　第二节　中国问题和国内文献中的前沿研究 ············· 100

第六章　地方政府债务风险 ······························· 109

第一节	地方政府偿债能力	111
第二节	地方政府债务风险	113
第三节	地方政府债务风险预警	118

第七章 逃税与税收管理 ············ 127

第一节 导论 129
第二节 逃税的理论模型 135
第三节 逃税的实证研究 147

第八章 税收归宿 ············ 157

第一节 经典文献和国外文献中的前沿研究 159
第二节 中国问题和国内文献中的前沿研究 167

第九章 避税天堂与跨国纳税人利润转移 ············ 179

第一节 避税天堂的是是非非 182
第二节 避税天堂的实证评估 185
第三节 避税天堂的应对策略 190
第四节 文献评述与展望 193

第一章

财政与国家能力

财政史是一个民族的历史中最为重要的组成部分,为了满足国家的需要而进行的经济汲取及其使用结果对民族的命运会产生极大的影响。

——熊彼特,"税收国家的危机",1918

公共财政对经济发展具有重要作用,税收能力是国家发展的基础。国家能力体现为国家征税的能力、经济发展的能力、改善治理增进福利的能力。关于国家能力内涵与构成要素、分权治理、公共支出的价值、非税收收入的研究表明,国家能力是政府影响社会组织、规范社会关系和集中有效地分配国家资源的能力,国家能力的实施存在集权与分权两种形式的选择,公共支出的价值是促进国家能力建设的重要动机,而非税收收入既是政府收入的一个重要来源,又是影响国家能力的一个因素。中国问题视角下的国家能力具有成长性,现代国家能力区别于传统国家能力的标志表现为系统化、理性化和法治化。财政在一国国家能力的塑造与提升中具有至关重要的作用,是国家宏观调控的重要手段。税收能保证国家顺利执行自己的目标,是国家与社会关系结构的核心内容。

第一节 引言

历史学家将国家能力的发展（尤其是课征税收的能力）视为一个需要解释的核心事实，而经济学家通常将这种制度能力作为前提条件，征税能力（权力）在大多主流公共财政研究中被认为是理所当然的存在。回顾当今发达国家的历史和当今发展中国家的现状，可以看出，获得这一能力并非是理所当然的。传统经济理论中认为中央和地方政府有制定法律和规章的能力，以管理经济活动并提供公共产品；但许多不发达地区的国家政府从古到今都很缺乏这种能力，Migdal（1988）指出，在第三世界的一些地方，国家领导人无力在本国的大部分地区进行有效管理的情况已经非常引人注目。

熊彼特（Schumpeter，1918）提出并强调在宏观层面结合经济、政治和社会因素研究税收制度发展的重要性[①]。Nicholas Kaldor（1963）提出了公共财政对经济发展的中心作用，并指出税收能力是国家发展的核心。一国政府如何将税收规模从GDP的10%提高到40%？这是税收与发展领域的核心问题。传统研究的重点是与信息不对称或政治动机有关的激励约束机制，而不是国家的行政管理能力。但仅凭激励约束机制并不能解释我们在世界各地和不同时空看到的税收水平的巨大差异。低收入国家的税收规模一般处于GDP的10%—20%之间，而高收入国家的税收平均规模一般为40%。因此，公共财政与税收仍然是一个有待进一步探索的领域。而且，随着对宏观经济问题理解的深入以及基于微观数据的政策评估，政策制定者越来越认识到，完善的税收制度有助于国家支持经济发展。

经济学家倾向于将不断发展的经济视为政府税收政策背后的驱动力。然而，经济的发展并不会机械地转化为税收的增加。Besley（2013）认为，需要加深政治激励如何影响税收制度演变的理解。这与Schumpeter（1918）的观点一致，他认为税收制度的发展与国家的性质及其历史有着内在的联系。综上，财政是国家能力的重要体现。这里的国家能力体现为多个方面，包括国家征税的能力（Besley和Persson，2009；Brennan和Buchanan，1980）、经济发展的能力、改善治理增进福利的能力（Backhaus和Wagner，2005）。近年来，财政制度对发展中国家治理能力的影响也得到许多的关注（Chowdhury和Murshed，2016）。这一领域的研究要回答两个基本问题。一是国家能力的内涵是什么？一个强大的国家意味着什么？二是一国财政税收水平对国家能力有何影响？为什么富国同时也是高效

[①] 熊彼特这一著名的研究在他担任刚刚成立的奥地利共和国联合政府的财政部长一职的前一年产生。熊彼特关于税收国家及其在资本主义社会的地位的洞见至今仍是他最引人注目的贡献之一，它不仅提供了财政社会学中一个被严重忽视的观点，而且为熊彼特在更广阔的社会背景中分析经济问题以及用这些术语阐述事件之间的逻辑关系的能力，提供了一个极佳例证。

合同和产权强制执行的高税收国家呢？为什么议会制民主国家比总统制民主国家有更好的财产权保护和更高的税收？这里的关键问题是，传统经济学将国家课税能力视为既定条件的研究框架已然失效，要将政治制度形成的激励和制约因素纳入分析框架，把政治动机（和制度的作用）作为理解经济变化的核心，来研究这些激励和制约如何影响国家能力的发展。

以下的讨论将分为两个部分：分别是经典文献和国外文献中的前沿研究，以及中国问题和国内文献中的前沿研究。

第二节 经典文献和国外文献中的前沿研究

本章回顾和梳理财政学中有关国家能力的经典文献和国外文献中的前沿研究。Persson 等（2002）对英文文献中关于财政作为政治制度产出的研究做了清晰的梳理，涵盖了该领域的经典文献和发表在 2002 年前的重要研究。Besley 和 Persson（2013）从理论联系实际的角度梳理了税收与国家能力的前沿研究。由于篇幅有限，本章仅选取每个分支领域中的经典文献和代表性成果进行介绍和讨论，读者可以参考分别收录在 Handbook of Public Economics 丛书第三本和第五本的这两个章节进行补充。

一、国家能力内涵与构成要素

关于国家能力的研究，起源于国家学派代表人物斯考切波提出的"国家中心论"，它开创了国家能力的研究范式，强调国家自主性和国家能力对社会经济、社会阶级结构以及意识形态的影响。该理论也受到了学术界的广泛关注。罗伯特·希格斯认为这一理论是对现代国家权力的理性化过程做出的规范解释，因而将其视为现代国家实现政治现代化的现代政治理论。Mushkin（1958）指出国家能力就像一个光谱，至少可以将其划分为三个波段：（1）税收能力；（2）经济能力；（3）满足公共服务要求的支出能力。Joel S. Migdal（1989）将国家能力视为中央政府"影响社会组织、规范社会关系、集中国家资源并有效地加以分配或使用的能力"，具体包括以下四个能力：第一，国家对社会各部门发挥影响的浸透（penetrate）能力；第二，社会内多种关系的调节（regulate）能力；第三，社会内存在的各资源的汲收（extract）能力；第四，将汲取资源适当地分配或使用的能力。按照他的看法，强国家（Strong States）能高度实现上述四个能力；相反，弱国家（Weak States）则很难实现上述四个能力。Michael Mann（1988）首先区分了传统国家与现代国家，认为传统国家的职能以军事为主，现代国家越来越以民事为主。据此，Michael Mann

把国家权力分为专制性权力和基础性权力。专制性权力是指国家精英可不经过市民社会群体协商的程序而自行行动的范围。基础性权力，即国家能力，是指国家规则"贯彻"到市民社会的力量。受到 Michael Mann 的国家能力理论的影响，之后相关研究也主要围绕国家能力与社会之间的关系展开。国家能力的理论先驱斯考切波着重强调了财政汲取能力对于国家能力的重要性。

North 和 Weingast（1989，2000）认为，为了经济发展，国家必须有足够的能力来保护产权和其他支撑市场和反垄断的制度，但不能太强而没有制衡，因此需要进行民主监督和平衡。Bardhan（2016）认为国家能力，从发展的视角（不考虑发展的结果）来看，必须采取非循环定义的方式进行清晰界定。通过对现有文献的梳理，可以看到能力定义包含两个（有些重叠的）部分，而这两个部分并非只是对经济成功的反映：（1）政治集权；（2）承诺能力。Acemoglu 和 Robinson（2012）强调政治集权的重要性。他们认为，各国在发展方面的成败取决于其政治和经济体制的"包容性"，而政治集权（一个运作良好的国家，在地方司法管辖区内建立一个统一的秩序）是必不可少的包容性政治制度之一。它可以将不同地方当局的政策行动所产生的外部因素内部化，使一个包容性组织能够克服地方庇护主义的各种压力。正如 Besley 和 Persson（2011）所建议的那样，这也为现任政治领导人投资创造财政和法律能力提供了激励。从经验上看，OSafo - Kwaako 和 Robinson（2013）引用了跨文化样本中的证据，证明政治集权（在"地方社区之外的管辖等级"）与公共物品和发展成果的不同衡量标准之间存在着强烈的正相关关系。在过去的四个世纪中，11 个欧洲国家的财政中心化（2012）以及 Michalopoulos 和 Papaioannon（2013）提供的直接计量经济证据，证明了政治集权的历史措施对当代经济发展的积极影响。

虽然政治集权意味着包含不同的地方利益和决策，但强大和有效的国家更普遍的特征是在面对来自不同利益集团的压力时做出可信承诺的能力。人们可以用简单的委托代理模型来描述统治者与被统治者之间在这种强势状态下的关系。假设强势国家的统治者被设想为最大化他自己的客观功能，受制于并且在这个过程中，统治者根据那个反应函数内化他的行为的经济成本和收益。在这种情况下，统治者被认为是一个 Stackelberg 模型中的领导者。相比之下，人们可以说弱者或"软"状态是一个 Stackelberg 模型中的追随者，它不能承诺某一特定政策，只会对特殊利益集团等私人行为者的独立行为做出反应。在这个模型中很容易证明，与"强"的状态相比，"软"的状态会产生太多不良的干预（为游说团体创造租金的过程中产生扭曲），这一点通常是制度经济学家（以及早期的公共选择理论家）强调的，但他们通常不会注意到，按照同样的逻辑，"软"国家的干预力度太小，因为政府没有考虑到本国政策的积极效应，也没有将其内部化（例如，公共投资的正外部性）。因此，"强大"国家（如东亚大部分地区）和"软"国家（如在非洲或南亚的大部分地区）之间的区别不一定在于干预的程度，而在于其质量。

在承诺的政治先决条件方面，埃尔斯特（Elster，1995）认为，要做到可信和有效，承诺需要民主。如果有既定的程序使统治者因为没有履行这些承诺而下台，统治者的承诺被认为是更可信的。这是许多关于宪法政治经济学的文献的中心主题。然而，东亚的一些强大政权当时并不民主，但随着时间的推移，他们已经建立了正式承诺的声誉替代品。另一方面，在民主国家，当所谓的幼稚产业保护得到延长时，违反了早先的承诺，几乎没有民众组织起来反对它的压力。一个密切相关的承诺问题是在公共部门运营或资助的项目中强制执行严格的预算约束。一个强大的国家应该更好地抵御来自失败项目利益方的不可避免的救助压力。因为早期投资的沉没成本，即使人们意识到，它们最初的净现值为负值。一个脆弱的国家无法做出可信的承诺去终止一个糟糕的公共项目，东亚近代史上国家干预质量的另一个重要方面，大体上与使用明确、明确定义、预先宣布的绩效标准规则有关。例如，在韩国，由于严格遵守出口业绩标准，国家大力参与通过补贴信贷分配指导投资，取得了很大的成功。当然，在大多数实际情况下，国家既不是斯塔克尔伯格的领导人，也不是斯塔克尔伯格的追随者。国家和私人利益集团通常都无权单方面界定其行动的参与者，双方都可能是战略行为者，有一定的影响力来影响条款，而讨价还价博弈的结果将取决于他们在不同情况下不同的讨价还价优势。

在考察国家能力的要素时，也有许多讨论。一个软弱的国家缺乏国家能力，特别是财政、法律和军事能力来提供公共产品和服务（包括法律和秩序）（Besley 和 Persson，2011）。在新兴国家能力文献中，不同的作者强调了不同的方面。Tilly（1985）有一个著名的观点，认为近代欧洲早期军事财政国家的形成与国家间战争（或其中的威胁）有关。Levi（1988）认为国家能力的形成与战争促使公民愿意缴税和应征入伍有关。然而，也有观点认为，在近现期和欧洲外部，各国都没有战争，并且曾有一些战争瓦解了先前存在的国家。

Evans 和 Rauch（1999）强调了国家官僚体系中某些韦伯特征的重要性，如精英招募和官员的长期职业奖励。此外，历史悠久的持续官僚结构可能会培养出有益的官僚文化或团队精神，这可以肯定国家的有效性。Bockstette，Chanda 和 Putterman（2002）计算了一个国家的古代指数，研究发现在发展中国家中，撒哈拉以南非洲和拉丁美洲的这一指数要比亚洲低得多，甚至在亚洲，韩国的指数也是菲律宾的几倍。一项跨国研究表明，一国古代指数与该国目前的法治指数之间存在着显著的正相关关系。官僚机构的效应取决于薪酬结构和激励措施。现在有越来越多的关于官僚体制中的激励和监督改革的实验性评估的文献。例如，Dal Bo，Finan 和 Rossi（2013）提供了来自墨西哥的实验证据，表明不仅高工资吸引了更高素质的新人加入政府（即使在困难的地方），而且与普通的预设相反，他们并没有"排挤"公共服务中有价值的内在非金钱动机。科尼克（2013）将不同类型的国家能力分为技术能力、组织化能力和政治能力。技术能力特别重要，如在筛选有价值的公共项目等方面。信息技术在这里拓展了重要的领域。Muralidharan，Niehaus 和 Sukhtankar（2014）使用一项大规模的实验，对印度 158 个分区和 1 900 万人采用随机化的新系统，评估经生物识别认证的支付结构对印度公共就业和劳动项目的影响。他们发现，新系统提供了一个更快、更可预测和更少腐败的支付流程，而不会对程序访问造成不利影响。这表明，投资于安全认证和支付基础设施可以大大提高发展中国家有效实施社会方案的能力。

在实证文献中，国家能力通常是以税收—GDP 比粗略衡量的。但是，来自资源租金的收入不一定能代表国家能力，这个占比在一个自然资源丰富的国家可能相对较高，或者在一个贫穷国家由于独立的原因而较低（例如，要素市场不完善的性质），非正规部门很大。国家能力也与政府模式有关。例如，Bandiera，Pratt 和 Valletti（2009）表明（来自意大利国家采购机构的政策经验），公共采购的绝大部分浪费源于一些组织模式（"自上而下"公共机构的治理模式表现最差）。而且，国家能力在不同国家职能中也存在差异。印度在一些重大事件上表现出非凡的能力，比如组织世界上最大的选举或世界第二大人口普查的复杂后勤工作。但，例如一些常规的基本工作，如成本效益定价和电力分配，它表现出的能力很差。这在一定程度上是因为当地政治的干预，导致难以从一个庞大且政治敏感的客户群中收回成本等问题。综上，国家能力重点在于如何解决承诺、抵制短期主义与软预算约束压力的问题。在印度和非洲的许多地区，警察和官僚机构都高度政治化，并故意不作为，为领导人的短期政治目标服务。在这种情况下，改善官僚自治的措施可能会提高绩效。一般而言，正如 Aghion 和 Tirole（1997）在权力分配中所指出的，在复杂的项目中，要求赋予代理人（官僚）自主权，因为代理人（官员）比委托人（政治家）更了解情况。

二、分权治理

在国家能力研究领域，分权讨论不再局限于财政分权，而是将政治分权一并纳入分析框架。国家治理需要在承诺结构和问责程序之间进行权衡。政治上的集权往往导致割离的官僚机构，这些官僚机构对当地的需要和关切不敏感，无法利用当地的信息，缺乏主动性和独创性。与集权的跨辖区优势相反，许多研究主张地方问责制和分权的优势。其中包括同侪监督，公民参与的便利性以及地方一级的决策和计划利益的相对透明度。巴西现在有一个参与式预算（PB）程序（公民直接参与预算和决定投资优先领域），巴西目前有相当一部分城市实行参与式预算程序。根据 1990—2004 年巴西所有城市的面板数据，Gonçalves（2014）研究显示，采用 PB 的城市增加的卫生和卫生支出明显多于没有采用参与式预算的城市，这对婴儿死亡率等结果已产生相当大的影响。

与早期的财政联邦主义文献相反，最近关于分权和发展的文献指出政治集权中存在的政治经济和体制问题（如渎职、寻租、推卸责任和缺勤以及其他治理问题）。分权还可以促进地方政府之间竞争流动私人资本，这可能会使他们避免过多地获取租金。在一些发展中国家，比如说巴西、南非和印度尼西亚，分权一直是民主过渡的一个组成部分，并对随后的发展政策结构,特别是在提供社会服务方面,产生了重大影响。

另一方面,分权治理往往容易被合谋的精英所控制,使得合谋变得更容易。200 年前詹姆斯·麦迪逊(James Madison)在联邦党人文集中就表达了对此的担心。财政联邦制文献中著名的 Tiebout(1956)机制是解决该问题的保障方案,即具有充分知情权和自由流动权的公民通过"双脚"投票来应对不同地区的公共治理。但在许多贫穷社会(主要是由于各种类型的要素市场缺陷),Tiebout 机制作用有限。实证文献表明,地方精英合谋成立的先决条件取决于:当地最初的社会和经济不平等;该地区的政治竞争程度;地方民主的审议过程(公开听证会,市政厅会议等)是如何运作的;关于政府运作以及地方一级的应享权利和拨款的信息自由流动情况。在这方面,关于分配给地方政府的资源的宣传运动(和媒体曝光)以及如何使用和审计这些资源(如果有定期独立审计账目的规定)的重要性是不言而喻的。减轻合谋精英控制影响的努力还包括在政治上保留地方议会的席位以及处境不利的社会群体的领导地位,例如对印度低种姓、部落和妇女的席位的强制性保留。从 Chattopadhyay 和 Duflo(2004)的研究开始,关于对这些群体福利影响的实证文献越来越多,研究发现保留妇女村务委员会主席的职位有显著的积极影响。随后的文献,如 Bardhan,Mookherjee 和 Torrado(2010)等研究并未证实这一点,尽管有证据表明政治地位的保留有助于改善某些少数民族群体某些福利目标。这其中更重要的原因可能是,政治地位的保留可能会在较长时期内对弱势群体的潜在领导人产生赋权和建立信任的作用,Beaman 等(2009 年)的女性案例研究证实了这点。除了在社区内部扭曲地方治理外,分权还可能产生更广泛的不利影响,如果:(1)区域竞争导致"底层竞争",省保护主义会侵蚀中央政府,就像普京中央集权之前的俄罗斯一样。Gervasoni(2010)研究发现阿根廷也存在类似情况;(2)它加剧了地区不平等。这是因为不同的区域资源禀赋和制度不同,较富裕的地区对分配资源的主管部门有更大的影响力。但是在玻利维亚和南非,通过改进中央转移支付对各地区的标准,分权改善了区域平等。

在许多领域,法律和事实上的分权之间也存在相当大的差距。更高层次的政府往往将社会服务的职责下放到较低的层次,而没有相应的资金或人员的配套——频繁发生的"没有资金支持的任务"的情况。一般而言,各领域的政治和体制背景以及分权制度的设计和执行情况差别很大。关于不同发展中国家权力下放的影响的实证研究数量有限,结果好坏参半(即使在考虑到权力下放决定的内生性之后)。在需要掌握相当地方知识和信息的事项中,权力下放是重要的(例如在寻找适当的技术或开发当地的自然资源和人力资源方面)。但在专业知识更为重要的事项上,如在公共健康和卫生、河流系统或水质等问题上,或在学校的课程编制或应用审计等监测方法方面,影响则不一样。集聚经济有时会将人才从地方政府吸引到中央机构和专业部门,因此,超地域的专业知识可能会带来更大的影响。因此,权力下放的相对优势将因情况和时间而异。

在关于中央集权与分权的讨论中,现有研究均发现中国在实现经济高增长方面取得了巨大成功，在这方面是一个独特的混合体制案例，即具有高度的政治集权、精英政治和威权政党下的人事制度，同时又与大量的地区分权、竞争和试点改革相结合（Bardhan，2016）。Xu（2011）将这种制度描述为"地区分权的威权主义"，与大多数高度集权的威权制度形成鲜明对比。特别是在经济改革开始后的前二十年，地方分权通过区域竞争和对失败的当地企业实施的预算限制，帮助了中国农村地区的商业发展。这些都是所谓的财政联邦制的基本要素（Qian 和 Weingast，1997；Qian 和 Roland，1998）。但是，正如 Rodden 和 Rose Ackerman（1997）对财政联邦制的一般性批评，制度环境决定了地方政府的领导人是对高度流动的投资者做出积极反应，还是更多地关注由流动性较弱当地联盟主体的需求。中国的官僚晋升制度与印度不同（后者更多地基于资历而非业绩），相当重视官员负责的地方经济表现（以及维护该地区的政治"稳定"），从而将政治集中化与地方官僚绩效激励相结合。同时，国外研究也指出，由于中国缺乏有效制衡，中央和地方两级政府间紧张的政治商业关系很容易恶化为大规模的腐败和滥用权力，导致近年来较突出的不平等、任意攫取土地、不安全的工作条件、食品安全供应以及有毒的污染等问题。并且，对国有控股或政治关联企业的过度投资和产能过剩的监督也较少。这就引出了民主治理与发展关系的一般问题，这一问题在中国和印度这两个最大的发展中国家的绩效比较讨论中一直占据突出地位。正如中国以外的一些人（通常被称为"北京共识"），确信威权主义有利于发展。但 Bardhan（2016）指出这是一种错误和有害的概括，但应该小心谨慎。关于民主与经济发展之间的关系非常复杂，不能一概而论。Acemoglu 和 Robinson 指出经济表现很大程度上取决于政治结构，但二者有时会共同发展演变。目前前沿研究对政治制度与发展之间关系结论更为审慎，因为这涉及大量的制度条件和突发事件，从国家实践来看民主对经济发展既非必要也非充分条件。

三、公共支出的价值

Besley 和 Persson（2013）提出公共支出的价值是促使建设国家能力的一个重要动机，这与历史和政策密切相关。正如历史学家所认为的，战争在公共财政史上发挥了核心的作用。战争的威胁可能起到激发共同利益的作用，使社会接近共同利益状态，或从弱国状态转变为再分配状态（至少在受到威胁的时期如此）。这与 Hintze（1906）、Tilly（1985，1990）等学者的观点一致。Dincecco 和 Prado（2010）使用前现代战争的因果关系来解释今天的财政能力（以直接税作为税收总额的比例来衡量），并将人均 GDP 与财政能力联系起来。Gennaioli 和 Voth（2011）建立了一个两国模式，内源性外部冲突与政治制度的分裂和战争成本相互作用，以塑造国家建设动机，然后他们运用该模型的洞察力来解释 1500—1800 年间欧洲国家税收的不同路径。Feldman 和 Slemrod（2009）将税收遵从与战争事件有关。战争可能会产生其他不规范的影响，因为战争实际上塑造了社会偏好。一种解释可能是，它减少了两极分化，因为公民形成了更清晰的国家认同意识——见 Shayo（2009）关于国家认同的内生形成。这可能会将暂时性的冲击转化为永久性的影响。因此，在一个财政能力投资长期存在的动态模型中，战争可能会产生持久的影响。一个国家在过去的战争中建立了一个强大的税收体系，这一事实可能会提高其长期税收，以至于这种投资是永久性的。例如，在实行从源头征收所得税作为帮助其战争开支融资的手段的国家，情况可能正是如此。

另一方面，政府识别良好项目的能力也会影响公共支出的价值。近年来，一项重要的发展研究提出利用随机对照试验（RCT）来确定公共干预的价值，通过确定高效率的干预措施寻找更好地分配资源给公共产品的方法（Duflo, Glennerster 和 Kremer, 2007; Banerjee 和 Duflo, 2009）。通过随机对照试验发现的公共干预措施可能有助于建立共同利益国家，这一发现在一定程度上解释了为什么西方福利国家建设在和平时期逐渐成为国家发展的引擎。建立有效的公共卫生保健系统似乎是一个特别重要的例子。这种制度之所以持续下去，主要是因为回报被视为具有高回报的公共支出价值。在这种情况下，利用充分的高质量的信息可以提高公共支出的价值，如更好地利用信息和通信技术。这方面研究指出创造（提升）国家能力与找到更好更有效的方式使用公共资源具有互补性，即公共支出价值越高，支出越有效率，有助于创造（提升）国家能力。但这个结论一般都建立在用于公共项目的资源都会转化为公共产品的实际支出的假设之上。但在许多国家，这是一个糟糕的假设，因为腐败程度很高。根据 Reinikka 和 Svensson（2008）的开创性工作，许多研究表明了减少腐败和增加有利于最终用户的有效支出流动的干预措施的价值。

综上，建立一个基于共同利益的国家要求公共收入支出的项目价值为大部分公民所认可。在历史上，战争可以说是这种共同利益的一个重要来源，并为创造国家能力提供了一个关键动机。在其他条件相同时，缺乏共同利益的国家在财政上将处于弱势。改进项目评价，并确定哪些公共干预措施在实践中有效是一个可能的改善手段。这不仅可以改善特定预算的使用，而且还可能促进财政能力的内生增长。

四、非税收收入

非税收收入是政府收入的一个重要来源，不同非税收入来源对国家能力的影响不同。在许多国家政府收入的来源主要是国家援助和国内自然资源。不发达国家获得了大量援助，援助额占国内生产总值的很大一部分，而且往往大于国内产生的税收收入。例如，根据"世界发展指标"，1962—2006 年，在一个低收入国家中，援助在国民总收入中所占的平均份额约为 10%。援助的提供减少了政府采取行动投资国内财政能力以增加国内收入基础的动机。理论研究发现提升政府筹资能力的重点是向政府提供贷款，而不是发放现金赠款。贷款促进了建立有效税收制度的动机。当公共物品有价值时，一笔赠款或贷款将增加对财政能力的投资。强迫偿还贷款，将进一步增强投资效应。但在撒马利亚人的困境中，这种激励机制将被逆转，在这种困境中，一段时期投资于财政能力的失败，会在之后引发更多援助，这一困境似乎与一些有关依赖援助国家的情况有关。援助往往是因为穷国在国内增加收入方面遇到困难。

在那些拥有易于征税的自然资源的国家，丰富的自然资源也会抑制国家建设财政能力的努力。一个在第一阶段发现石油并在第二阶段预计收入的政府将减少对财政能力的投资。当然，这种资源收入可能是有益的，但可能需要一段财政能力建设的追赶期，国家容易受到商品价格负面冲击的影响。在这些国家，税收可以使用特许权使用费支付。在同样的低收入国家中，大约四分之一的国家在 2000 年石油出口中所占的份额超过了 GDP 的 20%。经济严重依赖初级产品的国家所占比例更大。多种来源的税收，如增值税和所得税，低于比其他形式下获得的收入。Jensen（2011）发现，自然资源租金在政府总收入中所占份额增加了 1%，而国内生产总值的税收份额则降低了 1.4%。

另外，腐败也可能成为政府或政府官僚的一种直接的、非税的收入筹集手段，产生非正式税收。但与明确征税一样，这种通过腐败获取收入的非正式手段对私营部门的业务造成静态和动态的扭曲。这种非正规税收的存在影响到最优的税率，因为正规税率和非正规税率都对每个税基产生影响。国际比较发现，税收水平越高的国家也是腐败程度较低的国家，但是实证研究仅发现二者之间的相关关系，并未证实二者之间的因果关系。

第三节　中国问题和国内文献中的前沿研究

国内文献方面，国家能力的探讨主要还是集中于政治学领域，散见于社会学、法学领域。财政学领域虽然也有部分涉及，但是相关性和针对性一般较弱。在这一节中，我们主要围绕国家能力界定、现代财政制度、税收制度这三个重要问题展开讨论。

一、国家能力的界定

随着全球化的发展，国家在世界各国的经济政治发展中扮演着愈来愈重要的角色。20世纪 80 年代中期以来，我国国家经济快速发展，针对国家能力相对不足的现状，相关研究应运而生。关于国家能力的研究，我国学术界受国家学派代表人物斯考切波的"国家中心论"、迈可·曼的国家能力理论的影响较深，对国家能力的理解也大都以国家权力如何更好作用于社会为基点而展开。1993 年美国耶鲁大学政治学系助理教授王绍光和中国科学院研究员胡鞍钢《加强中央政府在市场经济转型中的主导作用——关于中国国家能力的报告》专著发表，引起了国内学者及政府的广泛关注，对于国家能力的研究也开始逐步推进。

王绍光和胡鞍钢（1993）在合著中将国家能力界定为，国家将自己意志、目标转化为现实的能力。将国家能力分为四种能力：一是汲取能力（extractive capacity），是指国家动员社会经济资源的能力，国家汲取财政的能力集中体现了国家汲取能力。二是调控能力（steering capacity），是指国家指导社会经济发展的能力。三是合法化能力（legitimation capacity），是指国家运用政治符号在属民中制造共识，进而巩固其经济地位的能力。四是强制能力（coercive capacity），是指国家运用暴力手段、机构、威胁等方式维护其统治地位。其中，财政汲取能力是最重要的国家能力，是国家能力的核心和实现其他能力的基础；并且明确主张以前两个能力作为衡量国家能力的指标，这两个指标值高，就是强政府和强中央，对经济发展和制度变换就有利；反之，就是弱政府和弱中央，就不利于经济发展和体制转轨。

香港中文大学政治学者吴国光（1994）基于实现国家职能的能力的视角，从三个方面对国家能力的概念进行概括：一是消极（passive）国家能力，包括调节基本的社会冲突，维持起码的社会秩序，防止暴力和犯罪等。二是积极（active）国家能力，主要表现为促进经济发展和发展社会福利。三是超级（super）国家能力，在这种状况下，国家的主要职能往往被确定为实现某种意识形态目标，在深层次上改造社会，并在这个意义上重新安排社会秩序，促进社会发展，实现社会福利。如果说美国这样的国家基本上是在行使第一种国家职能，日本和北欧国家是行使第二种国家职能的典型，而过去的共产主义国家就是行使第三种国家职能的一种典型。朴炳光（1998）对美国米格代尔（Joel S. Migdal）针对第三世界国家能力的定义进行提炼，从第三世界国家的视角而言，国家能力被定义为一国中央政府"影响社会组织，规范社会关系，集中国家资源并有效地加以分配或使用的能力"。因此，总的来说，国家能力是把国家的政策目标和意志有效地浸透入社会各部门或发挥影响的能力（朴炳光，1998）。黄宝玖（2004）认为国家能力是统治阶级通过国家机关运用公共权力、履行国家职能、有效统治国家、治理社会、实现统治阶级意志、利益以及社会公共目标的能量和力量。而新近的理解则是胡伟等（2014）的观点，他们将国家能力作为现代国家的基本属性，将其界定为国家实现其宏观愿景的能力。而后学者们的观点有些新的调整与补充，如王绍光（2008）提出了九种国家能力论，其最新的观点是提出了八种国家能力论，明确提出了论证能力并将其视为现代国家的第一项基础性能力。王绍光的最新观点得到欧树军（2013）的认可，明确指出"确认、识别和运用自然人和法人、财产、产品、行为和事务的基本情况，是古今中外任何国家都需要的最基础的能力，是国家基础能力的基础"。综上，国家能力具有成长性，现代国家能力区别于传统国家能力的标志，就是国家能力的系统化、理性化、法治化过程。国家能力是把国家的政策目标和意志有效地浸透入社会各部门或发挥影响的能力。特别对发展中国家来说，国家能力构成的若干要素中,最重要的是强制能力基础上的国家自身需要的资源汲取能力和规范社会关系的调节能力。财政汲取能力在国家诸多能力中居于支配地位,起着决定性作用。

二、现代财政制度与国家能力

财政在一国国家能力的塑造与提升中具有至关重要的作用,是国家宏观调控的重要手段。现有研究大多以理论研究与定性分析为主。党的十八届三中全会《决定》提出,财政是国家治理的基础和重要支柱。这是对财政的认识的历史性突破,国家能力的巩固和提升是财政体制改革的重要参照系(刘尚希,2013;付敏杰、张平,2016)。高培勇(2014)指出将财政定位于国家治理的基础和重要支柱,使其成为国家治理体系的重要组成部分,这从根本上摆正了财政与财税体制的位置,从宏观上厘清了财税体制改革与全面深化改革的关系。以公共性、非营利性和法治化三大特征,从总体上勾画了现代财政制度的基本形态。郭小聪(2010)提出新的时期是国家治理转型的过程,其中财政改革和转型将成为重点和关键,并决定着国家治理转型的成功与否。许光建、李天建(2013)认为把现代财政制度的构建嵌入国家治理体系,不仅因为财政是国家治理的基础和重要支柱,也是因为,在现代市场经济条件下,财政本身最具综合性,不仅是一个国家政治、经济、社会良序运转的前提和基础,也是决定国家治理能力强弱的关键因素。卢洪友(2014)认为在现代市场经济和民主政治制度安排下,财政是各种利益关系的交汇点,财政与市场、财政与社会、财政与民众各个层面都有着千丝万缕的联系,因此,财税预算制度理所当然地成为现代国家治理的基础性制度安排。

在财政基础理论方面,李俊生(2014,2016)指出以"盎格鲁—萨克逊"学派为代表的现代主流财政理论,由于被严重"经济学化"而丧失了解释财政现象和预测财政发展趋势的能力。特别是主流财政学将市场失灵理论作为理论基础,从逻辑上推导出政府及财政存在的必要性,错误地认识政府与市场的关系并混淆市场与私人部门的概念。李俊生(2016,2017)提出以"社会共同需要"和"公共选择"为理论源泉和方法论、以公共价值目标的新财政理论分析与研究范式——新市场财政学,服务国家经济社会发展的总体战略,引领国际经济与政治秩序的改革与重构。刘晓路、郭庆旺(2016)从财政与国家治理的关系角度,从财政与国家的关系角度,梳理了新中国财政基础理论的发展变化,指出官房学时代的财政学,极其重视国家的作用,奠定了财政学的政治学基础;政治经济学时代的财政学,强调国家要顺应经济规律,构建了财政学的经济学基础;经济学时代的财政学,主张财政要依据民意,满足社会需要,形成了财政学的社会学基础。在此基础上,提出在"国家治理体系和治理能力现代化"思想背景下,国家与财政的关系问题需要进一步研究,应当从国家自主性角度重新认识国家在财政学理论中的地位,以及从满足国家治理需要的角度探讨我国的财政职能定位问题。

现代财政国家是拥有现代财政制度和合意财政能力的国家，是以现代财政制度为切入点建立起健全国家治理体系的现代国家。段炳德（2016）通过构建"比斯利"式政治代理模型，发现税收能力、预算能力、税收法定和健康的政府间财政关系将有效促进居民福利的提升。实证研究表明，中国的现代财政制度建设面临关键的转型期，在税收能力、预算能力、税收法定和政府间财政关系几个方面面临重要考验。石亚军、施正文（2014）认为推进财税领域突破性改革，加快建立现代财政制度，是推进政府治理现代化的必然选择和关键性举措。应当深化公共财政改革，推动政府职能转变，提高服务型政府的现代治理能力；建立现代预算管理制度，有效规范政府行为，提高责任政府的现代治理能力。

在财政体制改革方面，谷成、蒋守建（2016）认为从国家治理的角度看，中国目前的政府间税收划分模式忽视了地方政府的利益诉求，导致了地方政府非税收入和债务规模的扩张，制约了财政资金使用效率和地方政府负责程度的提高，使转移支付结构的调整面临较大阻力。刘剑文（2014）提出财税体制改革过程之正当性的形塑核心是基于公共财产权控制的程序规范。在公共财产法语境下，新一轮财税体制改革将促成我国财政治理从传统管制模式向现代治理模式演进，从单一的经济发展目标向综合的社会公平目标扩展，从公共财政的制度建构向公共财产的法治规范转型。赵昆（2016）提出进一步深化财政体制改革不仅仅是财政体制自身的优化问题，而是要与国家治理相对接，在现代财政的要求下打造现代的财政体制，从而实现国家治理现代化的目标。其研究在注重体制机制优化的同时，对财政体制改革的分析由体制机制自身前移至财政体制的行为主体并后移至财政体制有效运行所需的制度支撑体系，从而构建"体制机制－行为主体－制度支撑"财政体制改革的三维联动框架，更加关注各级政府行为选择和制度支撑体系对财政体制改革的重大意义。马国贤（2017）认为现代国家治理是一国的整体治理，首要的是建设责任型政府，它需要由包括财政体制等若干基本制度体系来支撑。而在建设责任型分级财政体制的路径上，必须做好两个方面：一是以事务为对象，以三级政府为依据，适度上划事权；二是改革预算管理，形成四种转移支付，即在一般转移支付和专项转移支付的基础上增加授权转移支付和限额转移支付。楼继伟（2018）提出明确政府间事权和支出责任划分，不仅是建设现代财政制度的重要组成部分，更是推进国家治理体系和治理能力现代化的必然要求。为贯彻落实党的十九大提出的"分两步走"的宏伟战略目标，建议以"实体化"、"法制化"、"高阶化"为重点，着力推进事权和支出责任改革。

三、税收制度与国家能力

国家税收发展的历史也是一个国家的演化史（Margaret Levi, 1988）。税收能保证国家顺利执行自己的目标，也成为国家与社会关系结构的核心内容，并能帮助调节财富积累与再分配之间的平衡。如果没有有效筹资的能力，一个国家在为社会提供福利保障、满足基本需求或培育经济发展的过程中，国家能力就会受到影响。然而，税收在政治上的重要性要超越筹集资金本身。税收在构建并维护国家权力以及塑造国家与社会的关系中起着核心作用。

税收是国家能力和国家财权的先决条件，唯有抓住国家治理的税收脉络，在税收、能力、代议制与问责制之间形成了良性的制度循环，方能实现国家治理体系和治理能力的现代化（黛博拉·布罗蒂加姆、吕铖钢，2016）。郭庆旺、吕冰洋（2011）指出，在税收能力和税收努力的理论框架下，分析中国税收高速增长的源泉发现，在分税制改革后，中国税收长时间高速增长的原因主要表现在三个方面：分税制的税收分权契约性质具有强烈的税收激励作用；间接税的制度设计放大了纳税人的纳税能力；我国正处于"税收增长红利"集中释放期。未来第一种因素的作用将减弱，第二种因素的作用部分消失，第三种因素的作用依旧存在。从长期看，由于税收增长红利仍将持续很长一段时期，税收仍可能保持较高速度的增长。

同时，税收收入对于国家能力的提高也具有重要意义，如何制定合理且高效的税收制度，现有研究通过不同的视角，提出了不同看法。付敏杰、张平（2016）提出通过平均税率，尤其是采用单一税率，可以起到稳定税负的作用。武靖国（2016）指出我国税收治理秩序要实现"任务治税"向"依法治税"的转变，首先需要的是政府遵守征纳之间的权责边界，并通过社会共识的形成以改变博弈各方的成本收益函数。杨斌（2010）从税收治理现代化出发，提出在征税权力归属上，大家定、不强征、收支联；在税收负担分配上，无特权、普遍征、负担明；在税收征收管理上，低成本、少人情、多便利。从而提高税收征收的效果和效率。张长东（2011）介绍了西方国家在早期代议制形成过程中税收的作用及其局限性，讨论了税收和代议制的理论基础，指出这一理论在发展中国家的研究还很不足，需要进一步的实证研究。石亚军、施正文（2014）认为建立现代税收制度，促进公平竞争和分配正义，以提高调控政府的现代治理能力，并推进法治财政建设，加快财税立法步伐，提高法治政府的现代治理能力。刘剑文（2014）认为应站在国家治理现代化的高度，准确认识财税法的定位、使命及其与相关学科的关系，努力促进财税法学研究发展，推动财税法治实践进步。胡春、郝晓薇（2014）认为从国家治理在经济发展、政治社会、征管效能、国际比较等多维度需求出发，新一轮税制改革的路径选择须落实税收法定原则，保持宏观税负稳定、现有中央和地方财力格局总体稳定，把握降低间接税比重、提高直接税比重及完善地方税体系三个重点。

现代国家治理下的税制体系重构，应该将增强税收筹资能力和税制的正当性建设作为基本目标，用公平正义统领税制体系架构，并基于公共物品筹资、社会保障和特定政策调控等不同的征税目的来重构我国实体税制、基于法定原则来构建税收程序制度和基于公众同意原则来构建税收决策机制，坚持将社会精英主导的顶层设计与普通公众推动的探索实践相结合、长期目标与短期目标相协调和整体推进与重点突破相促进来推动我国税制体系的重构（朱为群，2015）。陈丽霖（2016）从国家治理能力提升的视角，以增值税转型改革为切入点，研究了后危机时代税制改革对企业投资的影响。研究发现，增值税转型有效地刺激了企业的投资行为；并且政策对国有企业投资的刺激作用明显弱于非国企；对低融资约束企业投资的促进作用明显强于高融资约束企业，从而进一步揭示了企业的异质性在政策反应中的差异性。该研究结论不仅丰富了宏观和微观互动机制研究领域的相关成果；其结论更为国家治理能力的提升提供微观层面的理论支撑与经验证据。虞崇胜、陶欢英（2017）认为税收绝不仅仅是一个经济问题，更是一个涉及国家能力的政治问题。合理的减税政策不仅能够进一步提升国家财政汲取能力，而且在增强政治统治合法性、保障宏观调控实效性、提升财产论证规范性等方面具有明显的政治功能。李启平、范璇（2017）深入地分析了"营改增"的时空背景，厘清了"营改增"与国家治理的关系，认为在后"营改增"时代，税制结构性改革应该包括合并增值税档次和统一税率，对消费税、环境税、房产税、所得税等进行系统性改革，优化直接税和间接税比例，才能建立与国家治理体系和治理能力相匹配的现代税收制度。

文献索引

[1] 陈丽霖. 税制改革推动国家治理能力提升的微观作用机理研究——基于增值税转型对企业投资行为的影响 [J]. 西南民族大学学报（人文社科版），2016，37（05）：127-133.

[2] 黛博拉·布罗蒂加姆，吕铖钢. 利维坦之形塑：财政、国家能力与治理 [J]. 上海商学院学报，2016，17（04）：1-7.

[3] 段炳德. 现代财政制度的基本要素与构建逻辑——基于政治代理模型和中国省级数据的分析 [J]. 管理世界，2016（08）：23-31.

[4] 樊慧霞. 初探国家治理视角下的地方税体系重构 [J]. 国际税收，2015（02）：74-77.

[5] 高培勇. 论国家治理现代化框架下的财政基础理论建设 [J]. 中国社会科学，2014（12）：102-122+207.

[6] 郭小聪. 财政改革：国家治理转型的重点 [J]. 人民论坛，2010（05）：24-26.

[7] 胡春，郝晓薇. 国家治理视角下的新一轮税制改革路径解析 [J]. 税收经济研究，2014，19（03）：7-11.

[8] 黄宝玖. 国家能力：涵义、特征与结构分析 [J]. 政治学研究，2004（04）：68-77.

[9] 蓝华，布存良. 民主化进程中的国家能力 [J]. 文史哲，1998（5）.

[10] 李剑. 转变中的"强"国家——国家能力的理论逻辑及其演进 [J]. 国外理论动态，2014（06）：112-119.

[11] 李俊生. 盎格鲁—撒克逊学派财政理论的破产与科学财政理论的重建——反思当代"主流"财政理论 [J]. 经济学动态，2014（04）：117-130.

[12] 李命志. 依法规范地方政府举债 提升国家治理能力 [J]. 国家行政学院报，2015（04）：48

-51.

[13] 李启平,范璇. 全面实施"营改增"对国家治理能力和效率的影响分析[J]. 湖南科技大学学报(自然科学版),2017,32(01):114-119.

[14] 李晓静,张曾莲,马浚洋. 中国国家资产负债表与国家治理能力提升[J]. 地方财政研究,2016(10):10-18.

[15] 林毅夫,李永军. 比较优势、竞争优势与发展中国家的经济发展[J]. 管理世界. 2003(7).

[16] 刘剑文. 论财税体制改革的正当性——公共财产法语境下的治理逻辑[J]. 清华法学,2014,8(05):6-21.

[17] 刘剑文. 论国家治理的财税法基石[J]. 中国高校社会科学,2014(03):145-156,160.

[18] 刘尚希. 财政改革、财政治理与国家治理[J]. 理论视野,2014(01):24-27.

[19] 刘尚希. 基于国家治理的新一轮财政改革[J]. 当代经济管理,2013,35(12):24-27.

[20] 刘晓路,郭庆旺. 财政学300年:基于国家治理视角的分析[J]. 财贸经济,2016(03):5-13.

[21] 刘晓路,郭庆旺. 国家视角下的新中国财政基础理论变迁[J]. 财政研究,2017(04):27-37.

[22] 楼继伟. 深化事权与支出责任改革 推进国家治理体系和治理能力现代化[J]. 财政研究,2018(01):2-9.

[23] 卢洪友. 从建立现代财政制度入手推进国家治理体系和治理能力现代化[J]. 地方财政研究,2014(01):6-11.

[24] 吕冰洋,郭庆旺. 中国税收高速增长的源泉:税收能力和税收努力框架下的解释[J]. 中国社会科学,2011(02):76-90,221-222.

[25] 吕冰洋. 现代财政制度与国家治理[J]. 中国人民大学学报,2014,28(05):1.

[26] 马国贤. 现代国家治理与责任型分级财政体制[J]. 地方财政研究,2017(01):4-9.

[27] 欧阳峣,罗会华. 大国的概念:涵义、层次及类型[J]. 经济学动态,2010(08):20-24.

[28] 彭勃,杨志军. 发展型国家理论、国家自主性与治理能力重塑[J]. 浙江社会科学,2013(06):58-65,157-158.

[29] 朴炳光. 关于国家能力理论的探讨[J]. 南京社会科学,1998(07):41-46.

[30] 孙明军. 对当前中国国家能力的若干思考[J]. 南京社会科学,2000(05):34-42.

[31] 王绍光,胡鞍钢. 中国国家能力报告[M]. 沈阳:辽宁人民出版社,1993.

[32] 王绍光,马骏. 走向"预算国家"——财政转型与国家建设[J]. 公共行政评论,2008(01):1-37,198.

[33] 王仲伟,胡伟. 国家能力体系的理论建构[J]. 国家行政学院学报,2014(1)

[34] 吴国光. 国家、市场与社会[M]. 剑桥:牛津大学出版社,1994,95-97。

[35] 许光建,李天建. 国家治理体系视域下的现代财政制度建设[J]. 行政管理改革,2013(12):60-66.

[36] 杨斌. 论税收治理的现代性[J]. 税务研究,2010(05):3-8.

[37] 虞崇胜,陶欢英. 国家能力视阈下减税的政治功能分析[J]. 湖北社会科学,2017(10):25

-34.

[38] 张长东. 税收与国家建构:发展中国家政治发展的一个研究视角 [J]. 经济社会体制比较, 2011 (03): 195-201.

[39] 赵昆. 国家治理视阈下的财政体制改革:"一体三维"的联动分析框架 [J]. 经济问题探索, 2016 (10): 185-190.

[40] 朱为群, 曾军平. 现代国家治理下我国税制体系的重构 [J]. 经济与管理评论, 2015, 31 (01): 67-72.

[41] ACEMOGLU D, GARCIA-JIMENO C, ROBINSON J A. State capacity and economic development: a network approach [J]. American economic review, 2015, 105.

[42] ACEMOGLU D, ROBINSON J A. Why nations fail: the origins of power, prosperity, and poverty [M]. New York: crown business, 2012.

[43] ACEMOGLU D. Modeling inefficient institutions [J]. Social science electronic publishing, 2006, 41.

[44] AGHION P, ROULET A. Growth and the smart state [J]. Annual review of economics, 2014, 6 (1): 913-926.

[45] AGHION P, CAI J, DEWATRIPONT M, DU L, HARRISON A, LEGROS P. Industrial policy and competition [J]. American economic journal: macroeconomics, 2015, 7 (4): 1-32.

[46] AGHION P, TIROLE J. Formal and real authority in organizations [J]. Journal of political economy, 1997, 105 (1): 1-29.

[47] AMSDEN A H. Asia's next giant: south Korea and late industrialization [M]. New York: oxford university press, 1989.

[48] ARAUJO M C, FERREIRA F H G, LANJOUW P, ÖZLER B. Local inequality and project choice: theory and evidence from ecuador [J]. Journal of public economics, 2008, 92 (5-6): 1022-1046.

[49] ARNOTT R J, STIGLITZ J E. Aggregate land rents, expenditure on public goods, and optimal city size [J]. Quarterly journal of economics, 1979, 93 (4): 471-500.

[50] BANDYOPADHYAY S, GREEN E D. Pre-colonial political centralization and contemporary development in Uganda [C]. Washington, DC: American political science association, 2012.

[51] BESLEY T, PERSSON T. State capacity, conflict, and development [J]. Econometrica, 2010, 78 (1): 1-34.

[52] BESLEY T, PERSSON T. The origins of state capacity: property rights, taxation, and politics [J]. American economic review, 2009, 99 (4): 1218-1244.

[53] BESLEY T, PERSSON T. Wars and state capacity [J]. Journal of the european economic association, 2008, 6 (2-3): 522-530.

[54] BRENNAN G, BUCHANAN J M. Tax instruments as constraints on the disposition of public revenues [J]. Journal of public economics, 1978, 9 (3): 301-318.

[55] BRENNAN H G, BUCHANAN J M. The power to tax: analytical foundations of a fiscal constitution [J]. Southern economic journal, 1980, 48 (2).

[56] BRUECKNER J K. Growth controls and land values in an open city [J]. Land economics, 1990, 66 (3), 237-248.

[57] CAI H, TREISMAN D. State corroding federalism [J]. Journal of public economics, 2004, 88 (3—4): 819-843.

[58] CAMP E, DIXIT A, STOKES S. Catalyst or cause? legislation and the demise of machine politics in Britain and the United States [J]. Legislative studies quarterly, 2014, 39 (4): 559-592.

[59] CENTENO M A. Blood and debt: war and statemaking in Latin America [M]. Princeton: pinceton university press, 2002.

[60] CHONG A, PORTA R A, LOPEZ-DE-SILANES F, SHLEIFER A. Letter grading government efficiency [J]. Journal of the european economic association, 2014, 12 (2): 277-299.

[61] DARON A, DAVIDE T, ANDREA V. Emergence and persistence of inefficient states [J]. Journal of the european economic association, 2011: 177-208.

[62] DIETER E, NAUGHTON B. Global technology sourcing in China's integrated circuit designindustry: a conceptual framework and preliminary findings [J]. East—West Center Working Paper, 2012, 131.

[63] DUNN J. States, war, and capitalism [J]. History of european ideas, 1995, 21 (5): 698-700.

[64] EPSTEIN S R. Freedom and growth: the rise of states and markets in Europe, 1300—1750 [M]. London and New York: routledge, 2000.

[65] GENNAIOLI N, RAINER I. The modern impact of pre-colonial centralization in Africa [J], Journal of economic growth, 2007, 12 (3), 185-234.

[66] GlAESER E L. Handbook of public economics, vol. 5 || Urban Public Finance [M]. 2013.

[67] HERBST J I. States and power in Africa [M]. Princeton: princeton university press, 2000.

[68] JOHNSON C A. MITI and the Japanese miracle [M]. Redwood city: stanford university press: 1982.

[69] MASAHIKO A, MURDOCK K, OKUNO-FUJIWARA M. Beyond the east Asian miracle: introducing the market-enhancing view [J]. The role of government in east Asian economic development: comparative institutional analysis, 1998: 1-40.

[70] MICHALOPOULOS S, PAPAIOANNOU E. Pre-colonial ethnic institutions and contemporary african development [J]. Econometrica, 2013, 81 (1), 113-152.

[71] MIGDAL J S. Strong societies and weak states [M]. Princeton: princeton university press, 1989.

[72] PETER E. Embedded autonomy: states and industrial transformation [M]. Princeton and Oxford: princeton university press, 1995.

[73] PRANAB B, MOOKHERJEE D. Determinants of redistributive politics: an empirical analysis of land reforms in west Bengal, India [J]. American economic review, 2010, 100 (4): 1572-1600.

[74] PRANAB B. Decentralization of governance and development [J]. Journal of economic perspectives, 2002, 16 (4): 185-205.

[75] RAGHABENDRA C, DUFLO E. Women as policy makers: evidence from a randomized policy experiment in India [J]. Econometrica, 2004, 72 (5): 1409-1443.

[76] SAUL E, HANOUSEK J, KOCENDA E, SVEJNAR J. The effects of privatization and ownership in transition economies [J]. Journal of economic literature, 2009, 47 (3): 699 – 728.

[77] THOMPSON E A. Taxation and national defense [J]. Journal of political economy, 1974, 82 (4): 755 – 782.

[78] WADE R H. Governing the market [M]. Princeton: princeton university press, 1990.

第二章

中外财政史

　　一个民族的精神，以及它的文化水平、社会结构和政策预示的行动等……所有这些甚至更多的事情都是由财政史所书写。一个知道如何在此听取信息的人能够比在其他地方更能清晰地洞悉世界历史的声音。

　　——熊彼特，"税收国家的危机"，1918

　　一个国家历史的背后是一部惊心动魄的财政史。财政赋税不仅仅是一种单纯的社会经济表征，它还是政治和社会变迁的动因。中国财政史的研究分为先秦、秦汉、魏晋南北朝、隋唐、宋代、明代、清代、晚清及民国几个部分，在进行研究时既要把握重大财税变革进行梳理，又要立足于财政变迁进行整体型分析，财政思想是贯穿其中的主线。相对于研究成熟的中国财政史来说，外国财政史这一学科在国内并没有真正建立起来，研究还处于起步和酝酿阶段。外国财政史的研究包括英国财政史、美国财政史、日本财政史等，主要研究方法为通史类研究。21世纪以来，新财政史研究的视角与方法在国内外财政史研究领域广泛传播开来，与传统财政史研究相比，新财政史研究更多聚焦于历史性改革的动因及对国家的长期影响。以古鉴今，古为今用，量化历史等研究方法的发展也为财政史的研究增加了新的工具，财政史的问题导向研究也在新的经济社会发展中被赋予更多的重要内容和使命。

财政是一个经济范畴，也是一个历史范畴，财政史是财政学的基础分支学科，是财政学与历史学的一个交叉学科。从20世纪20年代起，中国传统史学开始向近代史学转变，这种学术演变的时代特征在财政史领域同样有鲜明反映，不少学者有意识地借助近代西方的经济学和财政学的理论，对中国财政史做出一些不同于传统典志的编纂、阐释和评论，撰写了一些通史体裁或断代体裁的财政史论著，如胡钧《中国财政史讲义》（1920），这是20世纪第一部简明的中国财政通史，开创意义不言而喻。徐式庄《中国财政史略》（1926年）、常乃德《中国财政制度史》（1930）、刘秉麟《中国财政小史》（1933）、杨志濂《中国财政史辑要》十册（1936）、鞠清远《唐代财政史》（1940）、刘不同《中国财政史》（1948）等。同时，专题研究和理财人物研究也取得不少成果，特别是田赋史，如万国鼎《中国田赋史》（1933）、刘道元《两宋田赋制度》（1933）、徐士圭《中国田赋史略》（1935）、陈登原《中国田赋史》（1936）、吴兆莘《中国税制史》（1937）、程滨遗等编纂的《田赋会要》（1944）、马大英等编纂的《田赋会要》（1934）等，尽管内容有详略，识见有深浅，均属有一定影响的专著。

此外，新中国成立后的财政通史著作主要有：陈秀夔《中国财政制度史》（1975），孙翊刚《中国财政史》（1984），邓海波《中国历代赋税思想及其制度》（台北，1984），唐滔默《中国革命根据地财政史》（1987），董庆铮《中国赋税史》（1987），徐世钜《中国赋税史纪略》（1991），王成柏《中国赋税思想史》（1995），虞拱辰《中国赋税史》（1996），王志瑞《中国赋税史》（1998），郑学檬《中国赋役制度史》（2000），李炜光《中国财政史述论稿》（2000），周伯棣《中国财政史》（1981），孙翊刚《中国财政史》（2003、2007），孙翊刚《中国赋税史》（2001、2003），孙文学、齐海鹏、于印辉、杨莹莹《中国财政史》（2008），赵梦涵等《中国财税商贸史论》（1997），宋新中《当代中国财政史》（1997），黄天华《中国财政史纲》，陈光焱《中国财政史》（2001），孙文学《中国赋税思想史》（2006），项怀诚《中国财政通史》（十二卷本，2006），叶振鹏《中国财政通史》（十卷本，2013），孙翊刚、王文素《中国财政史》（2007），黄天华《中国税收制度史》（2009），翁礼华《大道之行：中国财政史（上中下）》（2009），付志宇《中国财政史》（2011），齐海鹏《中国财政史》（2012），周春英《中国财政史》（2014），马金华《中国赋税史》（2018），刘守刚《中国财政史十六讲：基于财政政治学的历史重撰》（2017）等。

中央财经大学在财政史领域的研究著作颇丰，20世纪80年代，中央财金学院、中南财大、东北财大等七所院校就编撰了《中国财政史》及《中国财政历史资料选集》，涉及二十五史、十三经、诸子、禽典、会要、实录、政纪、笔记丛钞、档案材料年鉴等案卷。按历史时期归纳为十二辑，奠定了中央财经大学财政史研究的地位。中央财经大学出版的主要专著和教材有：《中国财政简史》（1980）、《中国历代食货志汇编简注》（1985）、《中国财政历史资料选编》（共12辑）（1985—1987）、《中国赋税史》（1987）、《中国农民负担简史》（1991）、《中国财政问题源流考》（2002）、《中国古代社会保障研究》（2009）、《民国财政研究》（2009）、《外债与晚清政局》（2011）、《中国外债史》（2007）。

第一节 中国财政史领域的重要文献和研究重点

先秦财政史的研究首要解决的问题是"财政的起源问题"。部分学者提出了"国家分配论"，主要认为财政史是在国家之后出现的，国家为了维持它的存在如何执行它的职能，依靠国家权力取得社会产品，并进行再分配，其本质是以国家为主体的分配关系，代表学者包括：叶振鹏（《国家财政在我国历史中的作用》、《国家财政的起源和发展》）、孙翊刚（《国家财政在我国历史中的作用》）。部分学者提出了"社会共同需要论"，主要认为财政的产生早于国家，财政的出现是由于社会共同需要，在原始社会时期便已经存在，其主要代表人物包括：何振一（《财政起源刍议》）、吴才麟（《史前经济与财政起源》）。此外，"井田制"是我国最古老的土地制度，对"井田制"研究是我国土地制度研究史的开章，早在20世纪初叶，胡适、胡汉民、廖仲恺、朱执信、吕思勉等学者便对"井田制"的真实性进行了讨论，他们的论著保存在了《井田制度有无之研究》一书中。由于学界对于"井田制"的基本内容解读不同，因此"井田制"的讨论直接牵扯出我国古代历史分期这一重大问题，由于关于"井田制"的讨论在我国财政史学界影响甚大，先后又有多篇文献综述对这一问题进行了总结，其中主要包括《中国古代史分期讨论五十年》、《中国封建社会土地所有制形式问题讨论集》两部论文集，此外还有多篇文献综述。先秦时期财政史的研究还集中在：一是《周礼》之中对先秦时期的财政收入与财政支出做描述，即所谓"九赋"、"九贡"即是财政收入，所谓"九式"即是财政支出。学界认为贡为贡赋，但是对于助和彻则认识不一。二是部分学者研究春秋战国时期财政上的变革。三是学者们对孔子、孟子、荀子、墨子、老子和庄子、管仲和商鞅的财政思想都做了较为深入研究，现在绝大部分财政思想都能从先秦时期诸子百家财政思想之中找到源头。

秦汉时期是我国第一个大一统的中央集权制国家的形成时期，众多学者对这一时期的财政做了整体性研究，包括：李剑农（《先秦两汉经济史稿》）对秦汉时期的赋役制度做了考证；马大英（《汉代财政史》）对汉代财政进行了全面的研究，其史料翔实，考证精审；罗尔康（《西汉财政官制史稿》）对汉代的财政官制做了研究；陈明光（《汉唐财政史论》）在汉代赋税制度研究等方面多有创见；这一时期的研究集中在：一是政府财政与皇室财政分离，孙毓棠（《两汉国家财政与帝室财政》）对此进行了详细的阐述。关于帝室财政的论述可详见日本学者加藤繁《汉代国家财政与帝室财政的区别以及帝室财政的一斑》一文。二是汉代各种赋税收入分为"直接税"与"间接税"两类。在财政支出方面，学界主要集中在对俸禄与军费的研究。三是财政管理方面主要涉及财政官制与运作、地方财政、上计制度与仓储制度的研究。罗庆康、朱德贵、张捷、李伟、郭浩、葛剑雄、韩连琪均对秦汉财政管理相关方面做了研究，卢鹰、邵鸿分别对秦和汉的仓储制度进行了研究。四是汉武帝时期的财政改革，主要围绕桑弘羊提出的各项改革措施和《盐铁论》展开，盐铁论争论的核心是桑弘羊之首的倡导的是国营垄断和自由经济的争论。

魏晋南北朝时期，在财政上最大的变革是土地制度的多次调整，以及由此引发的财政收入方面赋税制度的调整与财政支出方面俸禄制度的调整。主要的研究集中在以下三个方面：一是曹魏屯田制、西晋占田制、北魏均田制的分析；二是田赋收入问题。谷霁光对汉代至唐代的租与赋的变化进行了详细的梳理。除了田赋以外，还有专文对徭役制度进行了研究。这一时期财政支出的研究依旧集中在俸禄方面，陈锋主编的《中国俸禄制度史》对此做了详细的研究。杨联陞、曹文柱、朱大渭对此皆有研究。三是财政管理方面，黄惠贤、童超对南北朝时期的财政管理体制进行了研究。东吴实行"领兵制"与"复客制"，国家允许官僚大族所占有的佃客免除赋役，他们的佃客多由国家赐予或自行招募组成，但也不向国家服役纳税，政府允许大族将领率领的由佃客组成的兵，东吴的兵需为将领种地，服各种杂役，并且这种将领的权利是世袭的。胡宝国、高敏对此进行了研究，讨论了国家财力的分配问题。严耀中对这时期的地方财政进行了研究。

隋唐时期财政史的研究成果丰富，张国刚（《隋唐五代财政史研究概要》）已经对这时期的财政史研究进行了总结。学界对这时期财政史的研究用力颇多，成果卓著。蔡次薛所著《隋唐五代财政史》对这一时期财政变迁做了整体性分析。鞠清远所著《唐代财政史》是我国第一部断代体裁的财政史研究论著，对唐代的均田制、赋役制度、漕运制度、货币等制度进行了系统研究。陈明光所著《唐代财政史新编》在以历史学实证方法的研究基础上，引入如财政学的概念，故其研究思路和论述框架上更为新颖。李锦绣所著《唐代财政史稿》是目前为止对唐代财政问题研究最全面的一部论著，对唐代财政进行了梳理，并且运用了大量传世文献和出土资料。这一时期的研究重点集中在：一是在唐代两税法实施之前，均田制是国家的土地制度，隋唐时期的均田制延续了北魏以来的制度并进行了多次调整与改革。二是在财政收入方面，主要包括租庸调、地税、户税、资课四个方面。租庸调主要是与均田制的研究结合在一起，邓广铭认为租庸调与均田制没有关系，对此李必忠、岑仲勉、韩国磐、陈质等人进行了讨论。冯尔康、李晓路对"庸"进行了研究。赵文润、朱睿根对义仓粟的赋税化过程做了探索。三是对两税法的研究。陈明光对20世纪学界关于两税法的研究做了综述。胡如雷、王仲荦、黄永年对两税法进行了整体性研究，郑学檬与李志贤从政治的角度分析了两税法。丁柏华、陈明光分析了两税法征收的内容、制税的原则。王复华、瞿恺、李春润讨论了两税法实施后的影响，主要涉及两税法对经济的影响、对货币的影响以及对徭役制度的影响。四是对盐税、酒税、茶税等其他收入进行了研究。齐涛对唐代榷盐法进行了详细的解读，杨健对刘晏的盐政改革进行研究。陈衍德对唐代酒税进行了研究。王洪军对唐代的茶税进行了研究。张邻、周殿杰对唐代的各类商税进行了研究。陈明光对官方放贷收益进行了研究。除了赋税收入，徭役收入也是非常重要的收入，杨际平、唐耕耦对唐代的赋役制度进行了解析。五是在财政支出方面，研究依旧集中在对俸禄与军费的研究，但是对国家公共物品提供的财政支出也进行了研究。王卓对唐代俸禄做了整体性研究。六是在财政管理方面，主要集中在对预算制度和财政体制的研究。陈明光认为我国预算制度最早应该上溯到唐代前期。王三北、翁俊雄对唐代的财政体制进行了梳理。陈明光对唐代两税法前后的中央与地方财政关系进行了研究，认为唐前期为统收统支的财政管理体制，两税法之后实行了三分制度，同时他对唐代中央对地方政府的财政监督制度变迁进行了梳理。赵云旗讨论了中央与地方分税制萌芽的产生。七是第五琦、刘晏、杨炎等人主导的财政改革及其财政思想也是唐代财政史研究的一个重点。

宋代财政史的研究亦是我国古代财政研究的一个热点，包伟民（《走向自觉——近百年宋代财政史研究回顾与反思》）对宋代财政史的研究进行了整体梳理。汪圣铎（《两宋财政史》）对宋代财政史进行了整体性研究，他的（《唐宋比较视野下的宋代财政》）还将宋代财政与唐代财政进行了比较研究。张金岭（《晚宋时期财政危机研究》）对宋朝末期的各类财政危机进行了研究，揭示晚宋时期财政危机产生的深层社会原因和财危国亡关系的历史真相。漆侠（《宋代经济史》）对宋代财政发展也进行了梳理与研究。翁礼华（《宋元政权衰亡与财政失衡》）从财政的角度对宋元政权的更迭进行了研究。这一时期的研究主要集中在：一是对宋代存在的官僚地主的土地所有制、私人地主的土地所有制、封建国家的土地所有制、小农（自耕农）的土地所有制进行了全面分析，并对农民负担进行了探讨。漆侠、杨康荪、包伟民、高聪明与何玉兴、柴荣、杭宏秋、杨际平、刘复生等分别对宋代存在的租佃制、官田包佃、货币地租、土地兼并、丈田均税、井田限田以及正经界等方面的土地改革进行了深入研究。二是在财政收入方面，除了对田赋、徭役、赋税结构的研究外，学界还对盐、酒、市舶等其他收入进行了深入研究。三是专卖制度的研究。张秀平对宋代的榷盐制度进行了整体分析，认为宋代的榷盐制度由中央政府垄断专卖到实行盐钞制，其目的是获得尽可能多的财政收入以应付宋代巨额的财政支出。李恩琪对国家垄断经营下盐价的变化进行了研究。包伟民全面考察了宋代的酒政及其在财政中的重要作用。杨师群对宋代酒税的征收方式以及规模进行了研究。李华瑞对宋代酒的生产以及榷酒制度进行了研究。漆侠对宋代市舶制度进行了研究。四是宋代财政支出有三个问题，即"冗兵"、"冗官"以及"冗费"。赵云旗对"三冗"产生的财政问题进行整体分析。五是在宋代财政体制研究方面，陈志强对北宋的财政管理体制进行了系统阐述。李义琼结合财政学、制度经济学对北宋前期的财政体制变迁进行了分析。杨倩描对北宋财政机关及其职能以及管理现状进行了阐述。在财政制度研究方面，预算制度、审计制度、中央与地方财政制度之间的关系也是重点。杨倩描对宋代的预算制度进行研究，梳理了收统支下的三级预算体制的产生和发展；李晓对宋朝的政府购买预算进行了研究；韩曙对宋代地方财政进行了了研究。高聪明从"羡余"的角度对中央与地方的财政关系进行了探讨；江晓敏认为：唐德宗年间两税法的正式颁行，标志着以租庸调为支柱的唐前期财政体系的完全解体，以两税法为核心的唐后期财政新型体系的正式确立，地方财政税收由国家统购统支改为"上供、留使、留州"的三级划分。在宋代货币制度研究中主要集中在对纸币与钱荒的研究。两宋时期中央政府先后进行了多次财政改革，学界尤其关注的是王安石变法中的财政改革的研究。

自唐以降，中国一直处于多个政权对立的局面，而元朝首先完成了国家的统一，并且进行了一些制度建设，其中财政制度便是其重要的一个方面。李剑农在《宋元明经济史稿》中元代的赋役制度进行了整体性研究，李干（《元代经济史》）中第十章与第十一章集中讨论了"元代的财政"，分类论述了元代的财政收支。孙文学（《元朝失政之财政思考》）从财政的角度对元朝覆灭的原因进行了探讨：过量的财政性货币发行，引发了恶性通货膨胀是国家财政崩溃，并导致政权崩溃的诱因；财政管理的混乱是国家财政崩溃，并导致政权崩溃的主观原因；元朝决策者对财政思想抉择的优柔寡断是国家财政崩溃，并导致政权崩溃的关键原因。这一时期的研究重点集中在：一是在财政收入中，陈高华对元代赋税轻重程度进行了分析。曾辉对元代的民户的赋役制度进行了整体分析，对民户赋役制度的形成、赋役制度的基本内容、赋役制度法律法规的解读与成因等问题进行了广泛研究。陈高华对元代的徭役制度进行了全方位梳理，认为杂泛差役不等于力役，杂泛主要包括夫役、力马等，差役包括里正、主首、隅正、坊正、仓官、库子等。二是在财政支出方面，除了对俸禄支出的研究外，元代的赏赐支出也是研究的一个热点。潘少平对元朝的俸禄制度进行了全面的研究。在元代财政制度方面，李春国对元代的物价和财税制度进了全面的研究，对土地、粮食、纺织品、政府专卖品、大牲畜、金银、工价、交通、接待利率、工程造价等多种物价进行了细致入微的分析与研究。李治安对元代的地方财政管理机制以及中央与地方的财政关系进行了梳理，并认为元代中央与地方财政关系具有内重外轻、高度中央集权的特点。智安莉对元代的审计制度进行了研究，这种审计制度也具有一定的局限性。三是元代的纸币管理的问题。储君、白龙飞分别对元朝的发钞过程和赤字财政问题进行了研究。

明代财政是我国财政史研究的一个重点研究领域。傅衣凌与杨国祯撰写的《明史新编》、漆侠主编的《中国封建社会经济史·明清卷》、王毓铨主编《中国经济通史·明代经济卷》、韩大成撰写的《明代社会经济初探》、李三谋撰写的《明清财经史新探》以及黄仁宇主编的《十六世纪明代中国之财政与税收》等论著都对明代财政进了整体性的研究。而明代财政史的研究之所以能够成为我国财政史研究的一个重点，还与这时期存留了丰富的史料相关。如"中央研究院"根据内阁大库编纂了《明清史料》、梁方仲编纂了《中国历代户口、田地、田赋统计》、万明重新整理了《万历会计录》、谢国桢编纂《明代社会经济史料选编》以及郭厚安主编《明实录经济史料选编》，这些丰富的史料为明代财政史的研究提供了丰富的史料基础。这一时期的研究重点集中在：一是明代的财政收入主要包括田赋、徭役两大类，此外还有专卖收入、官营手工业、工商税、地方贡物等其他收入。唐文基、秦佩衍、陈世昭对明代的田赋徭役制度进行了全面的分析，唐文基将明代赋役制度分为明初赋役制度的重建、明中期赋役制度的改革以及明末赋役制度的败坏三个时期。在田赋收入方面，梁方仲与韦庆远分别对明代的鱼鳞图册与黄册进了研究。关于明代田赋的具体内容，梁方仲先生进行了深入的研究，撰写了《明代田赋初制定额年代小考》、《明初夏税色考》、《明代两税税目》等文章。李楠与吴树国（《明代田赋变化与经济绩效关系的计量研究》）对明代田赋变化与经济绩效的关系进行了定量研究，对明代田赋负担变化、田赋负担的区域差异变化以及田赋负担对明代人口和土地变化的影响进行考察。范金民对江南重赋以及对江南重赋的研究进行了总结性分析。周良霄、林金树、樊树志、唐文基、范金民以及郑克晟都对"江南重赋"进行了研究。田赋的折征也是一个研究的重点，明代的田赋从明初征米麦丝绢等实物交纳，到部分用白银折纳，最后到完全用白银折纳，是一个从实物税到货币税的发展过程。徭役是明代特别重要的一种财政收入形式，徭役在明代经历了从征发劳动力到征收白银、从以丁户为科征对象到以财产、土地为科征对象的转型。梁方仲对里甲法与均徭法中的徭役征发方法与内容进行了梳理。刘志伟对明初的杂役及其派征方法进行了研究。在明代徭役制度的研究，以一条鞭法的推行最为重要，梁方仲在其《一条鞭法》一文中对此做了极为深入地研究。此外刘志伟、樊树志、陈世昭都对这一问题进行了研究。二是明代的专卖收入主要包括盐专卖和茶专卖两类。陈诗启对明代的负责盐生产的灶户的组织、管理以及生产进行了研究。方志远对明代的户口食盐和户口盐钞做了研究，户口食盐指的是政府按口配给食盐并征收盐课。李三谋对明代前中期的盐政进行了研究，林枫对明代后期的盐税及其变化进行了研究。郭孟良对明代的茶叶生产、茶禁政策、开中茶法、贡茶制度、茶马贸易等一系列问题进了研究，勾画出了明代茶法的概要。在明代商税研究方面，秦海滢与赵毅对明代商税研究现状进了综述。李龙潜对明代钞关制度进行了研究，姜晓萍对明代的商税征收与管理进行了研究，罗丽馨对手工业税金进行了研究。三是在财政支出方面，明代的财政支出主要包括军费与俸禄两个方面，此外皇室经费支出在明代也占了总要地位。邱义林对明代中前期军费供给进行了研究，认为兵役实行世兵制，军费供给主要是力役和实物，军户供装成为军费供给中的重要部分，商品货币关系几乎被排除在军费收支之外。军费中占主导地位的是士兵的给养问题，主要是军粮。程利英对明代中后期国家募兵数量、募兵费用及军费开支占国家财政收入的多少等进行了探讨。王兴亚对明代官吏俸禄进行了研究，对官俸标准的确定、支付的办法以及实施的效果进行了分析。魏天辉对明代京城官员的俸禄外收入进行了深入分析。万琪对明代文官俸禄进行了整体性分析。四是在明代财政管理方面集中赋税逋欠与减免、财政管理制度以及地方财政研究。张民服等人对明代的会计制度从会计凭证、会计账簿、会计报告以及结算方法等各个方面进行了研究，刘开瑞对明代的审计制度进行了梳理，认为明代审计制度由户部代理，并经历了由尚书、侍郎亲自兼管道由专人管理的过程。在地方财政研究方面，主要侧重于对地方与中央财政关系的研究与具体省份财政案例的分析。梁方仲对明代中央与地方财政的分配进行深入分析，财政改革也是一个重要研究领域，尤其张居正改革的研究更是研究的重点。唐文基厘清了张居正推行的丈田运动，蒋长芳对张居正推行的考成法及其作用进行了研究，徐健竹、谭建立对张居正的财政改革内容进行了梳理，张守军对张居正的财政思想进行了梳理，南炳文研究了张居正为节约国家财政支出所推行的裁减冗员的政策，黄国强将整顿吏治和改革财政联系起来探讨张居正改革的成败，申学锋对张居正改革失败的原因进行了探索。

  关于清代财政史的研究早在19世纪末就已经开始，陈锋的《20世纪清代财政史研究》对清代财政史的研究进行了全面的综述与总结。叶振鹏主编的《20世纪中国财政史研究概要》一书专章"清代财政史研究概要"对清代财政史的研究也做了总结。申学锋、张小莉的《近十年晚清财政史文献综述》针对19世纪90年代以来的晚清财政史研究做了整理。1897年，英国驻上海领事哲美森所著《中国度支考》对清代财政进行了初步归纳。汤象龙（《鸦片战争前中国的财政制度》）、陈支平（《清代赋役制度演变新探》）、庄吉发（《清世宗与赋役制度的改革》）、曾小萍（《州县官的银两》）、倪玉平（《清朝嘉道财政与社会》）、何烈（《清咸、同时期的财政》）、周志初（《晚清财政经济研究》）、李三谋（《明清财经史新探》）、史志宏（《晚清财政：1851—1894》）、周育民（《清王朝覆灭前财政体制的改革》）、邓绍辉（《晚清财政与中国近代化》）等学者针对清代不同的历史时期财政情况做了分析与研究。宋寿昌《清代前期"轻徭薄赋"与人民负担》、陈锋（《清代财政政策与货币政策研究》）、侯家驹（《中国财金制度史论》）、何平（《清代赋税政策研究》）从整体上对清代的财政政策与赋税政策进行了研究。这一时期研究主要集中在：

  一是清代财政收入结构可分为前后两期：太平天国运动之前，财政收入包括地丁田赋、盐税、关税；太平天国运动之后，厘金开始出现，并逐渐成为主要的收入。陈锋在其论著《清代财政政策与货币政策研究》中"财政收入"部分对此进行了详细的论述。唐棣（《略论清代的地丁制度》）对清代的地丁银的出现以及变迁进行了全面的梳理。陈支平（《清初地丁钱粮征收新探》）对清代初期有关地丁钱粮征收的一些记载和数字进行了初步的排比和分析，对清代初期的所谓轻徭薄赋政策进行了论证。在田赋研究方面，学界多关注于对田赋蠲免。在盐税研究方面，陈锋《清代的盐政与盐税》对清代盐政与盐税做了全面的研究。邓亦兵（《清代前期关税制度研究》）对清代前期税关的设置、税务征管、税额的确定、税则制度、税官的任用与考核以及影响税收的原因等问题进行了全面分析。中国第一历史档案馆对雍正时期各省的关税额史料进行了整理（《雍正元年各省关税额史料》），何力（《清代前期关税征管制度》）对清代前期灌输征管制度进行了研究，阐述了政府对征纳双方的管理，包括纳税手续、税务登记、征收工具、漏税罚款等规定，探讨征管背后的制度问题。

二是在清代前期的财政支出中，陈锋（《清代军费研究》）对清代的军费开支进行了全面的研究，包括对八旗兵制和饷制、绿营兵制和饷制俸饷管理与军费奏销、常额军费、战时军费支出、战时军费筹措等多个问题进行了研究。吴吉园对清代官员的俸禄进行了研究，认为清代官员的俸禄低微，引起吏治的腐败。徐雪梅对满汉官员的俸禄待遇进行了研究。在官员俸银支出研究方面，养廉银的研究是一个重要领域，学界主要讨论耗羡归公改革与养廉银的设置，佐伯富对养廉银的起源、财源、额度、用途做了全面梳理。曾小萍尤为注意耗羡归公与养廉银改革过程中地方改革政策的多样性，她剖析了不同地区的地方政府官员在制订政策中的考量以及最终达成的改革成果。冯元魁对不同地区的养廉银制度设计与实施的情况作了区别性分析。萧国亮对火耗的弊端进行了阐述，进而对养廉银的作用进行了分析，认为养廉银可以增加地方财政经费储备。陈锋对《耗羡章程》进行了解读，对耗羡的征解、支发、奏销的规定进行了剖析。岁有生将地方财政支出分为衙门经费、祭祀经费、恤政经费、工程经费、文教经费五类，探讨了五项经费的来源与支出情况。

三是关注中央与地方的财政关系与财政亏空治理进行了研究。汤象龙（《鸦片战争前夕中国的财政制度》）对清代前期财政制度进行全面分析。彭泽益（《清代财政管理体制与收支结构》）系统地阐释了清朝政府的财政法规制度及其实践状况，在财政管理体制方面考察了中央和地方的机构设置、管理权限、运转特点。陈锋（《清代中央与地方财政的调整》）对清代中央与地方财政关系的调整进行了研究，认为：清代前期与后期是大为不同的，前期，中央财政与地方财政的调整，主要反映出在户部控制之下，钱粮起运、存留比例的变动；后期，中央财政与地方财政出现混乱格局，有关调整主要反映出中央财政的运转失灵和财权的下移。此外，郑振满、匡小烨、李映发、刘凤云、曾小萍、范金民等对清代地方财政进行了研究。

对晚清财政史的研究在19世纪末已经开始。1897年，上海广学会出版了英国驻上海领事哲美森的《中国度支考》（林乐知译），该书虽冠名"中国度支"，实则专门叙述清代特别是晚清的财政。进入20世纪后，广智书局1904年出版了梁启超的《中国国债史》，梁氏对晚清的"国债"进行了初步的梳理。而吴廷燮的《清财政考略》（1914年铅印本），则是国人从整体上研究清代财政的第一部著作，对晚清财政亦有涉及。1917年商务印书馆出版的王振先《中国厘金问题》，是国内学者研究厘金问题的第一部著作。罗玉东的《中国厘金史》（商务印书馆1936年版）对晚清厘金的研究做出了重要贡献，是20世纪上半叶清代财政史领域最具代表性的研究著作。另外，侯厚培的《中国近代经济发展史》，是国内系统研究近代经济史的第一部著作，该书对财政问题也给予了一定的关注，特别是对晚清的币制改革，有较好的论述。赵丰田《晚清五十年经济思想史》（哈佛燕京学社1939年版），开了研究晚清经济思想的先河，其中的"增岁入说"、"厚俸禄说"、"行预算说"等对考察这一时期财政思想很有启发意义。20世纪上半叶的晚清财政史研究专著虽不多见，但有关著作对晚清财政多有涉及。这主要表现在三个方面：

第一，对晚清的财政问题进行回顾性研究。如贾士毅《民国财政史》，专列一章"财政之沿革"，对清代历朝的财政分别加以叙述。叶元龙《中国财政问题》，也涉及晚清财政。陈沧来《中国盐业》，吴觉农、范和钧《中国茶叶问题》，李权时《现行商税》，金国宝《中国币制问题》，张家骧、吴宗焘、童蒙正《中国之币制志汇兑》，杨荫溥《中国金融论》，张辑颜《中国金融论》，分别对晚清的盐税、茶税、商税、货币等相关问题进行了研究。

第二，财政通史著作中对晚清财政的研究。如胡钧《中国财政史讲义》，刘秉麟《中国财政小史》。

第三，通史性的专题史中对晚清财政的研究。如万国鼎《中国田赋史》、徐士圭《中国田赋史略》、陈登原《中国田赋史》，郎擎霄《中国民食史》和吴兆莘《中国税制史》，都涉及有清一代的田赋及相关问题，有的论述较为深入。还有杨肇遇《中国典当业》、欧宗《中国盐政小史》、曾仰丰《中国盐政史》、吴承洛《中国度量衡史》等等都有参考价值。专著之外，相关论文涉及诸多方面。汤象龙《咸丰朝的货币》、梁启超《各省滥铸铜元小史》、谭彼岸《王茂荫与咸丰时代的新货币制》、魏建猷《清代外国银元之流入及其影响》是货币金融方面的代表作。夏鼐《太平天国前后长江各省之田赋问题》和王毓铨《清末田赋与农民》是田赋方面的代表作。彭雨新《清末中央与各省财政关系》、罗尔纲《清季兵为将有的起源》对于晚清中央财政体制的瓦解以及地方财政自主权的扩大等问题，有深入的分析。罗玉东《光绪朝补救财政之方策》、吴廷燮《论光绪朝之财政》则分析了晚清财权下移之情势下，清廷的财政清理。在外债与赔款的研究方面，汤象龙《民国以前关税担保之外债》、《民国以前的赔款是如何偿付的》，是两篇重要的作品。另外，陈文进《清代之总理衙门及其经费》、《清季出使各国使领经费》，以及沈鉴《辛亥革命前夕我国之陆军军费》，也是对相关论题的开创性研究。在厘金研究方面，罗玉东《厘金制度之起源及其理论》、傅衣凌《清末厘金制起源新论》具有代表性。在海关研究方面，则有郑友揆《我国海关贸易统计编制方法及其内容沿革考》、汤象龙《光绪三十年粤海关的改革》等论文。

中华人民共和国成立以后，直到20世纪80年代之前，中国大陆学者对晚清财政史的专题研究虽然不突出，但也取得了一些值得注意的成果。许大龄《清代捐纳制度》对清代各个时期的捐纳制度做了系统研究，对捐纳与财政、吏治的关系，有很好的说明，是这一研究领域的拓荒性著作。彭雨新《清代关税制度》虽然篇幅不大，却是国内学者系统研究清代关税的著作。魏建猷《中国近代货币史》则是此一时期研究货币金融方面的代表性著作，主要研究鸦片战争后的银两制度、制钱制度、晚清的币制变革，以及近代外国银元的流入及其影响。刘秉麟《近代中国外债史稿》对晚清以来的外债做了较为深入的研究。20世纪80年代之前，国外学者和中国台湾地区学者在晚清财政史研究方面，取得了较为丰硕的成果。佐伯富《清代盐政之研究》是研究清代盐政的重要著作。E. G. 比尔《厘金的起源—1853—1864》是继罗玉东的《中国厘金史》之后研究早期厘金的重要著作。景复朗《1845—1895年中国的货币和货币政策》对晚清的货币进行了新的研究。王业键《中华帝国的田赋》则是晚清田赋研究的出色著作。王尔敏《清季兵工业的兴起》、《淮军志》以及刘凤翰《新建陆军》，对晚清有关方面的军费有所涉及。何烈《厘金制度新探》在此前学者研究的基础上，有新的探索。王树槐《庚子赔款》对庚子赔款的议定、筹措、偿付等做了系统的研究。

20世纪80年代以后，随着中国的改革开放和新一代学者的成长，晚清财政史的研究也进入到一个新的阶段，其标志有三：

第一，晚清财政史的研究受到重视，有多部"断代"财政史著作出版。何烈《清咸同时期的财政》在探讨咸丰以前财政概况的基础上，对咸同时期财政收入、财政支出、钱粮亏空、奏销制度以及中央财政与地方财政的变化等问题都有深入的研究。左治生《中国近代财政史丛稿》（1987），对清代后期的财政收入、财政支出、财政管理以及太平天国的财政有较为系统的论述。孙文学主编《中国近代财政史》在叙述清代后期的财政时，主要注意到了半殖民地半封建时期财政收入和财政支出的变态，同时，对太平天国的财政和晚清的财政思想有一定的论述。邓绍辉《晚清财政与中国近代化》试图从晚清财政管理体制的演变，以及税收制度与财政支出制度的变化等方面，探讨晚清财政变革与近代化的关系。周育民《晚清财政与社会变迁》分别对鸦片战争与清朝财政、太平天国与清朝财政、洋务运动时期的清朝财政、甲午战争后的清朝财政、覆灭前夜的清朝财政、财政演变中的经济与社会，进行了较为系统的研究。周志初《晚清财政经济研究》重点探讨了晚清财政管理体制的演变和晚清财政收支结构的变动。

第二，晚清财政研究向纵深发展，出版了多部专史研究著作。在盐税研究方面，有牧寒《内蒙古盐业史》、陈锋《清代盐政与盐税》、宋良曦与钟长永《川盐史论》。在关税研究方面，有赵淑敏《中国海关史》、卢汉超《赫德传》、汪敬虞《赫德与近代中西关系》、蔡渭洲《中国海关简史》、叶松年《中国近代海关税史》、陈诗启《中国近代海关史·晚清部分》及《中国近代海关史问题初探》、戴一峰《近代中国海关与中国财政》、冈本隆司《近代中国与海关》。在军费研究方面，有王尔敏《淮军志》，罗尔纲《绿营兵志》、《湘军兵志》和《晚清兵志》、龙盛运《湘军史稿》、陆方与李之渤《晚清淮系集团研究》、樊百川《淮军史》、戚其章《晚清海军兴衰史》。在货币金融研究方面，有王业键《中国近代货币与银行制度的演进（1664—1937）》、郑家度《广西近百年货币史》、李宇平《近代中国的货币改革思潮（1902—1914）》、王宏斌《晚清货币比价研究》、宫下忠雄《近代中国银两制度研究》、戴建兵《中国近代纸币》、姚会元《中国货币银行》、张通宝《湖北近代货币史稿》、穆渊《清代新疆货币史》、桑润生《简明近代金融史》、程霖《中国近代银行制度建设思想研究》。在外债和外资研究方面，有曹均伟《近代中国利用外资》、许毅等《清代外债史论》、曹均伟统与方小芬《中国近代利用外资活动》。在太平天国的财政经济制度研究方面,有郭毅生《太平天国经济制度》。

第三,有关论文集的出版较为活跃,台北商务印书馆《中国近现代史论集》(1986)值得注意,该论文集分作30编(本),在许多编中都有相关的财政研究论文。孙健编《中国经济史论文集》收录了彭雨新《中国近代财政史简述》、宓汝成《近代中国外债》等长篇论文,马金华所著《外债与外清政局》对外债与国家政局变化进行了研究。台北中研院近代史研究所社会经济史组编《财政与近代历史》,分为上、下两集,收录了许多有分量的论文。

民国财政史的研究中,形成了多部断代史财政史专著,主要有贾士毅的《民国财政史》、《民国续财政史》;胡钧《中国财政史》、常乃德《中国财政制度史》、霍衣仙《中国经济制度变迁史》,谭宪澄《中国财政史纲》,贾德怀编《民国财政简史》,左治生(《中国近代财政史从稿》)等,近年来还有马金华《民国财政研究》、邹进文《民国财政思想史》都对民国财政及财政思想进行了整体性研究。民国时期战乱纷呈,财政问题凸显,出现了各类经济学人共同关注财政问题的局面,极大地推动了中国财政学的发展。民国时期财政史的研究主要集中在:

一是财政学体系的研究。民国时期的财政类书籍有:唐庆增《唐庆增经济论文集》,经济论文30篇,包括经济通论、经济思想史、财政、银行、劳动等。贾士毅《国债与金融》记述清末至民国中央政府内外债务及沿革。贾士毅《民国财政史》和《民国续财政史》记述1912—1931年间民国财政状况。李权时《李权时经济财政论文集》和《财政学原理》、董修甲《市财政学原理》。这一时期中国的财政学体系已经比较完善,财政学著作包含财政学、比较财政学、财政政策论、国家财政制度、国家预决算、政府会计、税收、国债、地方财政、战时财政等领域,国人的财政学专著已经超过译著数量,但对于国外财政学著作的翻译仍占据很大部分,译自日本的财政学著作在整个财政学译著中仍然占主要部分,租税理论和市政研究著作则主要译自美国。

二是财政制度与管理体制的研究。关于财政制度的研究专著有杨汝梅《中国财政制度与财政实况》、秦汉平《公库制析述》、阮有秋《公库制度》、杨骥《中国现行公库制度》、杨承厚编著《中国公库制度》、吴贯因编著《中国预算制度刍议》、吴贯因著《中国之预算与财务行政及监督》、杨汝梅《中国预算制度与财政实况》、王延超《五权宪法的预算制度》、李权时《国地财政划分问题》、马大英《中国财政收支系统论》等。对中国财政宏观问题的研究突破就财政论财政的研究视角,将财政制度改革与中国经济发展过程中的问题紧密结合,著作有金国珍《中国财政论》,贾士毅《中国经济建设中之财政》,罗介夫《中国财政问题》,朱偰《中国财政问题》,崔敬伯《怎样检讨财政问题》、《中国财政的经济基础》、《中国财政中的金融统制》,孙怀仁《中国财政之病态及其批判》,叶云龙《中国财政问题》,闵天培《中国战时财政论》,符灿炎《战时的财政和金融》,金天赐《中国的战时财政》,马寅初《财政学与中国财政———理论与现实》。

三是公债作为政府筹资手段不断在国家财政中扮演重要角色，因此关于公债问题研究的专著逐渐增多，如晏才杰《公债论》、贾士毅《国债与金融》、尹文敬《中国战时公债》、投资周刊社编《公债市场》、蒋士立《国债辑要》、徐沧水《内国公债史》、千家驹《中国的内债》、王宗培《中国之内国公债》。

四是在对外国财政的研究方面，国人对日本财政的研究著作在数量上和研究的广度上都远大于对英国、美国和苏联的研究。对日本的财政问题研究主要涉及财政制度、战时财政、地方财政、公债、税收、国库制度和财政史等几个领域。主要著作有赖季宏《日本财政》、刘百闵《日本之地方财政》、周宪文《日本之地方财政》、南柔《日本财政制度》、陈宗经《战时日本财政》。对英国财政研究的专著有金国宝《英国所得税论》、财政金融研究所编《英国战时财政金融》、张白衣《英国战时财政论》。对于美国和苏联的财政书籍主要是编译或译著的形式。

当今对于民国财政史的研究，通史方面有马金华《民国财政研究：中国财政现代化的雏形》（2009），董长芝、马东玉主编《民国财政经济史》（1997），史全生主编的《中华民国经济史》（1989），陆仰渊、方庆秋主编的《民国社会经济史》（1991）。对民国预算的研究主要有：赵兴罗、武岳、李寒、王晴、马金华等对民国预算制度进行了研究。梁海燕、王哲对民国的主计制度进行了研究。杜恂诚、林枫考察了民国时期中央与地方财政划分体制的过程。对民国时期财政收入的研究主要集中在对税收收入的研究方面，民国时期税收改革的主要内容就是整顿旧税，创办新税，建立新的税制。这一时期由于大量国外的税收译著的出现，国人对租税问题已经有了更新的认识，但民国战乱不断的环境影响了税收制度的改革，严重迟滞了现代税制建立的步伐。赵敏（《民国时期的复合税制》）对民国税制进行了梳理。付志宇（《近代中国税收现代化进程及其思想史考察》）对民国税制进行了全面梳理，揭示了其现代化转型的过程。此外还有多篇论文对不同税种进行了分析，柯伟明对民国时期营业税做了深入研究；欧阳秀兰与曾耀辉对民国时期的所得税进行了研究；刘燕明、齐海鹏与李娟对民国时期遗产税征管制度做了考察；戴丽华民国时期的印花税进行了全面研究。刘燕明对民国时期的房地产税进行了研究。财政与金融的关系是近代中国经济发展过程中面临的一个突出问题。在民国外债的研究方面，吴景平《关于近代中国外债史研究对象的若干思考》与张侃（《20世纪中国近代外债史研究回顾》）对这时期外债研究的现在与成果做了述评。尹红群（《民国时期的地方政权与地方财政（1927—1945）》）对民国时期地方财政进行全面梳理，朱莉（《民国贵州财政述略》）、刘大可（《民国时期山东财政与地方专权》）、刘巍（《南京国民政府时期安徽地方财政研究（1927—1937）》）、潘国旗（《民国浙江财政研究》）分别对贵州、山东、安徽、浙江等地的财政进行了研究。民国财政思想是我国财政制度现代化过程中的一个重要组成部分。邹进文《民国财政思想史》对民国时期各类财政思想进行了整体研究。

第二节　外国财政史领域的重要文献和研究概况

相对于研究较成熟的中国财政史来说，外国财政史这一学科在国内并没有真正建立起来，研究还仅处于起步和酝酿阶段。目前，对外国财政史的整体研究，较早的著作首推《各国财政史》（1930），该书是目前现存的最早介绍各国财政史的著作，其地位不言而喻。全书分为古代财政、希腊财政、罗马财政、中世纪财政、近古时期财政、法国革命后的各国财政、德意志帝国再建后的各国财政、世界大战时的各国财政等章，但内容相对比较简单，因是译著，所以语言上晦涩，造成理解上困难。其次是《欧战经济财政史》（1937）该书是汉译世界名著，但仅在第七章简单介绍英国、美国、俄国、德国、奥匈帝国的财政。1936年出版的（美）巴克（A. E. Buck）著，彭子明译《各国预算制度》论述世界各国预算制度的发展、行政与立法机关对于编制或审定预算的职权，以及编制预算的程序、方法、执行等。（美）道格拉斯·诺斯、（美）罗伯特·托马斯著《西方世界的兴起》第八章涉及财政政策与所有权。理查德·邦尼（Richard Boney）主编《欧洲财政国家的兴起 1200—1815 年》系统分析欧洲十几个财政国家的诞生。还有 Marc Flandreau, Carl_ Ludwig Holtfrerich 和 Harold James（2003）部分内容涉及欧洲各国的财税情况。

英国的财政制度是英国财政史研究的重要领域之一，因此国内外学界都对此给予高度关注。其中，国外对英国财税史的研究著述颇丰，主要从财政制度的沿革、税收结构的变化以及对经济的影响和对国家制度发展的作用等方面进行论述。B. E. V. 萨宾的《税收简史》，此书简明扼要地叙述了从诺曼征服到当代英国的税收历史。C. D. 弗莱德里克的《英国公共财政 1558—1641》一书主要介绍都铎后期和前斯图亚特王朝的财政状况。R. 道格拉斯的《1660 年后的英国税收》也是一本跨度很大的税收著作，研究了从 1660 年到二战后的英国税收史。国内外史学界对中世纪英国的财政制度做了全面和多角度的分析。阎照祥《英国贵族史》和钱乘旦《英国通史》就是其中的代表。施诚《中世纪英国财政史研究》主要研究中世纪英国封建财政和税收史。张晋新《近代早期英国国家财政体制散论》、张乃和《16 世纪英国财政政策研究》、于民《论中世纪和近代早期英国中央财政管理机构的沿革》、韩玲慧《英国财政税收制度的演变：1597 年至今》对英国财政制度的变迁进行了梳理。除整体地研究公共财政问题，有学者还从某一项重要制度（如社会保障制度）或税收（如个人所得税）的角度来解释英国历史上公共财政的构建。如张进昌《试论英国个人所得税制的发展趋势》对个人所得税进行了研究。曹婉莉《19 世纪末 20 世纪初英国福利制度的过渡性特点》、陈星《英国养老金制度发展演变及其启示》对英国的社会保障制度进行了探索。宋丙涛《英国崛起之谜：财政制度变迁与现代经济发展》从财政效率的角度对英国产业革命与荷兰市场革命过程中财政制度变迁进行的对比考察。财政金融研究所编《英国战时财政金融》（1940）叙述1939年8月至1941年6月英国战时计划经济的政策、机构、组织及人力、财力、物力的动员情况。

中世纪英国财政税收史研究的论著比较多，这里择其主要者加以介绍。从1884年起，斯蒂芬·道威尔（S. Dowell）陆续出版了6卷本的《英国税收史》（1965年第三次修订出版），其中第一卷全面论述了中世纪英国的税收结构的演变。由于道威尔只利用了一些当时已出版的文献资料，所以有些论述很不准确，后来学者对他的一些观点进行了修正。文森特（J. A. C. Vincent）的《兰开斯特郡的俗人补助金》（1893），这是对中世纪英国动产税最早的论述，但他仅仅局限于爱德华一世统治时期，而且对动产税的估税、征收等具体细节描述得很不充分。1914年，米歇尔（S. K. Michael）《约翰王和亨利三世时期的税收研究》，详细论述了这两个国王对俗人和教士征收的各种税收，但他没有说明这两个国王的年收入总数。1934年，J. F. 威拉德（J. F. Willard）出版了《个人财产的议会税1290—1334年》，注重研究动产税的估税、征税机构和方法，税收的交纳和账目的审计等，同时追溯了动产税的起源，搜集了这个时期动产税征收的次数和税款，是对动产税的最详细论述，也是对米歇尔著作的内容的延伸和补充。1951年，米歇尔的遗著《中世纪英国的税收》由品特（S. Painter）整理出版。在这部著作中，米歇尔集中研究了任意税的演变历程。1980年，萨宾（B. E. V. Sabine）出版《税收简史》，简明扼要地叙述了从1066年诺曼征服以来的英国税收历史，其中前4章专门论述中世纪英国税收的情况。在《英国农民和国王的需求（1294—1341年）》一文中，麦迪科特（J. R. Maddicott）着重分析了这个时期国王的税收、军役和军事强买对农民造成的灾难性后果，是对国王财政政策后果富有见地的评价。直到20世纪60年代，研究中世纪英国王领的专著才出现。1968年，霍伊特（R. S. Hoyt）出版《英国宪政史上的王领（1066—1272年）》，探讨了中世纪前期王领的宪政意义。哈里斯（J. L. Harriss）《1369年前的国王、议会和公共财政》（1974年）一书中，描述了英国公共财政的产生和发展过程，追溯了英国财政机构的形成和发展过程，特别是论述了议会与国王财政之间的关系。虽然哈里斯也从宪政史角度论述财政问题，但他摆脱了辉格派史学的影响，认为国王和议会之间在税收问题上既有对抗也有合作，由于受到王权和贵族院的牵制，直到14世纪后期，下议院并没有完全掌握批税权。1992年，英国国家档案局（Public Record Office，简称"PRO"）实施"E179计划"。"E179"是19世纪后对存放在国家档案局1188—1688年间英国政府的23000多份税收档案的编号。该计划就是彻底整理这些税收档案。1998年，"E179计划"的成果以《英格兰和威尔士俗人税（1188—1688年）》出版，分门别类地叙述了500多年里英国政府对俗人征税的详细情况。

美国财政史研究领域，美国学者的研究颇丰，主要专著有：Jerry W. Markham 的 Financial History of the United States 三卷本，详细叙述了从1492—2001年美国的财政发展史，资料非常丰富。Paul Studenski（1963）的《Financial History of the United States》是美国财政史研究领域最权威的专著。该书从殖民地时期开始，一直讲述到 20 世纪 60 年代，系统梳理了美国联邦、州和地方三级政府的财政、金融活动的重大事件和主要历史数据，是所有美国财政史研究者必读的一本综述性著作，为美国财政史研究构建了一套完整的基本框架。Dewey 等（1934）的著作所跨的时间范围从建国一直到 1930 年，主要针对的是联邦政府的财政收支和公债活动。Margatet Good Myers（1970）的著作与之前两部财政通史类专著相比，没有太多自己的特色，罗伯特·霍马茨曾经两次担任美国副国务卿，其所著《自由的代价：美国筹集从革命到反恐时代的所有战争款项之实录》一书已经由上海人民出版社翻译出版，该书对美国历次战争时期的联邦财政活动情况进行了详细的分析。Edwm J. Perkms（1994）的著作是近年来研究美国殖民地和新中国成立早期财政史的一部力作。Ferfuson E. James（1961）是邦联政府时期财政问题的重要依据，其中对汉密尔顿思想与政策的介绍尤为重要。

除了以上这些综合性著作之外，在具体的财政领域也有大量富有价值的专著。在预算政策、财政管理方面，赫伯特·斯坦（2010）的《美国的财政革命——应对美国现实的策略》对 20 世纪的美国预算政策（特别是预算政策制定的过程）给予了全面关注，Aron Wildavsky 和 Caiden Naomi（2001）是公认的研究美国预算程序及预算过程的经典著作。在税收方面，W. Ellwt Browmlee（1996）对美国税收制度发展的历史进行了精要的总括，Glenn W. Flsher（1996）的著作是了解美国财产税演变（特别是州和地方政府财产税征收）的重要参考资料。在公债方面，Donald R. Stabile 和 Jeffrey A. Cantor（1991）的著作对美国政府公债发展演变的主要脉络进行了梳理。中南财经政法大学的乔吉燕博士翻译了前美国经济史学会主席阿瑟·H. 科尔的《经济史学科在美国的形成阶段》一文，文中详细介绍了经济史学科在美国发展和演变的历程，其中涉及许多著名的财政史研究专家和他们重要的财政史研究专著，如哈佛大学托西格所著《美国税收史》、诺伊斯的《美国财政四十年》等等。较早掀起"进步时代"研究的当属著名学者王绍光教授，他的《美国进步时代的启示》（2002）掀起了国内研究"进步时代"的浪潮。王绍光和马骏《走向"预算国家"——财政转型与国家建设》（2008）认为财政转型可以在很大程度上引导国家治理制度转型。马骏《经济、社会变迁与国家治理转型：美国进步时代改革》（2008）；马骏、刘亚平主编《美国进步时代的政府改革及其对中国的启示》（2010）；张光的《美国进步主义时代的政府会计改革》；岳经纶的《社会科学、知识分子与和谐社会：美国进步时代改革的启示》等，都提出对中国的借鉴意义。

此外，还有 John Joseph Walks（2009）研究了美国宪法的制度结构与财政联邦制之间的关系；赫伯特·斯坦（2010）对 1929 年之后的美国财政政策进行了最为全面的总结。David J. Ott, Attiat F. Ott（1965）和 Aron Wildavsky 等（2001）的研究是对美国预算制度发展演变的整体概括；John Joseph Wallis（2000）对 1990 年之前美国三级政府财政活动的规模进行了数量分析。W. Elhott Brownlee（1996）对美国各个时期税制结构的变迁进行了概要性分析，但它并未对美国税制结构变迁进行明确的分期。以关税为主的税制结构是美国联邦政府沿袭殖民地财政体制的一个重要部分，褚浩（2009）也在国外文献的基础上对这一时期美国各主要关税立法进行了详细的归纳，Rkhard Cedltodd（1954）和李东华（2009）分别是对南北战争时期和第二次世界大战时期财政支出最好的总结，R. Anton Bnum 等（1993）试图探讨战争对宏观经济的影响。John Lauritz Larson（2001）总结并估算了南北战争时期美国联邦政府基本建设支出的规模和结构，Theodore Sky（2003）对美国历届政府基本建设支出政策的制定过程给了关注，韩启明（2004）高度评价了美国三级政府的基本建设支出在改善美国基础设施的过程中起到的作用。

国内学者研究美国财政史的通史著作当属青年学者刘畅的《美国财政史》。刘畅首次从联邦、州和地方政府三个层次，对美国从殖民地时期一直到第二次世界大战结束长达四百五十多年的财政史进行了全面的梳理和总结，撰写了《美国财政史》一书。马金华《外国财政史》一书中专门辟有"美国财政史"这一章节。李东华《二战时期美国的财政政策研究》，王金虎《美国内战时期南部邦联政府的财政政策》和李雅菁《19世纪美国财政联邦体制、政府间关系与经济发展》是对美国财政史部分时期进行研究的初步尝试。陈锡镖《内战前美国国有土地开发的经济影响》、章伟《权力、预算与民主——美国预算史中的权力结构变迁》、褚浩《19世纪后期美国贸易保护政策研究》、王逸帅《美国预算民主的制度变迁研究》和彭本超《论美国的财政民主》则是对美国财政史中具体问题进行研究的初步尝试。胡国成（1995）的《塑造美国现代经济之路》中首次利用国外资料介绍了美国联邦财政政策在美国经济转型中所发挥的作用。刘绪贻、杨生茂（2001）主编的《美国通史（1—6卷）》，陈共、昌忠泽（2002）所著的《美国财政政策的政治经济分析》和王书丽（2009）的《政府干预与1865—1935年间的美国经济转型》中都有部分对美国联邦政府在不同时期财政活动的介绍。韩毅等（2011）所著的《美国经济史（17—19世纪）》是由我国学者撰写的第一部系统的美国经济通史类著作。

日本财政史的研究，涉及古代、中世战国时期、近世德川幕府时期、藩制时期等，但大多数研究都只停留于历史的片断性研究。明治维新以来，日本才开始出现真正意义上的国家财政。因此，严格意义上讲，近代以来，系统性的日本财政史研究是从明治维新时期开始的。日本大藏省先后编纂了三种财政刊物：《明治财政史》、《明治大正财政史》、《昭和财政史》。此外，多位学者也撰写了日本财政史论著，其中包括本庄洽郎《日本财政史》、土屋乔雄《日本财政史》。另外，值得介绍的是，以研究明治时期财政而著称的有麓桥诚《明治财政史研究》，以研究江户时期财政而著称的有大山敷太郎的《幕末财政史研究》（1973）。胜正宪《日本税制改革史》（1938）。第二次世界大战后财政史研究方面最为有名的是铃木武雄，其代表作有《现代日本财政史》（上、中、下三卷）（1956），坂本长太郎的《日本财政史研究》（1988, 1989）、京都大学岛恭彦的《近世租税思想史》

(1945)、藤田武夫《日本地方财政发展史》(1970)、藤田武夫《现代日本地方财政史》(1978)；藤田武夫《日本地方财政制度的建立》(1941)。以明治及大正时期地方财政的转型为研究内容的代表作有高寄升三《明治地方财政史》全6卷，2000—2006年版；岛泰彦编《町村合并和农村的转型》(1958)；坂本忠次《日本地方财政的进程》(1990)。研究战前、战后的地方财政通史主要有：藤田武夫《日本地方财政的历史与课题》(1987)。藤田武夫《现代日本地方财政史》(上、中、下)(1976、1978、1984)；岛泰彦编《现代地方财政论——危机的地方财政》(1951)；吉冈健次《战后日本地方财政史》(1987)等。

中国国内很早就开始日本财政史的研究。主要的通史类的研究有：赖季宏编著《日本财政》(1939)叙述日本财政史及经费、收入、预算、公债、地方财政和近代财政等；中华学艺社主编《战后日本的财政经济》(1947)；中央银行经济研究处编《日本战时财政概况》(1941)；抗战丛书社编《日本战时经济与财政》(1938)；宪文《日本之地方财政》(1933)；刘百闵《日本的军事膨胀与财政危机》(1933)；苏乡雨《日本战时财政经济的危机》(1940)；唐崇慈《日本财政的危机》(1937)；家塽《日本财政史要》(1933)；南柔《日本财政制度》(1933)；日本评论社《日本财政史要》(1933)；李建昌编著，李建昌、李惠村、马进中、陈立安、吕文贤翻译的《日本财政》(1980)；刘长琨主编，财政部《财政制度国际比较》课题组编著《日本财政制度》(1998)；童适平主编《战后日本财政和财政政策研究》(2002)；湛贵成《幕府末期明治初期日本财政政策研究》(2005)。

在法国财政史研究方面，让-饶勒斯·克拉马吉朗（J. - J. Clamageran）在1867年到1876年出版的三卷本的《法国赋税史》对罗马-高卢时期直至路易十五统治时期的各类财税收支名目和数量所做的统计和估算。雅克·布雷索的《法国财政史：从君主制的开端至1828年》（第一卷）和安托万·贝利的《法国财政史：从君主制开端以来至1786年》（第一卷）分别于1829年和1830年出版。布雷索的著作首先介绍了法国各种直接税与间接税的设立与征收办法，然后又分别介绍了从菲利普四世时期至路易十六时期，从1301年至1774年历任财政大臣在位期间的财政状况。贝利的著作则追溯至公元400年，记载了从公元400年至1683年，法国财政机构的变迁、财税政策的变化。20世纪初，马塞尔·马里翁（Marcel Marion）《旧制度时代的税收收入》(1901)、《旧制度时代的直接税》(1910)、《1715年以来的法国财政史》（六卷本1919—1928），为我们研究18世纪的法国财政税收提供了翔实的资料。朱利安·邓特（Julian Dent）在《财政危机：王室、财政家和17世纪的法国社会》(1973)中将财政官群体置于17世纪君主制危机时期的背景中进行考察发现，理查德·鲍尼也从财政资源的角度提出了对绝对主义的再思考，在《国王的债务：法国的财政与政治（1589—1661年）》一书中，他指出从亨利四世登基到路易十四亲政之时，为平息内乱或满足其外交雄心，君主的财政需求在不断攀升。丹尼尔·德塞尔（Daniel Dessert）《大世纪的金钱、权力和社会》（1984）对路易十四时期的财政官做了更为细致的考察。弗朗索瓦兹·巴亚尔（Françoise Bayard）《17世纪的财政官世界》（1988）对包税人、承包人和借贷人等财政官群体进行分类研究。居伊·罗兰兹（Guy Rowlands）《霸权的财政塌陷：路易十四时期法国的战争、影响和金钱》（2012），罗兰兹集中考察了路易十四最后十五年统治时期法国的税收、借贷和支出状况。加拿大历史学家丹尼尔·希基（Daniel Hickey）《法国绝对主义的确立：1540—1640多菲内的税收改革斗争》（1986），探讨了17世纪多菲内的税制从属人税转变为属物税过程中地方势力与国家之间的互动关系。美国学者柯林斯《Fiscal limits of Absolutism：Direct Taxation in Early Seventeenth-Century France》（1988），强调税收和税收体系是理解近代早期法国的国家和社会性质的核心问题。霍夫曼（Hoffman. P. T.）、诺伯格（Norberg. K.）《财政危机、自由和代议制政府（1450—1789）》研究从中世纪末期到18世纪早期的法国，探讨特权和特殊主义的财政影响，以及该国不断重复的财政危机的政治后果，解释了法国1788年的财政危机为什么导致君主制的垮台。国内学者主要的研究有：熊芳芳（《法国近代早起的税收与乡村生活1560—1715》）对法国早期的税收进行了研究；黄艳红《法国旧制度末期的税收、特权和政治》对法国旧制度时期的财政做了研究；贾薇（《法国旧制度末期财税体系研究》）对法国旧制度末期财税体系进行了研究。

俄国财政史研究方面，主要有：什瓦涅巴赫《货币改革与国民经济》和《我国的税收》，卡什卡罗夫《最近十年的财政（1892—1901）》，俄国财政部出版的期刊《工商业财政简报》刊载了有关俄国财政史的大量资料。保守派代表、哈而科夫大学教授米谷林的《俄国俄国贷款》（三卷本），论文集《俄国财政的现在和未来》，《俄国的复兴》基本观点都是反对沙皇俄国的财政政策。对沙皇俄国持自由主义观点的代表人物，博戈列波夫1907年出版的《财政、政府和公共利益》对沙皇政府的税制、预算和国家贷款都做了评价。

苏联时期研究十月革命前财政史的著作比较多。梁士琴科《苏联国民经济史》（三卷本）涉及苏联预算与财政政策；赫罗莫夫《19—20世纪俄国的经济发展》详细列了一战前俄国的财政统计数据；西多罗夫《俄国在第一次世界大战期间的财政状况》列举了一战时俄国财政政策；布格维茨基《19世纪末20世纪初沙皇政府的闲置资金和黄金储备》介绍了闲置资金的来源和用途；另外，沃罗布耶夫《俄国在临时政府时期的经济政策》，里夫金《十月社会主义革命期间的财政监督》，波格列宾斯基《革命前俄国财政史纲要》和《沙皇俄国在帝国主义时期的国家财政》都是研究十月革命时期俄国财政的重要资料。

苏联解体后，研究俄国财政史的著作主要有：斯捷潘诺夫《本格：改革者的命运》，别利亚耶夫《巴尔克与1914—1917年俄国的财政政策》和《第一次世界大战期间俄法财政关系史》，普拉维洛娃《帝国的财政：1801-1917年俄国在民族边疆区域的政权与货币》，马丁诺夫《国家与经济：维特体制》，德罗兹多夫《考夫曼与俄国财政体系的建立》，阿巴尔金和索罗金合著的《俄国税收政策史》，等等。还有俄国圣彼得堡大学管理系编写的论文集《俄国财政政策史》收录了大量的俄国财政的论文。布什科廖娃《世界与俄国财政学及财政政策史》是研究俄国资本主义阶段国家预算和税收的重要资料。

目前国内学者对俄国财政史的研究主要集中在对罗曼诺夫王朝末期财政的研究。张广翔（《19世纪—20世纪初俄国税制与经济增长》）对19世纪至20世纪俄国的税制改革、税收结构变化以及税收与国家经济增长之间的关系进行了研究。裴然（《1881—1917年俄国财政研究》）对1881年至1917年俄国的财政问题进行了全面的研究。郭响宏（《俄国的包税制及其废除》）对俄国包税制度进行了阐述，并对包税制的废止进行了研究。张福顺《19世纪俄国保护关税政策论述》论述了19世纪俄国保护关税的历程。

荷兰财政史研究。当属 Marjolein't Hart，Joost Jonker and Jan Luiten Van Zanden，"A Financial history of the Netherlands"（Cambirdge University Press，1997）。还有财政部《财政制度国际比较》课题组编著《荷兰王国财政制度》；以及凡登波须（Amry Vandenbosch）著、费振东译《荷属东印度概况》介绍了荷属东印度公司的租税及财政情况；霍夫曼（Hoffman. P. T.）、诺伯格（Norberg. K.）《财政危机、自由和代议制政府（1450—1789）》研究尼德兰在16世纪和17世纪通过征税和贷款来筹集资金的特别能力。

埃及财政史研究。当属葛兰言《拉吉德时代的埃及财政史》一书；财政部《财政制度国际比较》课题组编著《埃及财政制度》；潘光、朱威烈主编，邓新裕等译校《阿拉伯非洲历史文选：18世纪末—20世纪中》里面专门论述了18世纪末埃及的海关和税收。

古希腊罗马财政史研究。刘雅（《公元前454—前431年雅典帝国财政考述》）对古希腊时期的雅典城邦财政制度变迁进了研究。徐国栋《罗马人的税赋——从起源到戴克里先登基》和《罗马的包税人——公务承包制、两合公司在古罗马》两篇文章专门论述了罗马的税制情况；王三义的文章《罗马税制的积弊与戴克里先税制改革》评价了罗马税改。鲁小兵《奥古斯都财政改革与罗马帝国早期的经济繁荣》评价了奥古斯都财政改革。还有大量的罗马财政情况散落在通史领域。如杰弗斯《古希腊—罗马文明：历史和背景》（2013）；杨共乐《罗马社会经济研究》（2010）；爱德华·吉本《罗马帝国衰亡史》（2008）；（美）M. 罗斯托夫采夫《罗马帝国社会经济史》（1985）；（美）特奥多尔·蒙森《罗马史》（2004）等。

西班牙葡萄牙财政史研究。霍夫曼（Hoffman. P. T.）、诺伯格（Norberg. K.）《财政危机、自由和代议制政府（1450—1789）》研究西班牙国会的财产变化与西班牙国库的运作。（西）雷蒙德·卡尔著，潘诚译《西班牙史》以及许昌财《西班牙通史》里面内容涉及财政史。桑贾伊·苏拉玛尼亚姆《葡萄牙帝国在亚洲1500—1700政治和经济史》（朗文书屋，1997）专门研究葡萄牙的经济财政史。（美）诺埃尔著《葡萄牙史》（上下册）；J. H. 萨拉伊瓦《葡萄牙简史》；戴维·伯明翰《葡萄牙史》；顾卫民《葡萄牙海洋帝国史（1415—1825）》这些通史里面都涉及葡萄牙财政史内容；国内学者曹流、何华武《简论

17世纪葡萄牙烟草专卖》和张镇强《18世纪下半叶葡萄牙的庞巴尔改革》两篇文章各有侧重论述了财政史相关内容。

德国财政史研究。姜辉（《勃兰登堡-普鲁士财税体系的建立（1640—1688）》）对德国前身普鲁士的财政变迁进了研究，认为：勃兰登堡-普鲁士邦的大选侯在其建立自己的国家的过程中逐步建立起两套财税系统，一套是君主个人性质的宫廷财税系统，一套是具有国家公共性质的战争总署财税系统。通过这两套财税系统的运作和发展，大选侯建立起自己的官僚队伍，最大限度地利用有限资源来维持一支常备军，从而走上普鲁士崛起之路。财政部《财政制度国际比较》课题组编著《德国财政制度》；叶青编著的《德国财政税收制度研究》；匡小平主编《外国财政制度》选取财政分权型的美国、德国，以及财政集权型的代表法国作为典型样本介绍。

刘晓路（《现代财政制度的强国性与集中性——基于荷兰和英国财政史的分析》）对荷兰和英国的现代财政制度进行了梳理，认为：现代财政制度至少应具备两个基本特征，即强国性与集中性，17世纪、18世纪荷兰和英国的财政史为此提供了佐证。现代财政制度的建设，以增强国家能力为第一要务。为了实现增强国家能力的目标，现代财政制度就必须具有较高的集中性。这种集中性既是指财政收入应当成为政府收入的主要来源甚至是唯一来源，也是指中央政府应当成为全部财政收支活动的中心，节制地方政府的行为，以免由于政府内耗削弱国家推进改革的能力。

第三节　新财政史的兴起与研究趋势

近二三十年来，特别是进入21世纪以来，新财政史研究的视角与方法在国内外在财政史研究领域广泛传播开来。传统财政史的研究往往只是对财政制的变革、财政收支的变化进行了历史性考察，并无分析这些变化的动因，以及这些财政变化对国家的影响。20世纪70年代兴起的新财政史不仅沿袭了熊彼得的财政社会学观点——即国家发展与财政体系发展有着不可分割的联系，而且沿袭了熊彼得的学术传统——即把财政置于政治、经济、社会、文化背景之下，综合研究国家财政行为产生及其历史影响。新财政史的这种研究视角在很大程度上受财政社会学的影响。财政社会学的先驱是奥地利经济学家戈德肖（Rudolf Goldscheid）和熊彼特（Joseph A. Schumpeter）。他们在一战后关于奥地利前途问题的争论中创立了财政社会学，将财政学与历史学、政治学和社会学相结合，提倡从财政和税收的角度来理解国家和社会的兴衰更替。在熊彼特看来，税收政策既是经济社会变迁的表征，也构成经济社会变迁的动因。因此，新财政史借鉴财政社会学的研究视角，在考察财政赋税体系的历史演变及其具体实践的同时，从政治制度史或经济社会史的研究框架和思维定式中摆脱出来，更加侧重将财政赋税看作一个相对独立的要素，探究其与政治和社会变迁之间的动态关系。财政赋税不仅仅是一种单纯的社会经济表征，它还是政治和社会变迁的动因。财政赋税体系的形成和嬗变既是政治、社会和经济变革的结果和表现，反过来它对政治体制、国家形成、社会结构、经济变革甚至文化心态等都产生了广泛而深远的影响。

天津师范大学历史文化学院硕士生陆连超《新财政史：解读欧洲历史的新视角》（2008）中，介绍了20世纪最后十年欧洲学者的财政史研究概况。欧洲学者认为，财政史应当被当作对比现象来研究，也就是要在比较框架内梳理欧洲财政体系的历史变迁，"新财政史"作为一种研究欧洲财政史的新模型被提出。"新财政史"认为，欧洲各主要国家的历史被看作是从"贡赋国家"开始，经过"领地国家"和"赋税国家"最终转变为"财政国家"。最初在英国财政史被当作是宪政史的一个附属部分，没有受到有关方面专家的重视，直到20世纪90年代，真正意义上的财政史学科才建立起来。霍夫曼、诺伯格著，储建国译的《财政危机、自由与代议制政府（1450—1789）》（2008）一书，反映了美国学者对欧洲财政史研究的最新成果。该书对中世纪末一直到美国独立之前欧洲大陆各主要国家的财政史变迁，从整体的角度进行了把握，有助于我们了解美国学术界研究欧洲财政史的新思路和新进展。（美）理查德·邦民的《经济体系与国家财政》、《现代欧洲财政国家的起源：13—18世纪》、《危机、革命和自我持续增长》等专著相继在欧洲出版，英国、德国和斯堪的纳维亚半岛等地的"新财政史"研究从各自不同的方向兴起。

新财政史研究主要集中于对英国以及西欧诸国财政史的研究，英国邓迪大学历史学教授克里斯托弗·斯托尔主编了《18世纪欧洲的财政—军事国家——纪念P. G. M. 迪金森论文集》一书对整个西欧的财政制度变革与国家变迁进行了研究。1967年，英国历史学家P. G. M. 狄金森所著《英格兰财政革命：对于公共借贷发展的研究》他认为18世纪的英国的发展和国际地位的提升，是由于国家借贷体系的完善和议会提供保障的国家公共财政的支持。1989年，美国加州理工学院人文和社会科学教授约翰·布鲁尔出版《大国的肌腱：战争、财政与英格兰国家，1688—1783年》。虽然受到迪金森的影响，但布鲁尔不同意迪金森所主张的18世纪英国的成功是建立在国债基础之上的观点，而认为18世纪英国对外战争开支中只有30%—40%是由公债支付的，税收在军事开支中占有更重要的地位。作为一部标志性的著作，布鲁尔在《大国的肌腱：战争、财政与英格兰国家，1688—1783年》里首次提出了"财政—军事国家"（fiscal-military-state）这个概念。布鲁尔所谓"财政—军事国家"，是指处于长期或剧烈军事冲突时期、为了维持强大的武装力量而迫使公民交纳高额税收的国家。他认为"财政—军事国家"是英国从都铎王朝的改革到19世纪最重要的转型，对英国财政与国家变迁进行了研究。布鲁尔的"财政—军事国家"概念一经提出，历史学家们立即把它广泛应用于描述18世纪英国和欧洲大陆各国历史，虽然有人称之为"财政—军事国家"，但是也有人称之为"军事—财政国家"。英国伦敦大学政治经济学院著名学者帕特里克·卡尔·奥布莱恩（Patrick Karl O'Brien）则更倾向于使用"财政国家"（fiscal state）来描述早期近代英国。在理查德·邦尼主编的《欧洲财政国家的兴起：1200—1815》一书中，帕特里克·奥布莱恩与菲利普·A. 亨特（Philip A Hunt）撰写了"英格兰"一章。他们指出，截止到19世纪，英国是欧洲唯一的财政国家，因为只有英国才能保卫自己国家的安全，并且在长期的战事中维持经济增长和发展。英国之所以能够维持巨大的军事开支是因为英国国家税收逐渐由以来间接税转变为越来越频繁地征收直接税。

2002年，瑞典斯德哥尔摩大学历史学教授简·格列特所著《早期近代欧洲的战争与国家：作为"财政—军事国家"的西班牙、荷兰共和国和瑞典，1500—1660年》一书围绕西班牙、荷兰以及瑞典三国的财政变迁进行了研究。该书"主要分析西班牙君主国、荷兰共和国和瑞典这三个率先发展出强大常备陆军和海军的国家的转变过程，解释这三个地理位置不同、政治和宪政传统差异很大、社会经济结构迥异的国家为什么变成了欧洲财政—军事国家的先驱。"

2006年，西班牙历史学家拉斐尔·托雷斯·桑切斯（Rafael Torres Sánchez）发表论文《18世纪西班牙财政国家与公债的发行》探讨为什么西班牙面临财政紧急需要时没有顺其自然地转向公债市场。桑切斯认为18世纪的西班牙与英国一样具有"财政—军事国家"的性质，具备了"财政—军事国家"的特征，18世纪西班牙与英国的真正区别是公债：英国越来越倚重公债市场筹措战争和其他紧急情况的经费；而西班牙国库则更喜欢收支平衡，回避公债。后来，桑切斯把这种观点进一步在《18世纪西班牙建立财政—军事国家》一书中介绍。

2009年，英国邓迪大学历史学教授克里斯托弗·斯托尔主编了《18世纪欧洲的财政—军事国家——纪念P. G. M. 迪金森论文集》一书。斯托尔在本书的"导言"里说，虽然并非18世纪所有欧洲国家都是财政—军事国家，但是所有大国都是，因此本书将讨论18世纪欧洲大多数财政—军事国家。

近代东欧大国俄罗斯的财政—军事国家问题也是西方学者研究的热点之一。在英语世界的历史学中，切斯特·邓宁（Chester Dunning）是第一个把"财政—军事国家"应用于莫斯科公国的历史学家，切斯特·邓宁所著《俄国的第一次内战：动荡时代和罗曼罗夫王朝的建立》、詹姆斯·克拉克莱弗特所著《俄罗斯文化背景中的彼得大帝改革》对俄国财政变迁与国家变革进行了研究，认为，常备陆军和海军的存在是财政—军事国家出现的标志，俄罗斯财政—军事国家出现于18世纪初，它与彼得大帝的军事和行政改革紧密相连。

部分中国学者对这一新的研究取向也颇为关注。2006年，邓宁发表论文"早期近代俄罗斯是一个财政—军事国家吗？"他认为"财政—军事国家"概念是在早期近代欧洲背景下研究俄罗斯国家建设的一种可行方法。何文凯在2013年出版的《通向现代财政国家之路》中，对财政危机对英国、日本和中国的财政国家变迁道路的影响进行比较研究。倪玉平《从国家财政到财政国家》一书借用财政国家的概念，对清朝咸丰同治年间财政体制和财政结构的转变作了较为细致的探讨。刘守刚结合新财政史的研究方式对我国古代财政史进了深入研究，撰写了《家财帝国及其现代转型》、《财政类型与现代国家构建一项基于文献的研究》、《家财型财政的概念及其运用》、《从家财型财政到公财型财政中国财政转型的案例分析》多篇论著和论文。

以古鉴今，古为今用，财税体制与王朝兴衰、政权兴替息息相关。量化历史等研究方法的发展为财政史的研究增加了新的工具，财政史的问题导向研究也在新的经济社会发展中被赋予了更多的重要内容和使命。

文献索引

[1] 安东不二雄. 中国的财政 [M]. 东京：东京东亚实进社，1921.

[2] 安托万·贝利（Antoine Bailly）. 法国财政史 [M]. 1930.

[3] 奥尔夫-盖亚尔. 欧战经济财政史 [M]. 林孟工译. 北京：商务印书馆，1937.

[4] 巴克（A. E. Buck）. 各国预算制度 [M]. 彭子明译. 北京：商务印书馆，1936.

[5] 坂本长太郎. 日本财政史研究酒井书店 [M]. 1988.

[6] 坂入长太郎. 欧美财政思想史 [M]. 北京：中国财政经济出版社，1987.

[7] 包伟民. 走向自觉——近百年宋代财政史研究回顾与反思 [J]. 浙江学刊，2003（3）.

[8] 北京图书馆. 民国时期总书目 1911—1949 经济上下册 [M]. 北京：北京图书馆，1993.

[9] 波斯坦 M，里奇 E E，爱德华·米勒. 等. 剑桥欧洲经济史多卷本 [M]. 北京：经济科学出版社.

[10] 曾小萍. 州县官的银两——18 世纪中国的合理化财政改革（董建中译）[M]. 北京：中国人民大学出版社，2005.

[11] 陈锋. 清代财政史论稿 [M]. 北京：商务印书馆，2010.

[12] 陈锋. 清代财政政策与货币政策研究 [M]. 武汉：武汉大学出版社，2008.

[13] 陈桦. 清代区域社会经济研究 [M]. 北京：中国人民大学出版社，1996.

[14] 陈明光. 汉唐财政史论 [M]. 长沙：岳麓书社，2003.

[15] 陈明光. 六朝财政史 [M]. 北京：中国财政经济出版社. 1997.

[16] 陈明光. 唐代财政史新编 [M]. 北京：中国财政经济出版社，1991.

[17] 陈支平. 中国赋役制度演变新探 [M]. 厦门：厦门大学出版社，1988.

[18] 道格拉斯·诺斯，（美）罗伯特·托马斯. 西方世界的兴起 [M]. 厉以平等译. 北京：华夏出版社，1999.

[19] 邓绍辉. 晚清财政与中国近代化 [M]. 成都：四川人民出版社，1998.

[20] 俄国圣彼得堡大学管理系. 俄国财政政策史论文集（История финансовой политики в РоссииСборник статей）[C]. 彼得堡，2000.

[21] 顾銮斋，中西中古税制比较研究 [M]. 北京：社科文献出版社，2016.

[22] 郭厚安. 明实录经济史料选编 [M]. 北京：中国社会科学出版社，1989.

[23] 何平. 清代赋税政策研究 1644-1840 年 [M]. 北京：中国社会科学出版社，1998.

[24] 赫伯特·斯坦（Herbert Stein）. 美国的财政革命——应对美国现实的策略 [M]. 苟燕楠译. 上海：上海财经大学出版社，2010.

[25] 侯家驹. 中国财金制度史论 [M]. 台北：联经出版事业公司，2008.

[26] 胡寄窗. 中国财政思想史 [M]. 北京：中国财政经济出版社，2017.

[27] 胡钧. 中国财政史 [M]. 北京：商务印书馆，1920.

[28] 黄仁宇. 十六世纪明代中国之财政与税收 [M]. 北京：三联书店，2007.

[29] 黄艳红. 法国旧制度末期的税收，特权和政治 [M]. 北京：中国社会科学出版社，2016.

[30] 霍夫曼（Hoffman, P. T.），诺伯格（Norberg, K.）. 财政危机，自由和代议制政府（1450—1789）[M]. 储建国译. 上海：格致出版社，2008.

[31] 贾士毅. 民国财政史 [M]. 北京：商务印书馆，1917.

[32] 贾士毅. 民国续财政史 [M]. 北京：商务印书馆，1932.

[33] 李春国. 元代的物价和财税制度 [D]. 上海：复旦大学，2014.

[34] 李剑农. 宋元明经济史稿 [M]. 北京：三联书店，1957.

[35] 李剑农. 先秦两汉经济史稿 [M]. 北京：三联书店，1957.

[36] 李锦绣. 唐代财政史稿（共五册）[M]. 北京：社科文献出版社，2007.

[37] 李三谋. 明清财经史新探 [M]. 太原：山西经济出版社，1990.

[38] 理查德·A. 马斯格雷夫. 财政理论史上的经典文献 [M]. 刘守刚译. 上海：上海财经大学出版社，2016.

[39] 理查德·邦尼（Richard Boney）. 欧洲财政国家的兴起 1200—1815 年 [M]. 沈国华译. 上海：上海财经大学出版社，2016.

[40] 梁方仲. 中国历代户口，田地，田赋统计 [M]. 北京：中华书局，2008.

[41] 铃木武雄. 现代日本财政史（上，中，下三卷）[M]. 东京：东京大学出版社，1956.

[42] 刘畅. 美国财政史 [M]. 北京：社科文献出版社，2013.

[43] 刘守刚. 财政经典文献九讲 [M]. 上海：复旦大学出版社，2015.

[44] 刘守刚. 家财帝国及其现代转型 [M]. 北京：高等教育出版社，2015.

[45] 刘晓路. 现代财政制度的强国性与集中性——基于荷兰和英国财政史的分析 [J]. 北京，中国人民大学学报，2014（5）.

[46] 罗玉东. 中国厘金史 [M]. 北京：商务印书馆，1936.

[47] 马大英. 汉代财政史 [M]. 北京：中国财政经济出版社，1983.

[48] 马金华. 民国财政研究 [M]. 北京：经济科学出版社，2009.

[49] 马金华. 外债与外清政局 [M]. 北京：社科文献出版社，2011.

[50] 倪玉平. 清代财政史四种 [M]. 北京：科学出版社，2017.

[51] 潘少平. 元朝俸禄制度研究 [D]. 北京：中国社科院研究生院，2003.

[52] 彭泽益. 清代财政管理体制与收支结构 [J]. 中国社会科学院研究生院学报，1990（2）.

[53] 让-饶勒斯·克拉马吉朗（J.-J. Clamageran）. 法国赋税史三卷本 [M]. 1867—1876.

[54] 申学锋. 转型中的清代财政 [M]. 北京：经济科学出版社，2012.

[55] 施诚. 中世纪英国财政史研究 [M]. 北京：商务印书馆，2010.

[56] 史卫. 人类财政文明的起源与演进 [M]. 北京：中国财政经济出版社，2013.

[57] 斯蒂芬·道威尔（S. Dowell）. 英国税收史6卷本 [M]. 1965.

[58] 松井义夫. 清朝经费之研究 [M]. 南满洲铁道株式会社，1935.

[59] 孙翊刚，王文素. 中国财政史 [M]. 北京：中国社会科学出版社，2007.

[60] 孙翊刚. 中国财政问题源流考 [M]. 北京：中国社会科学出版社，2002.

[61] 万明 徐英凯. 明代万历会计录整理与研究（共3册）[M]. 北京：中国社会科学出版社，2015.

[62] 汪圣铎. 两宋财政史 [M]. 北京：中华书局，1995.

[63] 王振先. 中国厘金问题 [M]. 北京：商务印书馆，1917.

[64] 吴廷燮. 清财政考略 [M]. 铅印本，1914.

[65] 小林丑三郎. 各国财政史 [M]. 邹敬芳译. 上海：神州国光社，1930.

[66] 谢国桢. 明代社会经济史料选编 [M]. 福州：福建人民出版社，1980.

[67] 熊芳芳. 法国近代早起的税收与乡村生活1560—1715 [D]. 武汉：武汉大学，2004.

[68] 徐世钜. 历代理财人物选记 [M]. 北京：中国财政经济出版社，1983.

[69] 徐世钜. 历代理财人物选记·续集 [M]. 北京：中国财政经济出版社，1985.

[70] 许大龄. 清代捐纳制度 [M]. 北京：燕京大学哈佛燕京学报出版，1950.

[71] 雅克·布雷索（Jacques Bresson）法国财政史 [M]. 1828.

[72] 叶振鹏. 20世纪中国财政史研究概要 [M]. 长沙：湖南人民出版社，2005.

[73] 叶振鹏. 中国财政通史，十卷本 [M]. 长沙：湖南人民出版社，2013.

[74] 张国刚. 隋唐五代财政史研究概要 [M]. 天津：天津教育出版社，1996

[75] 赵丰田. 晚清五十年经济思想史 [M]. 北京：哈佛燕京学社，1939.

[76] 中华文化复兴运动推行委员会. 中国近现代史论集30编（本）[M]. 台北：台北商务印书馆，1986.

[77] 周育民. 晚清财政与社会变迁 [M]. 上海：上海人民出版社，2000.

[78] 朱德贵. 汉简与财政管理新证 [M]. 北京：中国财政经济出版社，2006.

[79] 朱执信，胡汉民，吕思勉，胡适，季融五，廖仲恺. 井田制度有无之研究 [M]. 上海：上海华通书局，1930.

[80] 邹进文. 民国财政思想史 [M]. 武汉：武汉大学出版社，2008.

[81] BAYLY C A. The British military – fiscal state and indigenous resistance：India 1750 – 1820 [M].

[82] BREWER J. The sinews of the power：war, money and the England state, 1688 – 1783 [M]. Cambridge：Harvard University Press, 1989.

[83] CAMPBELL J L. The state and fiscal sociology [J]. Annual review of sociology, 1993（1），163 – 185.

[84] CHESTER L D. Russia's first civil war：the time of troubles and the founding of the romanov dynasty [D]. Pennsylvania State：Pennsylvania State University, 2001.

[85] CRACRAFT J. The petrine revolution in Russian culture [M]. Cambridge: Cambridge University Press, 2004.

[86] DICKSON P G M. The financial revolution in England: a study in the development of public credit, 1688 – 1756 [M]. London, Macmillan, New York: St. Martin's Press, 1967.

[87] GLETE J. War and the state in early modern Europe: Spain, the dutch republic and Sweden as fiscal—military states, 1500—1660 [M]. London and New York: Routledge, Taylor & Francis Group, 2002.

[88] HART M, JONKER J, ZANDEN J L V. A financial history of the Netherland [M]. Cambirdge: Cambirdge University Press, 1997.

[89] HE W. Paths toward the modern fiscal state: England, Japan and China [M]. Cambridge and London: Harvard University Press, 2013.

[90] HOYT R S. The royal demesne in English constitutional history: 1066—1272 [M]. New York: Greenwood Press, 1968.

[91] MARKHAM J W. A financial history of the United States (3 – Volumes) [M]. New York: M. E. Sharpe Press, 2001.

[92] SANCHEZ R T. Constructing a fiscal – military state in eighteenth century Spain [M]. New York: Palgrave Macmillan Pubilisher, 2015.

[93] SANCHEZ R T. The spanish fiscal state and the creation of public debt in the eighteenth century. XXVI Encontro de Associaçao Portuguesa de História Económica e Social. Universidade dos Açores, Ponta Delgada, 2006.

[94] SASHALMI E. Russia as a fiscal – military and a composite – dynastic state 1654 – 1725 [M].

[95] STORRS C. The fiscal – military state in eighteenth century Europe [M]. Hampshire: Ashgate Publishing Limited, 2009,

[96] STUDENSKI P, KROOSS H E. International financial history in the 20 century: system and anarchy [M]. Cambirdge: Cambirdge University Press, 2003.

[97] WOLFFE B P. The royal demesne in English history [M]. London: George Allen & Unwin ltd., 1971.

第三章

财政分权

无论联邦的虚构多么实用,都不应该忘记这只是虚构,我们需要超越虚构研究真实的逻辑。

——威廉·赖克

财政分权是指中央政府给与地方政府一定的税收权和支出责任范围,允许地方政府在财政收支拥有事实上的部分自由处置权。财政分权领域的研究重点为财政分权、财政竞争与政府间转移支付问题,本章基于理论和实践两个层面,对这一问题进行了梳理。分权理论最早由哈耶克提出,财政分权理论的研究始于蒂伯特的《地方公共支出的纯理论》。第一代分权理论以 Hayek (1945)、Tibeout (1956)、Oates (1972) 的研究成果为代表,主要集中于财政分权对经济增长的内生原因研究。20 世纪 90 年代后,财政分权理论发展到第二代,以钱颖一和罗兰(Qian 和 Roland)、温格斯特(B. Weingast)与怀尔德森(D. E. Wildasin)等人的研究成果为代表,其理论不再局限于传统的新古典经济学,而是引入了公共选择理论、软预算约束、委托—代理理论、制度经济学、信息经济学等理论。

分权理论最早由哈耶克（Hayek，1945）提出，而财政分权理论的研究始于蒂伯特（Tiebout）的《地方公共支出的纯理论》（Tiebout，1956），主要经历了两个发展阶段：第一代财政分权理论主要研究各级政府的财政职能分配和公共物品的供给问题，以蒂伯特的"以足投票"理论、马斯格雷夫（Musgrave）的分权思想和奥茨（Oates）的分权定理为代表；第二代财政分权理论将分权理论讨论的中心拓展到对地方政府行为的研究，以钱颖一、温加斯特（Weingast）为代表。其中，第二代分权理论中融入了中国的实践，也形成了中国式分权理论。中国式分权的主要特征是政治和人事集权下的管理和经济分权体系（Xu，2010），在这一体制下，GDP竞赛激励地方政府进行市场化导向的改革，使得中国形成了"保护市场型联邦"。中国式分权不仅在理论上对分权理论有重大贡献，实践中也被认为是实现中国经济奇迹的基础性制度。以下的论述将从理论和实践两个部分展开。

第一节　财政分权理论

在新古典经济学最初的研究中，认为中央政府可以根据居民的偏好和各地区的资源禀赋提供公共物品，实现社会福利的最大化。那么理论上，一个国家是不需要地方政府的存在。但是现实中地方政府不仅实实在在地存在着，而且作用非常大。学者们也从最初的探讨地方政府存在的必要性，转为研究地方政府行为背后的动机，进而探讨应该如何妥善安排中央与地方政府之间权、责、利之间的安排以促进各级政府职能优化，更好地发挥政府在资源配置中的作用。中央和地方间纵向的财政关系主要包括中央与地方之间纵向财政安排和对应的公共物品供给。财政分权是指中央政府给予地方政府一定的税收权和支出责任范围，允许地方政府在财政收支拥有事实上的部分自由处置权。关于中央和地方间财政关系的研究中，最为重要的便是财政分权理论，关于政府间财政关系的其他一系列理论都是在财政分权的基础上延伸出来的。而财政分权理论依据研究的视角不同，可以分为第一代财政分权理论和第二代财政分权理论。其中，第一代财政分权理论主要是福利经济学的视角考察财政分权，第二代财政分权理论则是更多地从政府治理的视角出发。

一、第一代财政分权理论

20世纪30年代，罗宾斯（L. Robbins）将经济学定义为"研究稀缺资源配置的学科"。由于外部性、信息不对称等原因，市场是存在失灵的，仅靠市场自发运行，是无法实现资源的最优配置的。此时需要独立于经济体系的、客观公正且仁慈的政府，干预和矫正那些不能实现资源最优配置的行为和制度安排。

第一代财政分权理论也被称作传统财政分权理论或财政联邦主义，其代表人物是蒂布特（Tiebout）、奥茨（Oates）和马斯格雷夫（Musgrave）。第一代财政分权理论是建立在主流公共物品理论基础上[①]，以市场失灵为起点，遵循新古典经济学规范分析框架，以帕累托最优和社会公正为两大准则，分析财政分权的必要性以及政府职能和相应的财政工具如何在不同政府层级间进行合理配置。其主要思想来源有两个：一个是 Tiebout（1956）模型，[②] 该模型在政府的目标是社会福利最大化的假设下，论证了选民在辖区间的自由流动会引发地方政府间的竞争，即"用脚投票"，从而促使政府按照选民的偏好尽可能地提供合民意的公共服务。另一个则是信息不对称理论，强调居民对公共物品偏好的地域差异性以及中央政府对相关信息的缺乏，因此除非某种公共品有很大的地区间溢出效应，即使不考虑辖区间对选民的竞争，也应该把公共物品的供给和相应的财权尽量下放给地方，以提高社会福利，代表研究是 Oates（1972）的分权定理。

（一）Tiebout 模型

通常认为第一代财政分权理论是以 Tiebout 在 1956 年发表的《A pure theory of local government expenditure》为起点，Tiebout（1956）首次把主流公共物品理论对全国性公共物品需求分析扩展到对地方公共物品的需求分析，将地方政府引入公共物品供给模型。在 Tiebout 模型中，存在以下假设：（1）选民可以自由流动，迁移至可以满足其偏好的地区。（2）选民完全了解自己的偏好，并且可以对公共品的供给做出选择。（3）有足够多的辖区供选民选择。（4）不考虑就业机会的限制。（5）在不同辖区之间公共物品的供给不存在外部经济或外部不经济。（6）每个辖区有一个最优的人口规模，进而是最小的公共物品供给成本。（7）处于最优人口规模以下辖区会想办法吸引新的居民，以降低公共物品的供给成本，而处于最优人口规模以上的辖区也会因为公共物品供给无法满足居民需要迫使居民离开。基于以上假设，Tiebout 认为，不同辖区的政府出于达到最优人口规模以及公共物品供给成本最小的目的，竞争完全流动的居民，能够产生与商品市场自由竞争类似的机制，以实现资源的最优配置，保证公共物品和居民偏好更好地匹配。

Tiebout 模型挑战了 Samuelson 等人的公共物品供给不存在最优解的观点，开创了地方公共经济学、区域经济学乃至空间经济学的一个新的研究领域，对以后学者的研究非常具有启发意义（梁若冰和汤韵，2008）。就财政本身而言，Tiebout 模型也提供了一系列的启发。首先，地方税种的设置必须考虑居民的流动性，应该选择税基流动性差、符合收益原

---

① 即以马斯格雷夫（R. A. Musgrave, 1959）和萨缪尔森（P. A. Samuelson, 1954）为代表的古典公共物品理论，依据物品的排他性和竞争性划分公共物品和私人物品。与之相对应的是布坎南（J. M. Buchanan, 1968）的公共物品理论，依据物品的供给手段划分公共物品和私人物品。

② Tiebout, C. M. A Pure Theory of Local Expenditure. Journal of Political Economy, 1956, 64（5）: 416 - 424.

则的税种。其次，地方税率的设置也必须考虑居民的流动性，因为从税负上讲，如果一个辖区的地方税税率相对其他辖区高了，那么选民就可以通过"用脚投票"流向税负较低的辖区，只要一个辖区的居民认为他从当地的公共品中所获得的收益不足以补偿所承担的税负，该地居民就可能流动。

（二）Oates 分权定理

Oates 是用一个一般均衡模型对财政分权的合理性做出证明，并提出了分权定理。Oates 的一般均衡模型中存在以下假定：(1) 假设社会中存在 A 和 B 两个人口集合，每个集合内部的人口对相同物品偏好相同，但 A 集合和 B 集合之间的偏好不同；(2) 假设全体社会成员都消费两种物品，分别是 X 和 Y，其中物品 Y 可以由中央政府统一供给，也可以由两个人口集合的地方政府分别提供；(3) 全社会的收入分配达到最优。在这些假定条件下，Oates 证明，由于两个人口集合对物品 Y 的偏好不同，如果由中央政府对每个人口集合提供相同数量的 Y 时，会破坏社会福利最大化条件，而地方政府可以根据自己的选民对物品 Y 的偏好，提供不同数量的 Y，从而能够满足社会福利最大化条件。如果对某种公共物品的消费涉及全部地域的所有人口集合，并且中央政府和地方政府可以等成本的提供单位该物品，则地方政府能够向各自的选民提供帕累托最优产量，而中央政府无法向全体选民提供帕累托最优产量。简单来讲即如果下级政府能够和上级政府等成本提供同样的公共物品，那么由下级政府来供给更好。

可以看出，Oates 对财政分权的证明是以辖区居民偏好的差异和中央政府等份提供公共物品的假设上。后续研究放开了 Oates 假定条件，进一步证明了财政分权的重要性。首先，分权不仅与公共物品供给成本相关，也与不同辖区对公共物品的需求差异相关，即使假定公共物品的供给成本相同，其供给效率也与需求相关。由中央政府统一供给带来的福利损失将随公共物品需求价格弹性的下降而增加，而公共物品的需求价格弹性往往是很低的。其次，中央政府由于与居民之间的距离较远，对居民偏好了解往往是不全面的，不具有完备的信息，往往是无法提供帕累托最优的公共物品供给。相反，地方政府直接受到来自当地选民的压力，可以更好地了解选民的偏好，因此，地方政府与中央政府相比具有信息上的优势。最后，相对于中央政府，由于地方政府和辖区居民直接联系，在政治上得到的激励更大，再加上宪法对中央政府的约束更强，所以由地方政府提供公共物品的灵活度更高（方晓利和周业安，2002）。

第一代财政分权理论的基本逻辑：分权—地方政府具有信息优势—辖区间竞争可以改善公共物品供给，构成了现代联邦主义的基本思想。但是这个以民主制度发达国家为现实背景的理论框架也遭到了非常严厉的批评，主要集中在以下几个方面：首先，第一代财政分权理论，尤其是追随 Tiebout (1956) 的理论，大多是从属于一般均衡理论，假设的条件大多非常苛刻（比如，要素和人员的完全流动，信息充分等）。其次，第一代财政分权理论缺乏对政府行为的确切描述，将政府和社会视为一个"黑箱"，这又导致它通常不现实地假设了"仁慈政府"，对"地方政府官员为何有如此积极性"这一关键问题视而不见。更为重要的是，第一代财政分权理论关注的是一般公共物品供给效率的问题，未触及经济增长和经济发展等更为核心的问题。

二、第二代财政分权理论

第二代财政分权理论，也叫第二代财政联邦主义理论。主要是以 Montinola、钱颖一、Weingast、McKinnon、Nechyba 等学者的研究主张为理论核心。第二代财政分权的理论来源非常广泛，不再局限于传统的新古典经济学，而是引入了公共选择理论、软预算约束、委托—代理理论、制度经济学、信息经济学等理论。

随着1960年新制度经济学的兴起，越来越多的学者意识到：当政府强大到有能力保护产权和迫使合同执行时，同样具有将居民财富充公的力量。如何设计政治体制使得政府会保护私有产权和维护市场经济的活力，而不是变成掠夺者成为一个经济系统基本的政治两难问题。第二代财政分权理论试图给这个问题提供一个答案，它反对第一代财政分权理论的仁慈政府假设，也不认可以 J. M. Buchanan 为代表的公共选择理论的邪恶政府假设。其理论立足点是：高效率的市场需要一个好的政府结构，政府的行为既有达到应有的效果，也要受到一定的约束。在搭建政府治理框架时，要考虑相应的行为激励机制，提供一个市场维护型政治系统。中央和地方各司其职，在维护和推进市场机制的过程中相互制约，从而市场交易的各方都从市场的增进中获得收益。

Qian 和 Weingast（2003）提出只要符合以下五个条件就可以形成有效的市场维护型联邦体制，解决上述政治两难问题：(1) 政府内存在一个层级体系。(2) 中央政府与地方政府之间存在明确的权力划分，在各自的权力范围内享有充分的自主权，但都不拥有政策法规制定的垄断权。(3) 当地方自主权制度化以后，可以对中央政府的权力形成强有力的制约，使得二者之间的权力分配具有可信的持久性。(4) 地方政府在其地域范围内对地方经济负有主要责任，同时，存在一个统一的全国市场，使得商品和要素可以跨地区自由流动。(5) 各级政府都面临硬的预算约束。

市场维护型联邦主义认为，分权不仅可以在地方上制造出多个可供选择的权力中心来制衡中央政府的掠夺倾向，更重要的意义在于多个权威中心的存在使得要素所有者能够真正获得类似市场的退出权从而引发辖区间的竞争（杨其静和聂辉华，2008）。这种竞争会促使政府提供更友好的商业环境，提高政府寻租和维护低效率企业的机会成本，从而形成高效率的市场经济。而且硬预算约束意味着地方政府有可能破产，完善的金融市场意味着，地方政府的失信会给公共物品融资带来极大的困难，从而激励地方政府改善地方财政状况。

随着分权和财政联邦主义在全世界的流行，并在中国、印度等国取得重大成就的时候，市场维护型联邦主义也受到了越来越多的批评和质疑。例如杨其静和聂辉华（2008）认为市场维护型联邦主义简单套用了新古典经济学的竞争理论和完全合同理论下的经典代理理论，认为地方政府所面临的压力主要来自流动要素的退出威胁，对实际政治过程和制度环境的理解仍然不够深入，即缺乏制度的微观基础。此外，他们还认为中央政府的强大作用是不应该被忽视的。贾俊雪（2015）则认为市场维护型联邦主义提出的地方政府追求当地财政收入最大化很难解释为什么在财政包干时期，明明赋予了地方政府很强的收入自主权，地方财政收入的规模却持续的下降，而1994年的分税制改革，极大地削弱了地方政府的收入自主权和财政收入激励，却带来了地方政府财政收入的不断攀升。此外，市场维护型联邦主义重点强调财政分权维护市场的功能，但是在分权改革之后的近30年的今天，区域市场分割、行政垄断、过度管制等问题仍然充斥在中国市场经济的发展中，这也是市场维护型联邦主义难以解释的。

以钱颖一等人提出的市场维护型联邦主义为基础，在对地方政府激励机制更深层次的探讨中，一个具有中国特色的理论不容忽视，那便是周黎安（2007）针对中国以GDP为核心的官员考核机制，提出的"政治晋升锦标赛理论"。锦标赛作为一种激励机制的特性最早由Lazear和Rosen（1981）提出。它的主要特征是决定参赛人最终胜负不是绝对成绩，而是参赛结果的相对位次。这种评估方式不仅易于比较和实施，而且在实施过程中，可以将一些共同不可观察的因素排除在外，进而提高评估的精确度。政治晋升锦标赛理论则将锦标赛理论引入到政府官员的激励机制，其认为地方政府官员不仅关心当地的财政收入，更关心其在"官场"上的待遇，而这种政治激励在现实中可能是更重要的，中央政府可以通过将官员的政治利益和辖区经济利益捆绑到一起，实现对官员的正确激励。

周黎安（2007）认为政治晋升锦标赛的实施需要以下几个相关条件：（1）人事权力必须集中在上级政府，由上级政府确定明确的晋升和选拔机制，并根据下级政府官员的绩效决定升迁。（2）无论是从委托人角度还是代理人角度，竞赛指标都是可衡量的、客观的。（3）各参赛主体即政府官员的"竞赛成绩"是相对可分离和可比较的。（4）参赛的政府官员能够在相当程度上控制和影响最终考核的绩效。（5）参与人之间不易形成合谋。在这些条件下，美国自下而上的标尺竞争很难称得上是晋升锦标赛。而中国的政治集权、政府官员的GDP考核机制以及地方政府对经济发展具有巨大的影响力和控制力等因素使得中国特别适合实施政治锦标赛激励制度，也正是这种激励制度将政府官员的政治利益与当地经济利益捆绑到一起，推动着过去中国经济的高速发展。同时，周黎安（2007）也指出晋升锦标赛并不是只有正面效应，也是存在一系列的潜在成本。第一是政府官员的激励扭曲，主要体现在对居民偏好的响应偏差、地方保护主义、重复建设、地方政府与企业的预算软约束问题。第二则是其过度干预经济的发展，不利于政府职能的转变。

但也有学者对中国以GDP为核心的官员考核机制是否真正得到落实提出质疑，比如陶然、苏福兵、陆曦和朱昱铭（2010）对晋升锦标赛理论提出逻辑上多维度质疑，并利用省级官员晋升数据进行实证，发现从正式制度上看，改革开放以后的中国并不存在一个从中央到省、从省到地市、从地市到县乃至乡的层层放大的、将政治提拔和经济增长或主要经济指标直接挂钩的考核体系。也没有证据表明在省这一级别GDP增长率对中国地方政府官员的政治提拔具有显著影响。

三、转移支付理论

如第一代财政分权理论所言，就各个不同地方居民来说，他们之间对一定地方性公共物品和服务的偏好程度有明显的差异，因此决定着不同地方的居民对这种公共物品和服务的需求量也各不相同。与提供全国性公共物品的中央政府相比，各级地方政府更清楚了解当地居民的偏好，也能更有效地调动人力、财力、物力，从而更大限度地满足居民对地方公共物品和服务的需求。因此，地方政府往往比上级政府承担更多更具体的提供公共物品和服务的需求，由此便产生了较高的财政支出需求。但另一方面，许多国家的财力分配格局中，出于收入再分配、经济稳定和资源配置等因素的考虑，上级政府往往集中了大部分的财权和相应的财力。因此，在一个国家范围内，地方政府和中央政府之间往往存在纵向失衡。此外，由于地区间资源分布不均的客观因素，以及地方政府对支出责任相互推诿和生产性支出偏向的主观因素，教育、医疗等基本公共服务在不同地区之间分布往往是存在很大差异的。

为了解决纵向财政失衡、基本公共服务均等化等问题，一个国家通常会在中央和地方政府之间设置转移支付制度。转移支付制度的主要功能是实现地区间基本财政能力均等化，使每个地区的居民都能够享有大致相同的教育、卫生等基本公共服务水平，消除政府间公共服务水平差异对资源配置所带来的负外部性。关于转移支付的争议一直都很多，例如Brennan和Buchanan（1980）强烈反对建立政府间财政转移支付制度，认为其是政府合谋的典型产物。现在大部分学者都承认了建立转移支付的必要性，更多的争议主要是集中在转移支付对地方政府行为进而对经济发展的影响。其中备受关注的理论有粘蝇纸效应、转移支付中的预算软约束理论和公共池效应。

（一）粘蝇纸效应

早期的公共财政理论认为财政收入的总量约束是影响政府规模的主要因素，而与收入的结构无关。例如，Oates的分权定理认为，在信息充分条件下中央财政对地方政府的一次性总付的无条件转移支付与对地方居民的实行等额减税政策而导致的居民收入增加，在资源配置和收入分配上是等效的，地方政府获得转移支付的同时，会同时降低税率，使得总收入规模保持不变，不会因财政收入结构的变化而变化。

但是大量的实证研究却表明，转移支付对地方政府公共支出的扩大效应更明显，转移支付和税收收入并不等效。最早的研究是 Gramlich（1969），他发现个人收入和转移支付对政府支出的效应有显著差异①，个人收入每增加 1 美元，政府支出相应地增加 0.02—0.05 美元，而转移支付增加 1 美元，会使得政府支出增加约 0.3 美元。即政府得到转移支付以后会倾向于直接扩大其支出，而不是依据公共物品和私人物品的收入弹性进行重新分配，"钱粘在它所到达的地方"，于是人们把这种效应形象地称为"粘蝇纸效应"。

用来解释粘蝇纸效应成因的理论主要有财政幻觉理论、官僚行为模型和利益集团游说模型。财政幻觉理论认为转移支付不仅产生收入效应，也会产生价格效应，选民由于无法获得充分的信息，无法得知公共物品提供的边际价格，于是只能用公共物品的平均价格来代替边际价格，转移支付虽然不改变公共物品的边际价格，但是显著降低了其平均价格，于是最终的公共物品供给就超过了按照边际收益与边际成本相对原则确定的水平（Courant et al.，1978；Logan，1986）。在官僚行为模型中有两种解释，一是认为由于信息不对称，公共支出预算往往是由作为政治代理人的官员作出的，基于其自身的效用函数，政府官员具有扩张公共支出的强大驱动力。Wyckoff（1998）证明如果是由一个预算最大化的官僚机构来决定支出水平，转移支付对公共支出的边际效会超过 1。另一种解释则是，由于官员对未来转移支付不确定，而减税的政治和经济成本过大，于是官员选择将转移支付全部用于当期的公共支出（Fossett，1990；Turnbull，1992）。而利益集团游说模型则认为如果在公共预算编制过程中，存在起决定作用的利益集团，因为，因为转移支付会改变不同势力集团的相对财富位置，地方公共支出在这些集团的游说下将会不断扩张，从而导致粘蝇纸效应的产生。

（二）转移支付中的预算软约束

预算软约束最早是由 Janos Kornai（1979，1980）提出的，他使用预算软约束来描述在社会主义国家国有企业在长期亏损时可以依靠政府的救济。后来这个术语被扩展到各种经济实体，包括公司、银行、非营利组织甚至是一个国家。而在财政领域中，预算软约束则是指地方政府指望中央政府对其救济以缓解财政压力。

较高级次的政府会掌控大部分财政资源而赋予较低级次的政府较大的支出自主权，然后通过转移支付来弥补其财力的不足时，类似于将财政资源集中在一起，共同使用，便会引发公共池问题（贾俊雪，2015）——财权与事权不匹配导致地方政府出现纵向财政失衡，更加依赖财政转移支付和地方债务等公共池资源，这会弱化地方政府的预算约束，割裂地方公共服务的成本收益联系，促使地方政府更多地将本地区公共服务成本通过公共池

---

① 粘蝇纸效应最早提出时，比较的是转移支付与居民收入的不同支出效应，后续有学者开始比较地方政府获得的转移支付和地方政府税收收入的不同支出效应。

渠道转嫁给其他辖区居民（Weingast，Shepsle 和 Johnson，1981）。

由于预算软约束的存在，地方政府就有动机去扩大他们的支出范围。理解这种动机的本质非常重要，虽然中央政府可能会承诺不会提供任何形式的救济，但是基于政治利益和社会稳定的考虑，这种承诺通常不具有可信性。而地方政府也预测到中央政府不会坐视不管，他们就有了很强的追求财政赤字的动机，而当危机发生时，中央政府更多的也是只能选择提供财政救助，而不是履行不救济的承诺。许多学者通过连续博弈模型论证了这一现象的存在（Goodspeed，2002；Rodden et al.，2003；Inman，2003）。必须要明确的是，在这一逻辑框架下，不正当的财政行为是内生于整个体制的，解决这个问题只能通过对政治和财政制度进行改革，进而改变预算决策的激励机制。

已有文献提出了预算硬约束应该具备的因素。第一个是完善的市场经济，主要体现在以下两个方面：(1) 高效的信贷市场，为地方政府融资提供约束机制，财政状况不佳的地方政府，信誉等级下降，会面临更高的融资成本。(2) 高效的土地流转市场。过高的债务和错误的公共决策会使得当地房产价值下降，促使居民向其他辖区转移，Qian 和 Roland (1998) 也提出，地方政府为吸引资源产生的竞争，通过提高补贴无效率企业的机会成本，可以降低寻求财政救助的可能。第二个则是可以提供硬的预算约束的财政制度，主要体现在以下两个方面：(1) 一个可以为地方政府提供充足财源的稳定高效的地方税体系。(2) 多级政府之间的转移支付必须可以满足基本的分配和再分配职能，而不能为财政救济提供操纵空间。

四、税收竞争理论

虽然中央政府和地方政府之间存在大量的委托—代理问题，是上下级关系，但是二者之间同样也存在着各种各样的"讨价还价"和博弈，下级政府不简单是上级政府的政策执行者，二者之间是有竞争的。二者之间的竞争即包括财政收入的竞争，也包括互相"推诿"财政支出的竞争，其中不容忽视的便是税收的纵向竞争。税收的纵向竞争是指不同层级政府之间的税收竞争博弈，主要体现在两个方面：一是不同层级政府对相同的税基分别征税所产生的竞争；二是不同层级政府共享同一税种的收入所产生的竞争。Keen (1998) 在财政分权框架下，对仁慈政府与利维坦政府分别展开了税收外部性的研究，认为在不同政府类型假设下，中央政府与地方政府之间的税收决策的相互影响程度是不同的。Keen 和 Kotsogiannis (2002) 认为不同层级政府对相同税基征税时，会产生一种类似于"公地悲剧"的共同资源问题，此时次级政府会倾向于征收更多的税，高于最优税收水平，产生过度征税的问题。汪冲（2011）认为具有充分和稳定税收管辖权的各级政府由于共享税基而产生的税收竞争的问题在中国并不突出，这是因为中国的地方政府不具有独立的税收立法权，中央和地方之间的税收竞争更多是因为中央政府基于政治和行政权威，向地方政府施加具有利维坦特征的税收驱赶和"挤压"影响。

税收竞争一词可以从两个角度来理解，一方面是指不同辖区政府之间为了争夺流动的税基产生的竞争，其目的是增加辖区的税收收入，另一方面则是指不同辖区政府为了争夺流动的资本，采用降低税率、税收优惠等税收手段进行的竞争，本章所指的税收竞争属于后者。

在联邦制国家，地方政府具有相对完整的税权，因此，其税收竞争可以采用降低名义税率的手段进行，相对来说比较直接。而在中国，因为税收立法权集中在中央，地方政府无权对名义税率做出改变，税收竞争更多的是通过改变税收的征管效率进行，这里所指的税收征管效率不仅是指技术或者管理层面的，更多的是指地方政府设置的各种各样的税收优惠。

（一）完全税收竞争理论

Mieszkowski（1972）、Mieszkowski 和 Zodrow（1989）、Wilson（1986）假定资本可以自由流动，但短期内总供给固定，资本的税率是由基础税率和地区间的差异税率两部分组成的，其中基础税率是对资本的固定供给部分征税，资本所有者无论在哪个辖区都不能规避；而差异税率则是可以由各个辖区政府单独决定，会激励资本在不同辖区之间流动，最终达到所有辖区资本的净税后报酬相等的均衡格局。在资本的自由流动和短期内总供给固定的假设下，不同辖区的政府为了竞争流动的资本，便会竞相降低税率，设置各种税收优惠以吸引资本的流入，造成"逐底竞次"的无效均衡，从而导致地方公共服务供给处于无效率的低水平状态，不利于经济的增长。这种基于资本供给完全弹性的税收竞争理论，被称为完全税收竞争理论。

（二）不完全税收竞争理论

完全税收竞争理论是基于资本供给完全弹性的假设，但是该假设在现实生活中往往难以满足。在现实中，税收成本并非企业投资地点选择的唯一因素，企业的投资决策往往受地区市场环境、产业发展水平、供应商分布等多种因素影响。因此，越来越多的研究开始关注资本不能完全自由流动的情形。依据研究视角的不同，关于不完全的研究又可以分为对称①性动态税收竞争、规模不对称税收竞争和新经济地理视角的税收竞争。

1. 对称性动态税收竞争

动态税收竞争是将地方政府对流动资本的竞争分为两个阶段或多个阶段，进而探索税收竞争的可能结果。Janeba 和 Peters（1999）在一个两阶段博弈模型中分析税收竞争，发现政府会对不同流动性的资源，执行不同的税收政策，存在税收歧视：处于争夺资源和保

---

① 这里所说的对称与不对称是指是否在研究中引入辖区之间的异质性。

障公共物品供给的双重目标,地方政府会对流动性高的资源征收低税,对流动困难的资源征收高税。Wildasin(2000)将资本调整成本纳入动态税收竞争模型,他假定资本存量的调整需要成本,而且投资水平越高,资本的调整成本越高,得出的结论是:资本的需求弹性值越大,实现本地居民收入最大化的均衡税率越低,因此,地方政府应该对不同流动性的资源实行差别税率。Han 和 Leach(2008)则打破政府只通过投资的利润所得税一种方式竞争资本的假设,将政府对企业的一些诸如贷款担保、信贷支持等财政补贴引入税收竞争的模型。

2. 规模不对称税收竞争

规模不对称税收竞争是打破了对称性动态税收竞争地区间不具有异质性的假设,与现实生活更贴合了一步。Bucovetsky(1991)较早地考察了非同质地区的税收竞争问题,他假设各地区除了人口数量不同,其他方面完全相同,而且人口规模短期内固定,不可跨区流动,资本是可以在不同辖区内自由流动,基于以上假设,其得出结论:规模大的地区相对于规模小的地区有一个正外部性,促使规模小的地区在税收竞争中采用更低的税率。Cardarel li et al.(2002)的静态税收模型,则发现地区间税收竞争的均衡特征分三种情况:如果不同辖区之间是完全同质的,资本存量水平相同,则均衡时没有资本流动,地区之间的实际税率也会完全相等,而且这一税率将会严格小于最优税率,并且随着资本流动性程度的提高而下降。而如果辖区之间只存在资本存量水平的差异,则资本会从大地区向小地区流动;如果辖区之间只存在公共物品偏好的差异,则资本会从那些更需要公共物品融资的地区流出,随着地方公共产品需求的不同增加,均衡税率的差异也会上升。

3. 新经济地理视角的税收竞争

传统的区域经济学是建立在新古典经济学的基础上,新古典经济学虽然承认地区之间的异质性,但是鉴于规模报酬不变、完全竞争、无交易成本和地区的同质性,经济活动必然会均匀分布。新经济地理理论则打破了规模报酬不变和完全竞争的假设。

新经济地理视角的税收竞争是将经济的集聚效应与税收竞争结合到一起,其认为因为资本在特定地区大量聚集,给企业带来正的外部性,此时地方政府有机会提高对流动要素的征税而获得"聚集租",即因资本集聚导致不同辖区之间存在正的资本缺口,本身便会吸引资本的流入,因此辖区政府并非一定需要降低税率以吸引资本的流入。关于经济集聚与税收竞争的理论文献,大多数采用新经济地理理论中的中心—外围模型,即集聚效应一旦产生,会吸引着更多的劳动力和厂商进入,会进一步加强集聚效应,如此循环往复便会将周围地区的资源吸引进来,形成一个单中心,而在相距非常远的地区,同样的叠加机制会促使形成一个次中心(Fujita et al., 1999)。Borcka 和 Pflùger(2006)基于中—心外围模型分析了存在经济集聚时的税收竞争,其假设不同辖区之间对公共物品有相同的偏好,具有相同的技术和贸易成本,而且只对流动要素征税,在这种条件下,其认为只有流动要素不能得到集聚时,税收竞争才会表现为地辖区区间实行差异化税率。

总的来说，税收因素不是企业投资决策的唯一因素，也不是不同辖区政府竞争资源的唯一手段。因此，辖区间税收策略互动方向与表现形式受到地区差距、经济一体化程度、基础设施、技术和知识的外溢程度、贸易成本等多重因素的影响。

五、标尺竞争理论

财政支出竞争是指地方政府通过提供不同的公共物品数量和类别来开展的竞争。基于资本具有良好的跨区流动性而居民的跨区流动性较差，支出竞争的最早检验来自Case，Rosen和Hines（1993），他们基于1970—1985年美国各州数据的研究发现，一个州的人均财政支出和相邻州的人均财政支出显著正相关。相邻州人均财政支出每增加1美元，本州人均支出会增加70多美分，说明美国各州之间存在财政支出的策略互补。Keen和Marchand（1997）以及Borck，Caliendo和Steiner（2007）指出，辖区间的财政竞争不仅会导致地方公共服务处于低水平的状态，还会使地方支出结构扭曲。

关于标尺竞争的研究始于20世纪80年代，最初起源于学者对企业委托代理关系中相对绩效考评所进行的研究。相对绩效考评的激励办法可以过滤掉代理人共同面临的外部不确定性和震荡因素，使得代理人的报偿基于他们自身可控的因素，从而激励代理人提升自己的努力程度（Nalebuff和Stinglitz，1983）。此外，对于委托人来说，实施相对绩效考评只需要搜集相对信息，可以极大地节约信息搜集和处理成本。尤其是当个体绝对绩效的好坏难以度量时（Holmstrom，1982），相对绩效考评的优势将更为明显（Gibbons和Murphy，1990）。1985年，Andrei Shleifer将企业理论中的相对绩效考评思想应用于政府对公共服务成本管制研究中，正式提出了标尺竞争理论。无论是Tiebout模型中提到的对流动居民的竞争，还是纵向或横向的税收竞争，都可以归为资源的外溢性。相比之下，标尺竞争注重的是信息的外溢性。

标尺竞争在财政分权中的运用主要分为两种，一是建立在选民—政府基础上的"自下而上"的标尺竞争，例如，选民（委托人）对地方政府（代理人）的努力程度和经济特征缺乏充分的信息，但是由于地区间政府信息存在外溢性，选民往往会以其他地区政府行为的表现作为衡量本地区地方政府绩效的评价标准，使得地方政府在制定财政收支政策时不得不考虑临近地区政府的行为。另一种则是建立在上级政府—下级政府基础上的"自上而下"的标尺竞争①，这种标尺竞争主要存在于政治较为集权的国家，地级政府官员一般由上级任命，而非由辖区居民选举，中央政府可能无法直接观测到地方政府的努力承诺或者经济绩效，但是可以通过不同地区之间的比较来判断地方政府官员的工作绩效，进而决定相关人事调动。

---

① 在中央与地方间财政关系探讨中提到的锦标赛理论实质上利用的就是"自上而下"的标尺竞争。

第二节 财政分权实践

一、财政分权对政府支出的影响

西方传统的财政分权理论对我国财政体制改革提供了很好的理论参考,但是中国的户籍制度使得居民"用脚投票"的机制基本丧失,并且官员由上级政府直接任命而不是由居民选举产生的制度也使得居民对当地政府行为的影响非常有限,因此西方主流财政分权理论在中国特殊的国情下未必能够完全成立(张延,2017)①。我国现行的财政体制是由 1994 年的分税制改革发展起来的,但 1994 年的改革由于受当时主客观因素影响,政府间财政收入划分并没有建立在财政责权合理而清晰配置的基础上,因而使分税制改革效果难以显现(齐守印,2018)②。1994 年以来,我国的财政体制改革一直不断改进,致力于构建与我国国情相适应的现代财政制度。习近平总书记在十九大报告中提到"建立权责清晰、财力协调、区域均衡的中央和地方财政关系",为我国财政分权体制规范化和科学化的改革指明方向。

在我国财政分权体制的理论研究方面,王华春(2017)③认为中国当下的财政分权体制,存在着政府间财力与支出责任不匹配的问题。地方政府中地市级尤其是县一级政府承受着越来越大的财政支出压力,然而从中央和地方政府财政收入结构可以发现,中央的收入比重持续增长,而地方政府的收入并没有适应财政支出责任增长而相应增加,由此带来的后果是地方政府面临着巨大的财力缺口,导致财力与支出责任在很大程度上不匹配。财政资源有限与支出责任增长的矛盾为地方政府带来严重的支出压力,使得地方政府官员的支出激励受到扭曲。并且我国财政分权体制另一个关键的特点是我国实行以 GDP 考核为主的政治晋升激励制度,地方政府官员既是"经济参与人",也是"政治参与人",他们不仅在经济上为能够获得更多的财税收入竞争,还要在政治上为自身的官位晋升而竞争。因此,财政缺口和晋升激励的双重压力促使地方政府在财政支出上形成选择性偏好,将有限的财政资源投放在短期政绩效果明显的经济建设项目,而较少的投资于见效慢、回报期

---

① 张延. 财政分权、晋升激励与基础设施投资——基于中国省级面板数据的空间计量分析 [J]. 经济问题探索,2017(12):1-9.
② 齐守印. 深化纵向财政体制改革 理顺政府间财政关系 [J]. 财政科学,2018(1):64-69.
③ 王华春. 财力与支出责任匹配下的地方政府环境治理研究——基于中国 278 个地级市的面板数据分析 [J]. 经济体制改革,2017(6):153-160.

长的医疗、环境及教育等公共服务项目，从而形成我国地方政府"重经济建设、轻公共服务"的扭曲行为（张欣怡，2015）①。总的来说，政治集权与经济分权紧密结合是中国式财政分权的核心特征，导致政府间事权下移、财政上收，使得地方政府收支非均衡，进而导致公共物品供给的结构性偏差，难以满足公共需要（马万里、李齐云，2012）②。

在我国财政分权体制的实证研究方面，学者们主要研究财政分权体制对政府支出效率和结构的影响。从效率上讲，大量的实证研究表明，当地方政府获得更多的财政支出自由权后，财政支出效率会降低，詹新宇和韩雪君（2017）③ 利用2000—2015年省级面板数据，通过构建 DEA – Tobit 模型发现财政分权对财政支出效率具有明显正向促进作用，且二者存在显著的倒"U"型关系，其拐点在财政分权度 0.5744 处，作者还指出目前中国东部的分成都已超过其拐点，故分权对支出效率表现为抑制效应。从支出结构上将，地方政府在有限的支出自由权下，会增加对道路交通、电力等基础设施建设的投资，反而会减少对教育、医疗、卫生、社会保障和环境保护等公共物品的投入。

具体来看，在地方基础设施建设方面，张延（2017）利用 2002—2014 年我国 30 个省级行政单位的面板数据建立了空间计量模型，发现财政分权和晋升激励对我国基础设施建设投资有正面的直接影响，财政分权对基础设施等硬性公共物品供给具有促进作用。他认为，基础设施建设投资既可以促进经济增长，又可以彰显政府官员的政绩进而增加晋升的机会，因此受到大多数官员的财政支出偏好。而在教育、医疗、环境保护等公共物品的实证研究方面，众多学者对财政分权是否提高民生类公共物品支出水平的探究结论不一。辛冲冲、周全林（2018）④ 利用 2007—2015 年的省级面板数据，从收入分权和支出分权两个维度证实了中国式财政分权对公共环境支出存在一定的激励扭曲和约束不足等问题。指出收入分权度越高，地方政府则拥有更多的财政收入分配权，在资金使用上具有较强的自主性，地方政府官员受自身利益最大化的驱动更多地将资金配置到基础设施或行政经费上，而忽略对环保支出这类具有较强正外部性的公共服务方面进行大量的资金投入；而支出分权度越高，地方政府在财政缺口下背景下受中央专项转移支付规模影响较大。此时为了完成中央转移支付的指标，地方政府向环保方面投入一定的精力，但随着近几年一般性转移支付比例的提高和专项转移支付比例的减少，导致地方政府对环境保护支出的投入力

---

① 张欣怡. 财政分权下地方政府行为与环境污染问题研究——基于我国省级面板数据的分析[J]. 经济问题探索，2015（3）：32 – 41.

② 李齐云，马万里. 中国式财政分权体制下政府间财力与事权匹配研究[J]. 理论学刊，2012（11）：38 – 43.

③ 詹新宇，韩雪君. 中国式财政分权、支出偏好与财政支出效率——基于省级面板数据的 Tobit 模型分析[J]. 华中师范大学学报，2017（6）：52 – 64.

④ 辛冲冲，周全林. 财政分权促进还是抑制了公共环境支出——基于中国省级面板数据的经验分析[J]. 当代财经，2018（1）：24 – 35.

度并没有很大的改善。余栋、石大千（2018）① 基于异质性随机前沿模型，定量测算中国各省在财政约束一定的条件下的卫生支出效率，肯定了财政分权对卫生支出效率的提高作用，其中所使用的异质性随机前沿模型弥补了 DEA 方法容易忽略生产过程中各种随机因素扰乱的缺陷。

二、财政分权对公共物品供给影响的相关研究——以教育供给为例

从学术界对财政分权的影响的研究来看，更多学者关注的是财政分权与公共物品供给水平之间的关系。理论上看，由于地方政府比中央政府更加了解其地方的居民偏好，因此适度的财政分权能够保证地方政府能够更有效率地为当地居民提供经济环境和公共物品与服务。Antonis Adam（2014）② 等人利用 1970—2000 年 21 个 OECD 国家的数据，研究了财政分权对公共部门效率（PSE）的影响。研究发现，不论是教育还是医疗保健方面，财政分权与公共部门效率之间都存在一种倒"U"型的关系，较高的财政分权度有利于 OECD 国家的公共部门的效率提高，但如果上升太高，公共部门权力的过度分散将不利于 PES 的提高，这个结论在某种程度上支持了理论研究。但由于受我国"经济分权、政治集权"和以经济绩效为主要考核因素的晋升激励机制影响，中国的财政分权体制无法有效促进地方政府官员的行为优化，使得地方官员进行财政支出的对象倾向于经济而非民生类公共物品，此时的分权体制不再是改进公共物品供给的动力，而是公共物品水平的限制因素（余显财、朱美聪，2015）③。Yinghua Jin（2011）④ 通过省级数据定量测算我国财政分权对中国健康状况（用婴儿死亡率作为指标）的影响，将 1994 年分税制改革作为一个自然实验，并选取财政分权和地理位置两个虚拟变量做交互项来衡量财政分权在不同地区婴儿死亡率的不同影响。研究结果表明，我国财政分权在降低 IMR 发挥了不利影响。

关于这一问题的进一步实证研究，国内外学者们关注较多的是医疗和环境保护等领域，而本章重点对教育方面的财政分权研究文献进行整理综述。

在外国文献研究中，财政分权对地方公共服务具有良好的促进作用。RAUF Abdur 等

---

① 余栋，石大千．成本约束、不确定性与公共卫生支出效率测算［J］．统计观察，2018（6）：83 – 87．

② Antonis Adam, Manthos D. Delis, Pantelis Kammas. Fiscal decentralization and public sector efficiency: evidence from OECD countries. Fiscal decentralization and public sector efficiency, 2014（15）：17 – 49．

③ 余显财，朱美聪．财政分权与地方医疗供给水平——基于 1997—2011 年省级面板数据的分析［J］．财经研究，2018（5）：76 – 81．

④ Yinghua Jin, Rui Sun. Does fiscal decentralization improve healthcare outcomes? empirical evidence. Public Finance and Management, 2011（11）：234 – 261．

(2017)① 利用1972—2009年期间的时间序列数据，采用自回归分布滞后模型（ARDL），对巴基斯坦的财政分权与公共服务的关系进行实证分析。发现财政分权和财政转移对教育的个体影响虽然不太显著，但仍足够支持财政分权和公共服务关系的理论主张，并且中央政府对地方政府支出责任的委托有助于提高小学阶段的总招生规模，提高入学率。Iftikhar Ahmad（2016）② 利用面板数据集，研究了62个国家的财政分权对教育部门的有效性影响。作者选取了教育支出、入学率和教育质量等指标来教育领域的受影响状况，其中教育质量水平用师生比例来衡量。作者还发现，不同的国家收入来源对教育支出和质量所产生的影响不同，特别是当次级政府（The Subnational Government）的资金来自于税收时，运行效率会更高且更愿意增加对教育的支出以提高入学率。Lev Freinkman（2010）③ 利用横截面数据对俄罗斯地区财政分权和公共服务质量的关系进行了实证分析，分析表明，财政分权对中学教育的关键性投入（如计算机设备，学前教育等的提供）没有显著影响，但对平均考试成绩和市政公用事业有显著的积极影响。作者通过对可观察收入和支出的控制，分析出这两种积极效应都归因于财政激励，而不是由于提高了政府的生产效率。Marius R. Busemeyer（2008）④ 以实证的方式论证，财政分权与教育支出的总体水平呈正相关，这一现象多发生在层级较低的政府部门中，因为政府层级越低，即财政分权下放程度越大，对教育支出水平提高的影响越大。其理论来源是政府间的税收竞争，但这篇文章的论点是社区并不是主要在税率上竞争，而是在提供公共物品方面，比如建立新学校、雇佣更多教师，改善当地医院等。Iwan Barankay和Ben Lockwood（2016）⑤ 利用1982—2000年瑞士各州财政分权和教育投入产出的数据，得出仅从教育层面来说，财政分权和公共福利供给效率之间有积极的正相关关系的结论。这两位学者所选取的数据为每个州教育支出层面的财政分权水平，更精确的体现变量之间的关系。此外学者通过微观数据还发现，对于瑞士这个国家，男性学生从教育分权中获益更多。

在我国的特殊国情和治理环境下，教育和医疗等重要公共物品的供应与户籍制度挂钩，"用脚投票"的机制很难对地方政府行为形成有效的制约，因此也就不能有效地促进

---

① RAUF Abdur, KHAN Amara Akram, ALI Sher. Fiscal decentralization and delivery of public services: evidence from education sector in Pakistan. Studies in Business and Economics, 2017（12）: 174-184.

② Iftikhar Ahmad. Assessing the Effects of Fiscal Decentralization on the Education Sector: A Cross-Country Analysis. The Lahore Journal of Economics, 2016（2）: 53-96.

③ Lev Freinkman. Fiscal decentralization and the quality of piblic services in Russian regions. Public Finance and Management, 2010（10）: 117-168.

④ Marius R. Busemeyer. The impact of fiscal decentralisation on education and other types of spending. Swiss Political Science Review, 2008（14）: 451-481.

⑤ Iwan Barankay, Ben Lockwood. Decentralization and the productive efficiency of government: Evidence from Swiss cantons, IZA Discussion Papers, 2016.

此类公共物品的供给（傅勇等，2007）①。在公共物品供给水平的实证研究方面，国内学者相对较多地聚焦于财政分权对环境保护等公共物品的影响，对教育供给水平的影响研究起步较晚，主要受教育数据来源的限制。目前大多数针对教育公共服务的实证研究都是以省级和地级市数据为样本，如龚锋、卢洪友（2013）② 基于萨缪尔森条件界定了地方公共服务配置效率的内涵，利用2002—2010年我国30个省区的面板数据实证检验财政分权对地方公共服务配置效率的影响，发现财政分权对义务教育服务配置效率具有显著的负效应，且不同地区的财政分权对义务教育服务配置效率状况具有不同方向的影响，经济水平越发达的地区，义务教育服务的配置效率越低。也有学者运用社会性调查数据进行研究，如高琳（2012）③ 利用中国综合社会调查数据（CGSS2005）研究财政自主权对县级公共服务满意度的影响。黄宸和李玲（2017）④ 通过估计SARAR模型发现，"向上负责"的分权体制并没有提高区县政府对中职教育水平的投入力度。然而在某些实证研究中，也有作者对现行财政体制对教育等公共物品供给水平的影响持肯定态度，如赵兴罗和粟小芳（2018）⑤ 利用2007—2015年的省级面板数据，同样也从收入分权度和支出分权度两个方面来探究财政分权对地方教育支出总量的影响，实证结论表明，支出分权度与教育规模呈显著的正相关关系。此外两位学者还发现，财政分权对教育影响存在明显的地区差异，支出分权度在东部地区的正效应大于西部。

财政分权赋予了地方政府一定财政自主权，但我国实行向上负责的人事干部管理制度和以GDP为主的地方政府官员晋升激励体系，在某种程度上扭曲了财政分权体制的落实，使得地方政府在有限的财政资金条件下，优先考虑有利于经济绩效的基本建设支出，而相对忽略投入期长、短期回报小的教育、医疗等基本公共服务支出。江依妮等（2017）⑥ 通过构建晋升激励影响官员教育支出行为的研究模型，发现地方教育支出确实受到以经济绩效为主的晋升激励的影响，但并不全是消极性质。其中官员年龄与地方教育支出呈正相关关系，地方财政自主是影响县级政府教育支出的积极因素。所以综合来看，晋升激励对教育支出的不利影响是有限的，可能是由于教育支出是地方政府的刚性任务之一，在地方支

---

① 傅勇，张晏. 中国式分权与财政支出结构偏向：为增长而竞争的代价［J］. 管理世界，2007（3）.
② 龚锋，卢洪友. 财政分权与地方公共服务配置效率——基于义务教育和医疗卫生服务的实证研究［J］. 经济评论，2013（1）：42 - 51.
③ 高琳. 分权与民生：财政自主权影响公共服务满意度的经验研究［J］. 经济研究，2012（7）.
④ 黄宸，李玲. 省域内区县政府中职教育财政支出的相互影响研究——基于"标尺竞争"的视角［J］. 教育与经济，2017（1）：35 - 39.
⑤ 赵兴罗，粟小芳. 财政分权与地方政府教育支出——基于省级面板数据的实证分析［J］. 财政监督，2015（9）：42 - 64.
⑥ 江依妮，易雯，梁梓然. 官员晋升激励与地方教育支出行为——基于浙江省县级面板数据的实证研究［J］. 教育与经济，2017（6）：38 - 44.

出一直占有较稳定的地位。

文献索引

[1] 方晓利,周业安. 财政分权理论述评 [J]. 教学与研究,2001 (3):53-57.

[2] 傅勇,张晏. 中国式分权与财政支出结构偏向:为增长而竞争的代价 [J]. 管理世界,2007 (3):4-12.

[3] 高琳. 分权与民生:财政自主权影响公共服务满意度的经验研究 [J]. 经济研究,2012 (7):86-98.

[4] 龚锋,卢洪友. 财政分权与地方公共服务配置效率——基于义务教育和医疗卫生服务的实证研究 [J]. 经济评论,2013 (1):42-51.

[5] 黄宸,李玲. 省域内区县政府中职教育财政支出的相互影响研究——基于"标尺竞争"的视角 [J]. 教育与经济,2017 (1):35-39.

[6] 贾俊雪,宁静. 纵向财政治理结构与地方政府职能优化——基于省直管县财政体制改革的拟自然实验分析 [J]. 管理世界,2005 (1):7-17.

[7] 江依妮,易雯,梁梓然. 官员晋升激励与地方教育支出行为——基于浙江省县级面板数据的实证研究 [J]. 教育与经济,2017 (6):38-44.

[8] 李齐云,马万里. 中国式财政分权体制下政府间财力与事权匹配研究 [J]. 理论学刊,2012 (11):38-43.

[9] 梁若冰,汤韵. 地方公共品供给中的 Tiebout 模型:基于中国城市房价的经验研究 [J]. 世界经济,2008 (8):71-83.

[10] 齐守印. 深化纵向财政体制改革 理顺政府间财政关系 [J]. 财政科学,2018 (1):64-69.

[11] 陶然,苏福兵,陆曦,朱昱铭. 经济增长能够带来晋升吗?——对晋升锦标竞赛理论的逻辑挑战与省级实证重估 [J]. 管理世界,2010 (12):13-26.

[12] 汪冲. 资本集聚、税收互动与纵向税收竞争 [J]. 经济学(季刊),2012 (1):19-38.

[13] 王华春. 财力与支出责任匹配下的地方政府环境治理研究——基于中国 278 个地级市的面板数据分析 [J]. 经济体制改革,2017 (6):153-160.

[14] 辛冲冲,周全林. 财政分权促进还是抑制了公共环境支出——基于中国省级面板数据的经验分析 [J]. 当代财经,2018 (1):24-35.

[15] 杨其静,聂辉华. 保护市场的联邦主义及其批判 [J]. 经济研究,2008 (3):99-114.

[16] 余栋,石大千. 成本约束、不确定性与公共卫生支出效率测算 [J]. 统计观察,2018 (6):83-87.

[17] 余显财,朱美聪. 财政分权与地方医疗供给水平——基于 1997-2011 年省级面板数据的分析 [J]. 财经研究,2018 (5):76-81.

[18] 詹新宇,韩雪君. 中国式财政分权、支出偏好与财政支出效率——基于省级面板数据的 Tobit 模型分析 [J]. 华中师范大学学报,2017 (6):52-64.

[19] 张欣怡. 财政分权下地方政府行为与环境污染问题研究——基于我国省级面板数据的分析

[J]. 经济问题探索, 2015 (3): 32-41.

[20] 张延. 财政分权、晋升激励与基础设施投资——基于中国省级面板数据的空间计量分析 [J]. 经济问题探索, 2017 (12): 1-9.

[21] 赵兴罗, 粟小芳. 财政分权与地方政府教育支出——基于省级面板数据的实证分析 [J]. 财政监督, 2015 (9): 42-64.

[22] 周黎安. 中国地方官员的晋升锦标赛模式研究 [J]. 经济研究, 2007 (7): 36-50.

[23] ADAM A, DELIS M D, KAMMAS P. Fiscal decentralization and public sector efficiency: evidence from OECD countries [J]. Economics of governance, 2014, 15 (1): 17-49.

[24] AHMAD I. Assessing the effects of fiscal decentralization on the education sector: a cross-country analysis [J]. The lahore journal of economics, 2016 (2): 53-96.

[25] BARANKAY I, LOCKWOOD B. Decentralization and the productive efficiency of government: evidence from Swiss cantons [J]. Journal of public economics, 2007, 91 (5-6): 1197-1218.

[26] BORCK R, CALIENDO M, STEINER V. Fiscal competition and the composition of public spending: theory and evidence [J]. FinanzArchiv: public finance analysis, 2007, 63 (2): 264-277.

[27] BRADFORD D F, OATES W E. Suburban exploitation of central cities and governmental structure [M]. New York: Columbia University Press, 1972.

[28] BRENNAN G, BUCHANAN J M. The power to tax: analytic foundations of a fiscal constitution [M]. Cambridge: Cambridge University Press, 1980.

[29] BUCOVETSKY S. Asymmetric tax competition [J]. Journal of urban economics, 1991, 30 (2): 167-181.

[30] BUSEMEYER M R. The impact of fiscal decentralisation on education and other types of spending [J]. Swiss political science review, 2008, 14 (3): 451-481.

[31] CARDARELLI R, TAUGOURDEAU E, VIDAL J P. A repeated interactions model of tax competition [J]. Journal of public economic theory, 2002, 4 (1): 19-38.

[32] CASE A C, ROSEN H S, HINES Jr J R. Budget spillovers and fiscal policy interdependence: evidence from the states [J]. Journal of public economics, 1993, 52 (3): 285-307.

[33] COLM G, MUSGRAVE R A. The theory of public finance: a study in public economy. [J]. Journal of finance, 1960, 15 (1): 118.

[34] FOSSETT J W. On confusing caution and greed: a political explanation of the flypaper effect [J]. Urban affairs quarterly, 1990, 26 (1): 95-117.

[35] FREINKMAN L, PLEKHANOV A. Fiscal decentralisation and the quality of public services in Russian regions [J]. Social science electronic publishing, 2010, 77 (111): 158-164.

[36] GIBBONS R, MURPHY K J. Relative performance evaluation for chief executive officers [J]. ILR review, 1990, 43 (3): 30-51.

[37] GOODSPEED T J. Bailouts in a federation [J]. International tax and public finance, 2002, 9 (4): 409-421.

[38] GRAMLICH E M. State and local governments and their budget constraint [J]. International economic

review, 1969, 10 (2): 163 – 182.

[39] HAN S, LEACH J. A bargaining model of tax competition [J]. Journal of public economics, 2008, 92 (5 – 6): 1122 – 1141.

[40] HARRIS M, HOLMSTROM B. A theory of wage dynamics [J]. The review of economic studies, 1982, 49 (3): 315 – 333.

[41] HAYEK F A. The use of knowledge in society [J]. The American economic review, 1945, 35 (4): 519 – 530.

[42] JANEBA E, PETERS W. Tax evasion, tax competition and the gains from nondiscrimination: the case of interest taxation in Europe [J]. The economic journal, 1999, 109 (452): 93 – 101.

[43] JIN Y, SUN R. Does fiscal decentralization improve healthcare outcomes? empirical evidence from China [J]. Public finance and management, 2011, 11 (3): 234 – 261.

[44] KEEN M J, KOTSOGIANNIS C. Does federalism lead to excessively high taxes? [J]. American economic review, 2002, 92 (1): 363 – 370.

[45] KEEN M, MARCHAND M. Fiscal competition and the pattern of public spending [J]. Journal of public economics, 1997, 66 (1): 33 – 53.

[46] KEEN M. Vertical tax externalities in the theory of fiscal federalism [J]. Staff papers, 1998, 45 (3): 454 – 485.

[47] KORNAI J. Economics of shortage [M]. North – Holland, 1980.

[48] KORNAI J. Resource – constrained versus demand – constrained systems [J]. Econometrica: journal of the econometric society, 1979: 801 – 819.

[49] LAZEAR E P, ROSEN S. Rank – order tournaments as optimum labor contracts [J]. Journal of political economy, 1981, 89 (5): 841 – 864.

[50] LOGAN R R. Fiscal illusion and the grantor government [J]. Journal of political economy, 1986, 94 (6): 1304 – 1318.

[51] MIESZKOWSKI P, ZODROW G R. Taxation and the tiebout model: the differential effects of head taxes, taxes on land rents, and property taxes [J]. Journal of economic literature, 1989, 27 (3): 1098 – 1146.

[52] NALEBUFF B J, STIGLITZ J E. Prizes and incentives: towards a general theory of compensation and competition [J]. The bell journal of economics, 1983: 21 – 43.

[53] OATES W E. An essay on fiscal federalism [J]. Journal of economic literature, 1999, 37 (3): 1120 – 1149.

[54] QIAN Y, ROLAND G. Federalism and the soft budget constraint [J]. American economic review, 1998: 1143 – 1162.

[55] QIAN Y, WEINGAST B R. China's transition to markets: market – preserving federalism, Chinese style [J]. The journal of policy reform, 1996, 1 (2): 149 – 185.

[56] QIAN Y, WEINGAST B R. Federalism as a commitment to perserving market incentives [J]. Journal of economic perspective, 1997, 11 (4): 83 – 92.

[57] RAUF A, KHAN A A, ALI S, et al. Fiscal decentralization and delivery of public services: evidence

from education sector in pakistan [J]. Studies in business and economics, 2017, 12 (1): 174 – 184.

[58] RODDEN J. Reviving leviathan: fiscal federalism and the growth of government [J]. International organization, 2003, 57 (4): 695 – 729.

[59] TIEBOUT C M. A pure theory of local expenditures [J]. Journal of political economy, 1956, 64 (5): 416 – 424.

[60] TURNBULL G K. Fiscal illusion, uncertainty, and the flypaper effect [J]. Journal of public economics, 1992, 48 (2): 207 – 223.

[61] WEINGAST B R, SHEPSLE K A, JOHNSEN C. The political economy of benefits and costs: a neoclassical approach to distributive politics [J]. Journal of political economy, 1981, 89 (4): 642 – 664.

[62] WILDASIN D E. Labor – market integration, investment in risky human capital, and fiscal competition [J]. American economic review, 2000, 90 (1): 73 – 95.

[63] WILSON J D. A theory of interregional tax competition [J]. Journal of urban economics, 1986, 19 (3): 296 – 315.

[64] WYCKOFF P G. A bureaucratic theory of flypaper effects [J]. Journal of urban economics, 1988, 23 (1): 115 – 129.

[65] XU C G. The fundamental Institutions of China's reforms and development [J], Journal of economic literature, 2011, 49 (4): 1076 – 1151.

第四章

政府预算

预算是政府为所有人实现一个更好的生活的一个执行方案，它规定了人们应该缴纳多少税收，政府如何花钱，要实现什么目标。它是所有政府政策的概括。

——安·布莱博格[①]

现代预算制度的建立和预算理论的发展最好地体现了现代财政学"聚财为国、政出于民"的理念。预算表面上是具有法律效力的政府年度财政收支计划，实质上是立法部门控制政府施政的重要载体和工具。纵观西方预算理论的发展，相关的研究聚焦于政治学、法学方面，包括预算与政治周期、预算政策效应的研究，参与式预算、预算透明度的研究，中期预算相关问题的研究等。预算不仅仅是"钱"的问题，更重要的是隐藏在其背后的利益主体关系问题，在我国国家治理能力提升的过程中，预算改革至关重要。国内的研究集中在预算与国家治理的关系、预算约束机制、政府预算管理技术层面、预算法治化和透明度问题等。通过梳理国内外相关文献，良好的财政预算制度有助于政府机构优化运作机制、降低运作成本、提高活动的效率，使市场在资源配置中发挥基础性作用。

---

① [美]安·布莱博格. 政府预算：实现权利的一个关键工具[J]. 权利与公共政策，2005（6）：2.

财政是国家治理的基础和重要支柱，预算是政府活动和宏观政策的集中反映。预算表面上是具有法律效力的政府年度财政收支计划，实质上是立法部门控制政府施政的重要载体和工具。近百年来，政府预算问题的研究受到经济学、政治学、法学、管理学等领域学者的广泛关注，共同推进政府预算研究的繁荣与发展。国外的研究多是从政治学、法学的角度来展开，包括预算与政治周期、预算政策效应的研究；参与式预算、预算透明度的研究；中期预算相关问题的研究等。国内的研究包括预算与国家治理的关系研究；预算约束机制研究；政府预算管理（预算编制、执行、决算、报告）技术层面的研究；预算法治化和预算透明度问题的研究等。通过研究国内外理论界的不同学术观点，结合多维学科视角，对政府预算相关理论前沿进行文献综述，以期对进一步完善预算制度、推动预算改革提供决策参考。

第一节 西方预算理论发展

一、预算与政治周期、预算政策效应的研究

就国外的实践来看，政府的财政预算很大程度上会受到政治选举的影响。Kenneth Rogoff（1987）讨论了政治预算周期均衡问题，在政治经济周期的理论下，将重点放在预算周期上。假设政治家和选民都是理性、追求效用最大化的，由于信息不对称，选民不了解政治候选人的能力，仅依靠财政政策的效果来挑选候选人。选举之前，税收总是非常低，而政府的消费会偏高，这些都是建立在牺牲政府投资的基础上。Kenneth 的理论模型在一定程度上提供了预算周期和选举周期时间的经验预测。Brender 和 Drazen（2005）也研究了政治预算周期问题。通过对实际数据的验证，尽管在发达或者不发达的国家中，都存在政治预算周期现象，但是在民主发展不完善的国家，这种周期更明显，并且更进一步指出，在成熟民主体的国家中，选民更富有"经验"，财政操纵更可能带来对候选人的"惩罚"，而在不成熟民主体中，相对来说更可能带来选民的"奖赏"。因此，政治预算周期是一个新兴民主体的现象。

Alesina 和 Perotti（1995）同样也关注影响政府预算的政治制度因素。他们以 OECD 国家过去 20 年累积了大规模的财政赤字为研究点，通过讨论为什么是出现在 OECD 国家，为何出现在该特定年份两个问题，得出制度因素的重要性。政治制度变量影响政策结果，作为预算赤字问题，立法监管预算信息或者选举法的改变都是可考虑的解决方式。Hagen 和 Harden（1995）关注预算过程，实验证据表明管控预算过程的制度规则会影响财政绩

效,利用模型,他们还展示了预算过程中的程序如何导致财政幻觉,因此,预算程序的适当选择取决于政治环境和预算过程中最不确定的主导资源。

Anne C. Case 等人(1993)还研究了地方政府之间的预算溢出效应和财政政策的独立性。实证显示,即使考虑固定效应、年效应和临近地方的随机冲击,地方政府的人均资本支出仍然显著地受邻近地方政府的支出水平影响。

Darvas Z.(2010)提出经济危机对一国的预算政策具有影响,其中最主要是税收方面的影响,以及在资金流入、风险溢价、贸易、移民等次要方面的影响,并指出周期性的经济循环会促使政府推出周期性的预算政策,而顺周期的预算政策会对国家经济的繁荣和衰退起到放大作用,此外,通过对中东欧及东南欧国家自1997—2010年的经济表现进行分析,认为经济危机可以看作是预算政策和财政政策的一个改革契机,避免国家陷入顺周期政策中,推动政府提升预算水平、增加可信程度。

二、参与式预算、预算透明度研究

为了找到能够解释预算过程中公共参与的决定因素,Rios, Ana‐Maria, Bemardino Benito 和 Francisco Bastida(2017)通过国际比较采用了93个国家的数据样本进行实证研究,选取了社会经济发展水平、互联网、教育、人口、移民、政府债务、政府预算平衡、预算透明度和民主程度做自变量构造模型,通过3阶段最小二乘法线性回归得出结论,经济发展水平、教育和民主程度对公民的参与程度的影响作用不大,互联网、人口和移民对公民参与程度表现为正的影响作用,而政府债务对公民参与呈现负的作用,政府债务越高,就越难以持有充足的资源进行机构改革,自然公民参与程度都减少。另外,不仅预算透明度会促进公民的预算过程参与,而且公民的参与过程反过来又会提高预算透明度。Bronic M., Ott K. 和 Urban I.(2012)通过构建公开城市预算指数(OCBI)作为预算透明度的测算指标,并据此对克罗地亚33个城市数据进行调查,发现在全部测算城市中预算透明程度(OCBI)平均为65%,认为产生这一结果的主要原因是预算文件不够透明,相关数据难以获取,而且他们认为预算透明度主要体现在两个方面:一是预算相关的财政信息是否及时、系统、全面地披露给社会公众;二是公民获取支出分配及税收计划等信息的能力是否完备,并通过预算过程的透明化,最终达到社会的全体参与者能轻易地理解政府收支的有关计划。

Baldi, G.(2016)在研究财政方面的条例规章对预算赤字的影响时,认为事前的规章制度与事后的规章制度分别对预算赤字减少的影响不同,通过两阶段回归模型,分别用事前规则预测预算支出及事后规则解释预算赤字,结果表明加强事后规则比采取事前规则更能促进预算赤字的降低,并且只有事后的惩罚才能减少预测偏差,同时,作者还发现政局稳定和较大的政府规模能增加财政规则条例的有效性,在财政的规则失去有效性时,可以采取别的办法如选举规程和金融市场规章来保障财政预算的稳定性。但是文中对于财政的规章条例与机构的稳定性之间的关系没有进行论证。

一般来讲，预算赤字不仅会影响当期的纳税人，还会影响未来的纳税人和政府资金，主要是加强对预算平衡硬约束对官员的财政行为的影响的认识，而为了达到预算平衡，政府往往会增加税收或者减少财政支出，而 Anna M. Costello，Reining Petacchi 和 Joseph P. Weber（2017）从另一个角度来研究政府采取非税非政府支出的政策所能达到预算平衡的程度，文中举例通过出售资产和政府基金间转账调整作为非税非政府支出措施调节预算平衡，以此考察了美国 2001 财年至 2011 财年的政府金融数据、资产出售数据、政府间基金转移数据、资产购买数据、预算数据、人口、失业率、GDP 和个人收入等数据，进行实证分析得出结论，政府官员在减少赤字方面会更倾向于出售公共资产和调整转移政府基金，并且从所需要的时间来看，这些措施在处理赤字问题方面也是相对及时的，从之前这方面的研究来看，预算平衡约束条件严格的情况下，官员在处理突发的赤字问题时既会采取预算调整手段也会应用临时补救措施比如出售资产和基金转移调整。Hallerberg M. 和 Ylaoutinen S.（2010）从预算的编制阶段、审批阶段、执行阶段进行对比，提出不同群体对于预算具有不同的期待，由于公共池塘资源（CPR）问题的存在，预算中的"公共池塘"就是税收总量，政策制定者在做出最终决定时考虑的主要就是能支出多少以及支出可以取得多少收益。

Kwan，C. Y.，Bali，A. S. 和 Asher，M. G.（2016）从预算的有效估计方面对新加坡的政府预算机构和报告进行研究，认为由于收入持续地被低估以及支出被高估，财政枪法（对收入与支出的预测值与实际值之间的差距）记录变得越来越贫乏，与国际报告标准存在的微小偏差会约束可用的信息，而且在国际比较时，预算信息的有效性也会大打折扣，并且当前的报告制度也不能充分体现财政定位，本着国际报告的原则，对预算平衡的修正预估会大大增加能获得的财政空间（会计附加说明、土地收入和预算资金的转移支付三方面信息）。

Dachis，B. 和 Robson，W. B. P.（2015）在关于如何构建完善加拿大预算制度方面进行探讨时认为加拿大政府应该采用权责发生制，可以让人们能够清楚地了解哪些预算资金与哪部分公共服务或长期的基础设施资产是相匹配的，在预算会计和财务报告相一致的条件下，计算并披露预算偏误。

三、跨期预算问题研究

在对跨年度预算平衡机制进行文献检索时，发现国外文献中几乎没有与之对应的统一术语。阅读国外文献发现，学者们大多采用 multi‐year budgeting 或 multi‐year estimates 来指代"跨年度预算"，预算估计对跨年度预算平衡的意义可见一斑。

关于跨年度预算平衡机制的实现形式，Barry、Salomon（2008）和 Andrea（2010）研究了美国地方政府的多年度预算，指出双年度预算是美国地方政府将跨年度视角引入预算决策的一种常见形式，地方政府在编制预算的过程中会考虑到下一年度的财政收支情况，确保在双年度内实现基本的预算平衡。关于跨年度预算平衡机制的具体实施制度，美国纽约州政府在对未来几年的财政收支流量进行预测的基础上编制多年期财政规划以反映政府的中长期规划，具体来说，由财政部门和审计部门负责制定跨年度财政规划指南，IRS 负责对多年期税收收入进行定量预测并作为划定政府支出限额的参考[①]。加拿大蒙特利尔市政府为使市民对政府在中长期内的预算收支情况、公共物品和服务提供规划有更清晰的了解，规定预算部门应当在对三年期的政府收支进行合理估计的基础上制定预算计划，并将三年期预算制作为宣传手册提供给社会公众。针对跨年度预算平衡机制的制度影响的研究，A. Premchand（2004）对年度预算和跨年度预算进行了对比分析，指出跨年度预算平衡将政府预算决策周期从传统年度拓展到中长期，加之国内外经济冲击导致财政收支预测的准确性难以保证，因此跨年度预算的预算编制数和执行数可能存在较大差异。Isabelle（2011）研究认为作为跨年度预算平衡基础的财政收支预测受宏观经济波动和对经济周期的主观判断的影响，造成跨年度预算面临一定的不确定性，是实施跨年度财政规划的主要困难。Razvan（2014）采用面板数据模型对 1990—2012 年 181 个国家的数据进行了分析，实证结果显示实施跨年度预算平衡机制在平均程度上可以减少 2% 的财政赤字，因而对改善政府财政状况、提高财政可持续性具有积极意义。

国外关于跨年度财政收支预测的实践，L. F. Jameson Boex（2000）研究发现，以 1994 年为节点，奥地利政府的跨年度预算管理经历了从简单的跨年度财政收支预测到具体的跨年度财政规划的演变过程，其每年的预算草案中都会列出连续三个财政年度的预算估计。实行科学的跨年度财政收支预测能够反映政府现行各项政策在中长期内的财政结果，将跨年度视角引入政府预算决策过程中，是建立完善的跨年度预算平衡机制的必经之路和重要保障。Jon R. Blondal（2006）简要介绍了澳大利亚的跨年度预算平衡管理，发现澳大利亚预算相关法律要求政府编制的预算文件中应当包括未来四个财政年度内反映政府税收收入和相关政策、项目支出流量的财政收入、支出预测。同时，每个具体财政年度的预算编制应当与澳大利亚政府中长期发展目标和经济政策相结合，财政年度完成后，预算编制部门应对下一个四年期的财政收支进行滚动预测。Holly Sun（2014）通过一项关于跨年度预算管理有效性的调查发现，在接受访谈的美国政府工作人员中，90% 以上的人认为在预算管理中引入跨年度视角能够有效降低政府债务风险、改善财政纪律。L. Brooks Patterson（2015）对美国奥克兰的政府预算管理模式进行了研究，发现奥克兰政府在编制预算时会对未来五年的财政收支进行季度预测，以反映在现行政策下政府的中长期财政状况。关于

---

① Office of the New York State Comptroller. Multi－year Financial Planning，2007.

财政收支的预测理论，Wilford L. Esperance（1998）对美国俄亥俄州税收收入运用多元线性回归方法建立预测模型，发现回归模型对个人所得税的预测效果最佳，在税收总量预测方面效果不理想。Sexton（2007）对美国地方政府财产税采用多元线性回归和 ARMA 模型建立预测模型，发现时间序列模型对样本的拟合程度更高，其预测结果比回归预测结果更接近真实值。Robb（2011）在普通最小二乘回归的基础上，采用三阶段线性回归模型以 1990—2010 年澳大利亚财政收入数据为样本进行预测，发现预测效果比普通最小二乘回归预测结果有很大改善。

四、中期预算的相关研究

（一）中期预算的概念框架研究

构建中期预算框架，可以加强政策制定与预算决策的联系，从而保证政策的落实有可用的财政资源。对于发展中国家的政府来说更是如此。政策、计划与预算之间的强有力联系，是有效使用有限资源所必需的。在预算管理的战略阶段，政策优先性问题很容易为具体成本核算的讨论所掩盖。中期预算框架可以引导政策优先性和战略问题的讨论。中期预算框架可在改善预算管理中发挥重要作用。中期预算可在短期紧急的宏观经济稳定和中长期对预算资源的竞争之间建立潜在联系，从而促进政策制定和计划的更加有效，促进服务的有效提供。减贫政策经常沦为美好的意愿清单而无法落实，往往是因为和可提供的财政资源缺少联系。①

中期预算观念需要特定价值的支持，如财政纪律和改善预算结果。政治人物的行为对此有影响。他们常常关心再当选等符合预算结果改善的事。理性的、基于规则方法的中期预算框架很可能和一国的政治运作相悖；如果缺少政治支持，那么技术官僚构建中期预算框架的努力就会孤立无援。但也有许多情况下，政治精英和主要的技术官僚一样，基于"政治选择"，想要有效服务，塑造公民的信任，需要借助于预算过程的改善。从这个视角来看，中期预算不仅仅是整合优化各种资源使用的技术工具，还是潜在的塑造与加强政治义理性从而提高国内问责性（domestic accountability）的工具。②

（二）中期预算与财政绩效的关系研究

Oxford Policy Management（2000）认为，政策、规划和预算不能联系起来，是发展中国家预算结果很差的唯一最重要原因，但从实践来看，中期支出框架不是灵丹妙药。为了

---

①② Overseas Development Institute（ODI），Linking Policies and Budgets: Implementing Medium Term Expenditure Frameworks in A PRSP Context, ODI Briefing Paper, June 2005.

保证各种努力集中在真正的和最迫切的问题上，成功的中期支出框架一定是诊断式的，而不是公式化的，中期预算框架自身也不是没有问题。在 20 世纪 60 年代和 70 年代，英国是多年预算预测的先行者，遇到诸多问题。OECD 的其他成员国多数也遇到类似问题。问题可以分为三组：第一，进行多年预算预测时高估经济增长潜力的倾向。预测期过高估计可供资源，形成公共支出向上的压力。第二，各部委视预测期各自的资源配置为一项权利。这导致后续支出难以向下修正。第三，多年预算预测的进行扣除了物价因素，而不是根据名义价格。20 世纪 70 年代，经济增长放慢，通货膨胀加速，支出预测被自动调整，因为价格提高，而收入状况变差。这给公共财政带来进一步的压力。[①]

世界银行（World Bank，2013）综合运用事件分析、计量经济分析、案例研究三种方法，支持了中期预算管理可以提高财政绩效的看法。

（三）中期预算失败的原因研究

Shick（2004）认为：好的预算应该确立一种中期以及更长时期的稳定、可持续的财政状况；预算应该促进资源投入更有效的，更应优先使用的领域；预算应该鼓励支出单位更有效运作；预算应该可以让人民受益并做出反应；预算（与其他财务管理实践一起）应该保证公共资金支出的可问责。

Schick（2004）对 25 年来预算改革所进行的研究中涉及可持续的财政政策。他指出，政府在预算执行中，会讨论财政形势。当代政府的作用和干预经济事务排除了严格的平衡预算规范。但是政治家有少征税多支出的激励，或者因为经济不稳定，所导致不封顶的不受约束的赤字，困难不可持续，有损一国未来经济前景。由于政治家更愿意讨好当前的投票人，而不是未来的纳税人，政治家有较高赤字预算激励的偏向。发展中国家的政治领导人这么做，可能让经济不稳定，导致资本外逃。富裕国家这么做，负面效果可能不太明显，一段时间内甚至可能不会出现。实际上，赤字支出刺激了需求，存在短期利益，从而长期成本的面纱揭开。政治偏见使得超过当前收入的支出可能因为短期经济利益而得到增强。[②]

Shick（2004）所说的很不幸地后来全变成了事实。欧洲主权国家债务危机的爆发，就是财政规则全面被突破的结果。财政规则如何才能被有效遵守？除了有更严格的惩罚机制之外，还要在政府会计制度上狠下功夫，否则会计操纵也可能提供虚假的政府财政状况信息。财政规则的违背，影响的不仅仅是年度预算，还会对中期预算管理和长期财政决策带来深远的影响。

---

① Oxford Policy Management, Medium Term Expenditure Frameworks —— Panacea or Dangerous Distraction? 2000, http：//siteresources.worldbank.org/INTPEAM/Resources/OPMMTEFReview.pdf.

② Allen Schick, "Twenty - five Years of Budgeting Reform", OECD Journal on Budgeting. 2004, 4 (1)：81 - 102.

Schiavo-Campo（2009）对发展中国家中期预算（中期支出框架）实施问题做了研究。他认为，多数发展中国家引入中期支出框架时忽略了制度和能力因素，导致财政改革的高交易成本，却没有改善预算结果。当然，中期支出框架的引入也不是一无是处：明白不能只顾眼前而应超越；对政府内部协调的部分鼓励；对结果的初步导向。相比之下，问题更多。程序性的中期支出框架（programmatic MTEF）不如简单的预测性中期支出框架（forecasting MTEF）可行实用。当然，程序性中期支出框架的组成要素可以在发展中国家逐步有选择地在长时间内慢慢发展起来。

Schiavo-Campo（2008）认为，OECD国家推行中期预算框架成功经验有二：第一，政治和治理因素：治理/公共整合的质量；规则遵守的问责性/倾向；政治纪律/行政组织；主动的和代表立法；有活力的公民社会的可竞争性；相对同质的人口。第二，经济和技术因素：宏观经济稳定性/可预测的收入；财政部、计划部等各部门首长的技能；实施硬预算约束的能力；大规模的有很强竞争力的公务员；基于时间基础的可靠资料的可供性；给部长和预算管理者在人事管理和财政资源配置上的高度灵活性。[①]

第二节　国内预算理论发展

一、预算与国家治理的研究

财政是国家治理的基础和重要支柱，而预算更是国家治理的重要影响因素。随着国家治理的和公共财政建设的不断深入和发展，社会各界普遍认识到预算对于国家治理的意义。曹堂哲（2016）基于文献梳理，审视了现代预算与国家治理的十大关系。现代预算制度的构建，必须在国家治理体系的框架下进行（李燕、王晓，2016），构建现代预算制度应该从预算的全面完整、规范约束、公开透明、绩效管理、监督问责等多个维度考虑。

马海涛、刘斌（2016）从参与式预算着手，讨论了国家治理和公共财政建设的"参与之路"，他们认为，参与式预算不仅是全球最佳国家治理实践之一，也是我国地方政府治理和公共财政建设的创新模式，我国虽然已有不少类似参与式预算特征的实践项目，但是覆盖面窄，学术界的认同度也不高，甚至很多项目都只有"展示作用"，这些问题总结起来包括主体的积极性、程序设计、实践项目质量、信息公开等各方面，最终得出了"上

---

① S. Schiavo-Campo, Medium-Term Expenditure Frameworks in Developing Countries: Genesis, myths, realities, and a way forward, IMF Fiscal Affairs Department Seminar October 2, 2008.

下结合、试点推广、协同推进、系统谋划"几点建议。胡明（2016）提到了预算治理的三重维度——善治、共治和法治，并以此提出了我国预算治理现代化转型的困境——善治异化、共治失衡、法治失范，为破解这一系列难题，预算治理体系上必须考虑预算法的内部性和外部性、控权性和授权性，同时在提升治理能力上，重点解析预算回应能力和协商能力、问责能力和诉讼能力。范永茂（2016）还认为，改革开放下一个30年国家治理的重心将转移到社会建设方面，国家治理结构的改革也将深入确立市场机制配置资源的决定性地位、促进经济发展方式转变和调整国家—市场、国家—社会关系及其相关领域，国家治理原则要由政府重要报告为核心的"文件治理路线"与以宪法和法律为核心的"法律治理路线"并行，转而合并为依靠以宪法为核心的单一"法治"路径。他认为，当下中国预算改革在实现法治化进程上，急需解决权力制衡、人大审查和公众参与以及法规完善几个问题，预算不仅仅是"钱"的问题，更重要的是隐藏在其背后的利益主体关系问题。邓研华（2015）认为现代公共预算制度的建立与现代国家成长是一个相互促进的过程。当前中国的公共预算改革应注重推进民主建设，限制过大的政府权力，加大公民的权利，尤其是财政税收与财政支出方面的权利保护，建立起现代公共财政预算体系。首先就应该确定有效的制度框架，同时公共预算的决策应顺应多中心体制的客观要求。权力配置、预算的公开透明、技术水平等因素，也都成为各个学者达成共识的，要达到国家治理现代化，预算需要关注的重点（黄新华、何雷，2016）。

刘尚希（2015）在现有的财政预算范围基础上，提出规范公共资源收益的预算管理，提出建立自然资源资产负债表，将公共资源收益全面纳入预算管理，探索建立相对独立的"公共产权收益预算"，定向用于"国民基础社会保障包"，即作为各种养老、医疗、保险、教育、卫生等统筹补贴，并提高国有资本收益用于民生支出的比重，建立国有资本预算与一般公共预算的合理对接机制。朱殿骅、伍学进（2017）通过构建公共预算、公共财政与国家治理的关系，提出预算是反映国家治理能力的重要指标，依靠的是其一系列机制，包括预算导向机制、预算审批机制、预算公开机制、预算监督机制、预算问责机制和预算容错机制。曹堂哲、施青军（2017）认为绩效预算是现代预算发展的高级形态，其与现代政府治理具有共生性和协同性，绩效预算是现代政府治理的基础和核心，是推动国家治理变革的关键环节。王家合、伍颖（2017）认为我国预算制度的现存问题会导致行政成本开支增加，不利于国家进行有效治理，优化预算制度对控制行政成本、提升国家治理能力具有深远影响。

二、预算约束机制的研究

公共预算的约束保障经济社会健康发展，同时也保证对国家和人民负责。当前中国的预算管理体制来看，约束的软化成为导致一系列问题的重要因素。姜子叶、胡育蓉

（2016）就聚焦"地方政府债务悖论"，以预算软约束为视角，解析过度举债的机制，通过基准模型、分权模型和预算软约束模型的递进，从理论上解析危机重演的逻辑，即中央为调动地方政府积极性，施以资产性补贴、形成预算外收入、累积地方政府债务，呈现三者同向运动的顺周期性，容易形成过度举债，并得出促进地方政府债务可持续发展的一个关键是硬化预算软约束。同样研究预算软约束对地方政府债务影响的还有张延、赵艳明（2016），使用我国的省级面板数据通过实证方式验证了之前学者的推论，并得出，即使考虑控制变量，变换不同的指标后，两者的正相关关系依旧显著。王永钦、陈映辉、杜巨澜（2016）则从金融视角考虑，验证预算软约束与地方政府债务违约风险的关系，利用交易城投债金融市场数据，发现地方政府层面的违约风险并没有被定价，而中国经济的整体违约风险则被正确地定价了，金融市场将地方债视为国家债的共识，这意味着中国的地方债存在严重的软预算约束。在地方政府债务方面，王银梅、陈志勇（2016）还从债务预算管理角度进行了探讨，提出将地方政府债务纳入预算管理的一系列组织设计及模式选择等问题。同样审视通过预算思路治理债务问题的还有刘梅（2016）。王乐英（2017）提出将地方政府债务纳入政府预算中可以全面系统地反映债务收支情况，促进地方政府资金的合理配置，规范地方政府举债行为，同时提出应将一般债务收支纳入一般公共预算管理，专项债务收支纳入政府性基金预算管理。

公共预算的软约束不仅带来地方政府债务问题，龚旻、甘家武（2016）还考虑了其对市场经济效率的影响，构建公共预算制度软约束指数和随机边界分析，实证检验了中国公共预算制度的约束情况对市场生产效率的影响，发现中国公共预算制度软约束的现状显著抑制了生产效率的实现；从税制和分税制的角度来探讨公共预算硬约束，提出税制是横向约束机制，而分税制是纵向约束机制，只有税制和分税制的制度安排能够清晰界定市场和政府的边界，才能为公共预算硬约束提供条件。在现代科学技术条件下，还有学者与时俱进地提出了运用大数据强化政府预算监管，硬化预算约束（王银梅、曲丰逸，2016）。

三、法学视角下的政府预算研究

以上所述均是从经济学、政治学和财政学角度的研究，学术界也不乏从法学角度对预算进行相关理论研究。刘隆亨（2015）在对新预算法的解析中提出"依法理财"的理念，依法理财建设法治财政是实现依法治国的重要组成部分，是建设现代财政预算税收法治制度的根本要求。并就强化依法理财理念提出建议，认为强化预算普遍的约束性和强制性，树立预算法治和整体意识。林慕华和马骏（2012）在对地方人民代表大会预算监督的研究中提出人大预算监督包含了：信息、对话、强制三个维度。首先在信息维度上，人民代表大会对信息的获取是被动的，对话维度主要是在预算编制、执行和决算过程中，政府与其他部门之间的沟通对话，对话的流畅程度体现了政府部门的自觉接受监督的程度，也体现人大的主动积极性，作者认为强制在经过对话之后对政府的预算决策的一种强制性措施，意味着权力的使用会受到奖惩的约束。岳红举（2018）认为预算权力来自于公民，因此体现为公民预算参与和代议制预算参与两种民主模式，由此产生相对应的公民预算权利和国家预算权力（即预算管理权）。基于二者的逻辑关系，公民是预算权力的主导者和决策者，但是随着现代国家对市场干预的增加，公共债务和贷款等对价性预算收入也在增加，如果仅靠"税收法定"方式控制预算收入是不能完全保证公民的预算收入控制权，这就需要从法律上确立对预算收入的控制权，形成"预算法定"，从而在预算收入控制权下间接实现预算支出控制权，才能有效防止政府财政赤字扩大化趋势。朱大旗（2015）认为人民是预算权体系中的最高主体，其主体地位应贯穿落实于整个预算环节中，对预算权的结构设计应能充分发挥人民群众的主观能动性和公共选择性，发挥人民群众直接预算权利，完善预算立法体系来实现预算运行秩序的稳定，建立民众直接性预算权利的相关制度，如果预算权利能接近公民控制的阶段，那么很可能将形成一种强大的预算民主力量去"倒逼"建立在代议制民主基础上预算权力的规范构建，最终将形成一个合理有序的预算权力（利）格局。张学博（2016）认为传统的预算权理论主要解决预算权内部配置问题，其性质与行政法相同，现代财产权概念下的预算权从私人财产权和公共财产权两个方面理解，预算权应该以公民的预算权利为基础，因此公民的预算权利应该贯穿于预算中。公民预算权利是国家预算权力的制度前提，国家的预算权力是为了保障公民的预算权利，预算权的核心价值是对预算权力的制约，既包括预算权利对预算权力的制约还包括预算权力对预算权力的制约。即现代财产权概念下的预算权应是公民预算权利和预算权力的辩证统一。

四、管理流程视角的预算制度优化研究

（一）预算编制

预算编制是预算工作的重要环节，影响着预算工作的效率，其中包括两个方面——预算编制流程（实际操作）以及预算编制理论（如我国现行"四本账"之间的衔接关系、跨年度预算平衡等）。就前者来看，有学者以当前流行的"互联网＋"为切入口，提出了创新政府预算编审管理的意见与建议，并认为"互联网＋"推动政府预算编审工作流程再造，能够提升预算编审工作效率，促进编制工作标准化，带来协同效应（林晓丹，2017）。王小宁、董建红和罗会平（2015）认为财政预算编制内容不详细，项目预算编制缺乏深入的调研，部分地方政府对项目预算的重视程度不够，同时项目预算核批缺乏科学的评审，这些都是财政资金沉淀的主要因素之一，通过分析部分地方的库款数据和财政资金沉淀的各种形式，得出结论即项目的结转结余是资金沉淀的诱因，并且随着国库集中支付和国库单一账户的完善，财政资金沉淀下降的幅度也不是很明显。刘伟（2017）从政府内部职能

管理层面和业务操作层面分析了构建政府内部预算控制机制的可行性，提出政府内部预算控制能力的增强对提升预算管理整体水平、规范预算编制执行过程具有重要作用。

当前更多的学者关注如何促进预算运行效率的提升，致力于分析如何建立预算平衡机制等问题。在新一轮的中国政府预算改革进程中，跨年度预算平衡机制的构建日益受到关注，就此，马蔡琛（2016）区分了权宜性选择（短期内接受发债平衡作为跨年度预算平衡机制的一种变形）和长期性制度安排（预算收支基本相等）两种不同的维度，并且基于大国财政视角，并创新的类比单一制的财政治理和公司治理结构，提出了中国不能"一刀切"——中央和省级财政可以实行小口径的跨年度预算平衡机制，在相应的经济景气周期中，可以采用在"国债余额限额内发债平衡"的方式，运用财政总额控制的方法，实现所谓的跨年度预算平衡；而市、县、乡这三级财政则需采用"大口径的跨年度预算平衡机制"，基层财政仍需严守预算收支基本相等的健全财政原则，强调年度预算平衡对于省以下财政管理的重要性。马蔡琛、张莉（2016）也从科学估计跨年度预算收支、推进中期财政规划改革以及预算稳定调节基金管理制度提出了构建我国跨年度预算平衡机制的建议。孙开、沈昱池（2016）还提出了跨年度预算平衡机制与中期财政规划构建关系图和跨年度预算运行流程框架。李红霞、刘天琦（2016）总结了我国目前跨年度预算平衡面临的一些问题，包括缺乏前瞻性、战略性，滚动财政规划与中期宏观规划不能衔接，与官员换届存在的矛盾，以及三年滚动财政规划的法律约束性不强等，并认为这是一项政策性、敏感性、技术性很强的改革，关系各部门利益博弈，应循序渐进。刘敏、王萌和冯俊（2015）也认为预算编制需要考虑建立跨年度预算平衡机制，认为中期预算是实现国家、地区和部门中长期战略目标的必要支撑，以结果为导向的中期预算更符合绩效管理的要求，但从河北省等试点情况来看，由于缺乏必要的制度保证和科学准确的预测基础，中期预算管理模式的推行仍然受阻，因此认为可分步明确期限要求，出台相应条例办法，注重全过程的中期预算绩效管理。

目前也有学者通过借鉴国外的中期预算制度经验提出我国的改革方式。马蔡琛、袁娇（2016）就通过对比分析国外成功以及失败的中期预算案例，得到了我国中期预算改革的启示，建议我国实行"自上而下"为主、"自下而上"为辅的集中型预算模式，实现财政部门与各支出部门之间的有机联动，再有扩大中期支出的覆盖范围，适当延长预算编制时间，以及加强中期财政规划与社会经济发展规划的衔接，同时注意相关利益主体的协调。马蔡琛、李宛姝（2016）在考察OECD国家在后金融危机时代的政府预算变革后，还指出在进行中期财政规划时，要关注通胀率以及产业结构调整引致的财政收入变化等经济因素。刘敏（2017）通过借鉴西方国家目标导向的预算编制经验，探索构建"职能—活动—目标—预算"的预算编制体系，建立支出预算标准体系，实行绩效为导向的预算评审制度。

(二) 预算执行

政府预算的偏差影响到预算的科学性，长远上看会导致政府提供服务的效率低，不能满足公共利益需求，资源的配置也受到损害。陈丽蓉、马新智（2017）曾提出我国目前存在预算编制松弛的现象，其中非税收入的预算编制松弛要远高于税收收入的编制松弛程度，且政府代理成本与财政收入预算编制的松弛呈显著正相关，认为这种现象的出现是由于预算编制者的机会主义行为而导致的。吴胜泽（2016）指出，预算技术以及管理上的问题、相关政策和制度引导上的失误，均会导致政府预算出现短期偏差，而我国特殊的政府治理结构和法治强度不足的问题则是带来长期偏差的原因，吴胜泽还利用广西 1994—2013 年的数据对该省收入和支出的预算偏差进行了实际的测度，重点考察了收入偏差，并发现非税收入预算偏差是收入预算偏差的主要来源、GDP 较高的市收入预算偏差也较大，并且各市普遍低估一般公共预算收入，这些偏差的短期扰动因素可以通过一些经验借鉴或者渐进改革实现，但长期来看行政体制、分权结构等问题才是应该着力解决的重点。广西财政厅课题组（2015）也对广西预算执行动态监督机制进行研究，分析出当前广西政府在预算执行过程的监督机制存在的问题，并给予相应的解决办法，都是在围绕着预算执行的动态过程进行。

与预算偏差相关的还有预算调整问题。强化权力机关对预算调整的法律约束，是规范政府预算执行的重要环节。王雪云、韩宗保（2016）认为，我国新预算法虽然明确规定了预算调整的范围，但是，由于没有跳出"预算收支总量平衡"的预算调整判定标准，对政府预算执行中引起收支总量变动的需要进行预算调整的因素、增减预算总支出的前提、预算执行中增加债务发行的前提等规定不够细化。收入预算调整偏离程度较高，支出预算偏离程度明显被低估，他们对于这些问题的原因与吴胜泽的想法类似——压力型行政体制、地方政府预算资金零散等。

许能锐和戴维纳（2015）从项目预算执行的进度方面来研究预算执行，通过合理计算在相对时间内的金额进度来测度预算执行进度，在原来的进度测度公式上考虑了时间差异，而不再是简单笼统地看一个综合百分比来考核各部门，避免了由于预算执行进度过慢导致的资金闲置浪费和缺乏安全性问题。郭慧敏（2015）从"预算执行率"角度研究预算执行，"预算执行率"指政府为了有效地掌握计划的执行效率，于计划执行前，先把计划核定的经费按照季度或是月份分配预定的执行数，在计划的执行中，计算出经费的实际核销数、计划的结余数和应付而尚未付款数目的总合计值与按照季度或是月份分配的累计数值的百分比，比值越高，说明计划的执行率越好；反之，则计划执行率差。这一方法有利于避免资源浪费，节约财政支出，但是当前我国事业单位预算执行率偏低，对此作者也提出了一些建议。

(三）预算绩效

对外界来说，更关注的是预算执行后的效果如何，因此有学者从预算执行的绩效管理和评价指标体系方面进行了研究。从大量相关文献来看，2016 年大部分这方面的研究则侧重于绩效的评价机制问题，王鹏程（2016）仅从理论角度进行了如何建立地方政府预算绩效评价体系的思考。杨文俊、孙玉栋、武立煌（2016）试图分析了我国的地方部门预算绩效管理问题，认为其管理权限界定不明，考核不全面，管理水平有待提高，缺乏定量衡量指标，考虑在事前事中和事后建立一套全面的评价体系，可以考虑第三方的合作，但也没有具体提出评价指标体系。陈博、尚晓贺、倪志良（2016）则在基于公众满意度的考察的基础上，提出了政府预算绩效指标的外部评估。基于模糊数学估算的 CSI 模型，将预算绩效顾客满意度分为公众自豪感、公众忠诚感、公众安全度、公众抱怨感、公众价值感五个维度，并分别下设更加具体的量化指标，从而建立起一个公众满意度绩效指标体系。万建香（2015）通过 Hamilton 模型分析与数字模拟，研究得出结论即社会最优均衡下，财政预算支出通过"外部效应"、"环境效应"，具有促进经济增长、降低资源消耗、改善环境质量的绩效，而"规模效应"的影响整体不大，这不同于直觉意义上规模越大绩效越好的传统观点。但通过 2007—2011 年间 31 个地区的面板计量发现中国财政预算支出仅仅表现为"转移支付效应"，作者还认为财政预算强调规模总量而忽视外部、环境效应的绩效考核与评价，为了提升预算绩效，需要加大教育科技预算支出。

而在 2017 年，集中的问题则出现在预算执行绩效管理方面，胡绍雨（2017）通过分析我国现行预算模式下绩效管理中存在的一系列问题，结合美国、澳大利亚、英国等国家的绩效预算改革经验，提出加强顶层设计、建立评估体系、健全沟通反馈机制等方式，完善支出预算绩效管理。朱炳玲（2017）认为一方面要开展绩效自评活动，另一方面也要逐步引入第三方评价，提升评估的水平和质量。杨文俊、孙玉栋、武立煌（2017）通过对我国地方部门预算绩效管理存在的问题进行剖析，提出注重部门预算绩效管理的各个环节、积极引入第三方机构的方式，规范地方政府部门预算绩效管理水平。马蔡琛、李明穗（2017）通过借鉴西方国家经验，提出在我国政府预算绩效管理中引入作业成本法，推动结果导向的绩效预算管理改革。值得一提的是，随着大数据在当下的迅速发展，也有学者开始关注大数据来实现综合绩效预算（赵术高、李珍，2016）。

（四）预算监管

也有很多的学者在预算监督和管理方面做了大量的研究，其中更多的是侧重于监督体制方面，从全国来看，有不少试点城市值得参考借鉴的，做得比较好的城市比如温岭市和焦作市，赵早早（2015）通过对温岭市和焦作市两个典型城市的人大预算监督改革现状进行分析和比较，温岭市主要是从乡镇基层人大及其常委会的改革入手，提高其民主参与程度，对预算实行"参与式"监督，因此具有自发性特点。在公开预算数据方面四本预算都在监督范围内，各种监督办法和规定的出台落实了人大及其常委的监督工作。人大及其常委会还提前介入预算编制的审查工作，通过聘请专业人员提高审查效率，针对重大项目的审查，由人大常委会发挥最高权力优势协调多部门之间共商解决方案。相比而言，焦作市则是由市级财政部门的预算改革带动下主动接受公众监督，内部实行财政制衡机制，将预算的编制、执行、监督和绩效评价权力分离，还专门设计了"财经沙盘"财政信息公开平台。文章最后还得出结论，人大预算监督的有效实行还依赖于行政部门与财政部门的配合，同时也与人大自身建设有关，根据以上各类预算权力的强弱程度可以划分不同的监督类型，但文中除了自发性和适应性并未给出其余类型。

也有学者对"参与式"监督持谨慎态度，罗文剑和吕华（2015）认为"参与式"模式会受到政府的自我利益保护主义而受限，即政府财政预算透明度过低会约束预算参与范围，这就要求政府对项目公开细化的范围还需进一步扩大。同时，还强调公民专业知识也会限制参与能力，并且预算安排的主导权在政府手中，"参与式"监督易流于形式而忽略质量，无法有效满足公众的有效需求。

在内部监管方面，张更华（2015）从专员办职能角度提出在机制上对预算系统监管，在流程上对预算的全程监管，加强债务管理以及预算支出绩效的监管。薛锋（2015）就预算监督模式提出新预算法下构建"三位一体"、相互制衡协调的监督模式，不仅加强人大的监督还有必要成立专门监督组和发挥社会监督的作用，并给出了全程的嵌入式财政预算监督模式的具体操作。周清和范和香（2015）以北京市政协财政预算民主监督组的实践为例，分析了北京围绕首都功能定位和民生改善安排预算并开展财政监督，建议财政性资金用于提高城乡居民收入，专项资金的配置需引入竞争机制，加强财政预算中长期规划，提高财政补贴的透明度，内行监督内行，专家监督部门，与人大法律监督、审计监督、民主党派民主监督、新闻舆论监督多种监督形式结合。

周立柱、陈楠（2017）提出应通过构建以建设政府预算大数据中心为主体、以推动大数据人才培养和基础设施建设为两翼、以提供组织机制、财政金融、法律法规支持为保障的"一体两翼三保障"机制，从而提高预算监管的效率性、科学性、透明性。

五、预算透明度的相关研究

财政预算透明度是政府治理的关键要素。良好的财政预算透明度能保障公众对政府事务及财务的知情权、参与权和监督权，有助于政府机构优化运作机制、降低运作成本、提高活动的效率，实现市场在资源配置中发挥基础性作用。

王茉（2015）认为政府预算信息的公开提高了政府工作的效率，体现在财政支出的进度上，矫正了政府行政方向，约束政府支出的行为，体现在"三公"经费方面，文中以陕西为例，其"三公"经费自预算公开之后都明显下降。从预算公开对政府支出的约束行为来看，有学者重点关注了政府官员理性行为，汪利锬和李延均（2015）利用 2003 年、2008 年和 2013 年我国 25 省第九、第十和第十一届人大代表和民生性财政预算面板数据对政府官员的理性行为进行了实证研究，通过激励相容模型、官员个体理性以及嵌入人大代表的约束条件，得出最优社会福利函数，进而得到一个政府官员对民生性支出的概率模型，模型得出的初步结论是政府官员越多，所需行政管理和建设性预算越多，则民生性预算可能越少。晏金平（2015）认为预算权力结构的失衡削弱了政府对预算编制的统一管理权，还易形成过度集权，从而滋生财政腐败，因此要防治财政腐败还需要加大预算透明化，健全预算权力结构，最大限度地限制政府财政外其他各职能部门对预算的二次分配权。周思聪、马腾飞（2015）在谈新预算法对我国财政预算的影响时，认为新预算法增加的公开透明规定有利于从根源上防治腐败，规范转移支付有利于提高地方政府财政自主性，有效防范债务风险。根据其他学者的研究，预算透明度在监督和约束公权力（李春根、徐建斌，2016）、提高政府廉洁程度（张培培、温明月，2016；赵丹凤，2017）、约束地方政府债务行为（马海涛、任致伟，2016）等方面都有一定的影响。

我国近来也一直关注和重视预算公开工作。王福重（2015）认为预算公开有必要推行法治进程。李翠兰和李丹（2015）在国际预算项目合作组织中罗列了我国八项主要预算报告内容，其中预算前的报告、公民预算及年中的审查资料是没有公开的，认为政府公开意愿不强，公开过程不全面，信息碎片化严重，公布形式单一，建议成立专门部门公开预算信息，并采用"互联网＋"等多元媒体模式公开预算信息。从上海财经大学发布的《中国财政透明度评估》（2015）来看，我国省级财政公开程度偏低，仅公开政府三分之一左右的财政信息。

潘力铭（2016）基于 2015 年省级财政预算公开数据，对中国省级层面财政预算公开的及时性、便利性、完整性和具体性现状进行了简单的分析，发现我国预算信息公开笼统并且范围不完整，为此，完善预算法，深化改革，加强人大监督非常有必要。同样研究了我国预算透明度的还有郭俊华、朱符洁（2016），他们以中央部门预算公开数据为依托，以 IMF 提出的财政透明四大核心原则为基础构建预算透明度评估指标体系，得出了不太乐观的结果。魏陆（2016）也曾讲到，近年来我国预算公开虽然取得了很大进展，但是还没有达到"及格"水平，而他认为，造成这一局面的主要原因就是没有构建起保障全口径预算信息公开透明的整体框架。他分析了全口径预算信息公开透明保障机制的构成，其中包括法律法规制度、预算编制方法、立法机构监督、信息技术运用、社会公众参与等多重保障，并从这五个方面提出了我国的完善机制。

参与式预算是提高预算透明度的一种有效模式。为了满足公民的预算参与权力，广东省佛山市南海区在预算编制环节试行预算协商听证模式，该听证模式包括三个阶段，分别是事前的准备工作、事中的听证和事后的听证结果管理。其中与民生和地区经济发展密切相关的预算项目需要作为听证项目,从而在确定听证项目后进行预算安排。听证阶段依次按照预算"项目介绍—问询—回答问询"流程进行。对于听证结果的管理,主要是集中于预算项目实施进展的动态监督。这种听证式的协商预算模式与"参与式"的不同之处在于听证式更注重反映群体目标的项目预算与共治方式,而"参与式"更多地偏重于公民参与权利的表达,难达成目标一致,缺乏责任约束(文旗、许航敏,2015)。

卢真、李升(2017)结合澳大利亚政府预算公开的发展历程,对澳大利亚政府预算公开的方式及途径进行了经验总结,认为我国在预算改革中应提升预算公开的内容和范围、拓宽预算公开的途径、统一预算公开的形式。朱炳玲(2017)结合我国新预算法,提出应树立预算公开理念,明确公开主体和时限、细化公开内容和范围,建立相应问责制度。

文献索引

[1] 曹堂哲,施青军. 绩效预算与现代政府治理的共生性与协同性分析——兼论我国预算管理改革的发展路径与方向 [J]. 广东行政学院学报,2017,29(06):20-27.

[2] 陈丽蓉,马新智. 财政收入预算编制松弛:基于省际数据的实证研究 [J]. 经济研究参考,2016(58):54-59.

[3] 陈齐. 关于深化政府预算绩效管理的思考 [J]. 财会学习,2017(03):67.

[4] 邓研华. 公共预算与现代国家治理 [J]. 扬州大学学报(人文社会科学版),2015,19(05):29-36.

[5] 广西财政厅课题组. 构建广西财政预算执行动态监控机制的实践与思考 [J]. 经济研究参考,2015(11):20-24.

[6] 郭慧敏. 提高财政预算执行率的有效措施分析 [J]. 财经界(学术版),2015(14):4+6.

[7] 胡绍雨. 浅析我国公共支出预算绩效管理的问题及解决方法 [J]. 新疆社会科学,2017(06):65-73.

[8] 李翠兰,李丹. 新预算法下我国的预算公开改革 [J]. 税收经济研究,2015,20(05):87-92.

[9] 林慕华,马骏. 中国地方人民代表大会预算监督研究 [J]. 中国社会科学,2012(06):73-90.

[10] 刘隆亨. 新《预算法》的基本理念、基本特征与实施建议 [J]. 法学杂志,2015,36(04):23-34.

[11] 刘敏,王萌,冯俊. 以绩效为指导思想的中期预算探索 [J]. 财政监督,2015(03):65-67.

[12] 刘敏. 以目标为导向的公共预算编制路径探析 [J]. 财政监督,2017(04):86-88.

[13] 刘尚希,樊轶侠. 规范公共资源收益预算管理制度建设 [J]. 经济研究参考,2015(36):18.

[14] 刘伟. 政府内部预算控制的设想 [J]. 管理观察,2017(04):66-68.

[15] 卢真,李升.澳大利亚政府预算公开的做法与启示[J].财政监督,2017(11):45-51.

[16] 罗文剑,吕华.参与式预算的中国样本:"成长上限"的视角[J].现代经济探讨,2015(08):54-58.

[17] 马蔡琛,李明穗.作业成本法在政府预算绩效评价中的应用[J].会计之友,2017(02):25-28.

[18] 孙开,沈昱池.中国预算余额的多维测度——基于跨年度平衡视角的考察[J].财经问题研究,2017(03):67-75.

[19] 万建香.中国财政预算支出对经济增长、资源消耗、环境保护的绩效分析[J].财政研究,2015(03):6-10.

[20] 汪利锬,李延均.政府官员理性行为与民生性财政预算[J].经济学动态,2015(10):59-69.

[21] 王福重.健全公开透明的政府预算制度[J].党政研究,2015(01):108-112.

[22] 王家合,伍颖.我国当代行政成本测度与治理——基于政府预算管理的视角[J].新视野,2017(03):80-87.

[23] 王乐英.新《预算法》背景下地方政府债务纳入政府预算的研究[J].时代金融,2017(08):29+38.

[24] 王茉.政府财政预算公开问题初探——基于陕西省省级财政预算公开个案[J].西部财会,2015(05):10-15.

[25] 王小宁,董建红,罗会平.盘活财政存量资金实证研究[J].开发研究,2015(05):92-94.

[26] 文旗,许航敏.地方财政预算制度的协商治理模式创新探索——对广东南海预算协商听证的研究[J].财政研究,2015(04):79-83.

[27] 吴俊培,赵斌.国有资本经营预算:概念界定、地位作用和问题分析[J].地方财政研究,2015(09):38-44.

[28] 许能锐,戴维纳.关于财政项目预算执行进度计算问题浅析[J].会计之友,2015(12):95-97.

[29] 薛锋.新预算法视角下构建现代预算监督新模式[J].对外经贸,2015(04):159-160.

[30] 晏金平.财政管理反腐功能及其强化[J].湖湘论坛,2015,28(01):86-89.

[31] 杨文俊,孙玉栋,武立煌.我国地方部门预算绩效管理问题探讨[J].财政监督,2017(24):50-54.

[32] 岳红举,单飞跃.预算权的二元结构[J].社会科学,2018(02):108-114.

[33] 张更华.加强预算监管职能 推进预算管理改革[J].中国财政,2015(03):24-25.

[34] 张学博.现代财产权观念中的预算权概念研究——兼论预算法之完善[J].河南财经政法大学学报,2016(05):22-29.

[35] 赵丹凤.我国财政预算公开研究[J].知识经济,2018(04):37-38.

[36] 赵早早.地方人大全口径预算监督中的自发性与适应性——基于温岭、焦作的案例比较[J].地方财政研究,2015(12):23-31.

[37] 周立柱, 陈楠. 构建"一体两翼三保障"预算监管机制的探讨——基于大数据背景 [J]. 财政监督, 2018 (01): 41-45.

[38] 周清, 范和香. 人民政协民主监督的有效形式——北京市政协财政预算民主监督组的创新实践和重要启示 [J]. 中国政协理论研究, 2015 (02): 59-63.

[39] 周思聪, 马滕飞. 谈预算法的修订及其对我国财政预算的影响 [J]. 商业经济研究, 2015 (14): 116-117.

[40] 朱炳玲. 如何构建现代政府预算制度——基于新预算法视角 [J]. 湖北经济学院学报（人文社会科学版）, 2017, 14 (02): 63-65.

[41] 朱大旗. 现代预算权体系中的人民主体地位 [J]. 现代法学, 2015 (03): 12-19.

[42] 朱殿骅, 伍学进. 国家治理现代化目标下的公共预算制度优化研究 [J]. 财政科学, 2017 (01): 118-124.

[43] ALESINA A F, PEROTTI R. The political economy of budget deficits [J]. Economic review, 1995, 42 (1), 1-31.

[44] BALDI G. Fiscal policy rules, budget deficits, and forecasting biases [J]. Journal of economic policy reform, 2016, 19 (2): 1-10.

[45] BRENDER A, DRAZEN A. Political budget cycles in new versus established democracies [J]. Journal of monetary economics, 2005, 52 (7), 1271-1295.

[46] BRONIC M, OTT K, URBAN I. Local budget transparency: the case of 33 Croatian cities [J]. Financial theory & practice, 2012, 36 (4): 355-371.

[47] CASE A C, ROSEN H S, HINES JR J R. Budget spillovers and fiscal policy interdependence: evidence from the states [J]. Journal of public economics, 1993, 52 (3), 285-307.

[48] CHANG Y K, BALI A S, ASHER M G. Organization and reporting of public financial accounts: insights and policy implications from the Singapore budget [J]. Australian journal of public administration, 2016.

[49] COSTELLO A M, PETACCHI R, WEBER J. The impact of balanced budget restrictions on states'fiscal actions [J]. Accounting review, 2016, 92 (1).

[50] DACHIS B, ROBSON W B P. Building better budgets: Canada's cities should clean up their financial reporting [J]. C. d. howe institute commentary, 2015: 79-115.

[51] DARVAS Z. The impact of the crisis on budget policy in central and eastern Europe [J]. Iehas discussion papers, 2010, 10 (1): 3.

[52] HAGEN V J, HARDEN I G. Budget processes and commitment to fiscal discipline [J]. European economic review, 1995, 39 (96/78): 771-779.

[53] HALLERBERG M, YLAOUTINEN S. Political power, fiscal institutions and budgetary outcomes in central and eastern Europe [J]. Journal of public policy, 2010, 30 (1): 45-62.

[54] KENNETH R. Equilibrium political budget cycles [J]. American economic review, 1990, 80 (1), 21-36.

[55] RIOS A M, BENITO B, BASTIDA F. Factors explaining public participation in the central government budget process [J]. Australian journal of public administration, 2017, 76 (1): 48-64.

第五章

社会保险

当我64岁时，你还需要我吗？你还愿意养我吗？

——约翰·列侬和保罗·麦卡特尼

社会保险，即政府为个人提供保险以防止不利冲击，已经成为各国政府的主要职能之一。作为社会保障体系的核心部分，社会保险包括养老保险、医疗保险、失业保险等，在财政学文献中主要探讨的是养老保险问题。基于市场失灵、再分配与家长主义，政府有必要介入私人保险市场。社会保险的制度涉及统计学、保险精算、财政预算等多个领域，其中养老保险的再分配效应和长期偿付能力颇具挑战性。国内对社会保险的研究主要包括社会保险的再分配效应、社会保险与地方财政、社会保险对家庭行为的影响以及对社会保险征缴行为的研究。综合来看国内文献中对社会保险的研究与我国在社会保险政策设计、实施和改革过程中遇到的问题紧密相关，覆盖了法律、人口、劳动与社会保障等多个学科。

披头士乐队的这句歌词指出 64 岁在当时是很多人的退休年龄,为什么人们会集中选择在 64 岁左右退休呢?这与我们这一章所要讨论的社会保险制度有密切的联系。在过去的一个世纪里,社会保险,即政府为个人提供保险以防止不利冲击,已经成为各国政府的主要职能之一。社会保险计划在开始时只提供有限的风险覆盖范围,例如工伤和失业。如今,政府向公众提供更为广泛的保险,包括养老保险、医疗保险、失业保险和工伤保险等。在美国,社会保险支出占联邦政府预算的比重已经从 20 世纪 50 年代初的不到 10% 增加到今天的将近 60%,并继续快速增长。

随着这些计划的普及和扩大,对社会保险政策的学术研究也在增长。这一领域的研究要回答两个基本问题。首先,政府为何要介入私人保险市场?其次,如果政府选择干预,那么最佳方式是什么?这里的关键问题是,扩大社会保险会通过扭曲激励机制造成道德风险。最优政策必须在造成个人、家庭或企业行为的扭曲和增强人们抵御外部冲击的能力之间做权衡。

在进入讨论之前,我们首先要澄清一个概念。社会保险(Social Insurance)是社会保障(social security)体系的核心部分。Social security 一词在英文文献中有广义和狭义之分。广义的 social security,包含全部类型的社会保险和社会救济(social protection)等内容,在书写时通常使用小写(句首除外)。狭义的 Social Security,尤其是在美国的语境下通常特指美国的老年遗属和伤残保险(Old-Age, Survivors, and Disability Insurance, OASDI)计划,即美国联邦政府提供的社会养老保险和伤残保险计划,① 在书写时通常使用大写。所以,在英文文献中直接检索"social security"一词,得到的结果多半是关于社会养老保险的研究。在本章的讨论中,我们也将非常关注养老保险计划,原因主要是两方面的。首先,在大多数典型国家,养老保险都是社会保险体系中支出规模最大的项目。② 其次,除养老保险以外的其他社会保险项目,比如医疗保险和失业保险等内容在公共卫生和劳动与社会保障等学科中有更多专门的讨论,而在财政学文献中讨论得相对较少。

以下的讨论将分为两个部分:分别是经典文献和国外文献中的前沿研究,以及中国问题和国内文献中的前沿研究。

---

① 该计划还包含小部分的社会福利项目,例如为老年人和伤残人士提供最低收入的补充性保障收入(Supplemental Security Income, SSI),按照传统定义,这部分并不属于社会保险,而属于显性转移(Explicit Transfers)。

② 比如,OASDI 就是美国联邦政府最大的一项国内支出计划。

第一节　经典文献和国外文献中的前沿研究

本章回顾和梳理财政学中有关社会保险的经典文献和国外文献中的前沿研究。Feldstein 和 Liebman（2002）对英文文献中关于社会保险特别是养老保险的研究做了清晰的梳理，涵盖了该领域的经典文献和发表在 2002 年前的重要研究。Chetty 和 Finkelstein（2013）从理论联系数据的角度梳理了社会保险领域的前沿研究。由于篇幅有限，本章仅选取每个分支领域中的经典文献和代表性成果进行介绍和讨论，读者可以参考分别收录在 Handbook of Public Economics 丛书第三本和第四本中的这两个章节进行补充。

一、政府提供社会保险的根据

公共经济学领域的研究通常都是从提问政府为何要干预某个特定私人市场开始的，那么政府为何要介入私人保险市场？Diamond（1977）总结了政府提供社会保险的三个根据，分别是市场失灵、再分配和家长主义。

Akerlof（1970）与 Rothschild 和 Stiglitz（1976）的开创性研究提出私人保险市场由于信息不对称而存在逆向选择问题，于是私人保险的提供不充足给政府干预留下了福利改进的空间。先以养老保险为例，年金（Annuity）是一种在理论上可以很好地抵御由于寿命长短而导致的消费不确定性的保险产品。但是，年金市场在历史上长期不存在或至少不活跃的事实似乎证实了逆向选择问题的存在。个人在对自身寿命进行预测上的信息优势导致保险公司只能通过提高保费来维持精算平衡，于是保险公司的逆向选择问题造成市场无法有效提供养老保险。政府通过提供现收现付制的社会养老保险填补了年金市场的提供不足，并且通过其强制性解决了逆向选择问题。再以医疗保险为例，一个很有说服力的"死亡螺旋"（"Death Spiral"）证据来自 Cutler 和 Reber（1998）。他们研究了员工对于哈佛大学医疗保险计划定价调整的反应，该变化使得员工需要支付更高的边际保费以获得更全面的保险。他们发现，定价调整导致选择更全面计划的人数下降，这种下降尤其集中在成本较低的员工（特别是年轻人）中。这促使更全面计划的保费进一步上涨，而保费的上涨又导致更多年轻人选择退出该计划。

搭便车行为是另一种可能存在的市场失灵。如果一个利他主义社会为那些发生不良事件的人提供事后的慈善援助，这可能会减少人们在事前购买保险的动机。也就是说，如果个人知道其他社会成员是利他的，或者相信政府会在他们走投无路时向他们提供援助，那么就会激励人们减少保险的购买。Buchanan（1975）称这一现象为"撒玛利亚人困境"，①即善意的援助行为，助长了受助者的不良习惯，从长远看反而损害了双方的利益，而强制性的社会保险可以减少这种搭便车行为所造成的效率损失。

政府提供社会保险的另一个根据是收入再分配。比如，在常见的养老保险计划中，一个人一生的平均收入越高，他所领取的养老金与所缴纳的养老保险费（或税）相比就越小，也就是说养老保险制度从名义上看是累进的。Steuerle 和 Bakija（1994）对美国不同人群中典型个人的养老保险回报率做了详细的测算，他们得到的结果支持这一假说。但是，Liebman（2001）指出，如果考虑不同收入人群的预期寿命差异，那么养老保险制度的整体累进性将下降。

政府也可能出于家长主义的考虑提供社会保险。先以养老保险为例，一种观点认为如果让人们自己计划，大多数人都不会积累足够的资产以维持退休后的适当消费水平。这可能是因为人们缺乏远见，没有为自己退休后的生活作充足打算。所以，家长主义的观点是应该强制人们储蓄，使他们在退休后仍然能够保持适当的生活水平。这种观点似乎得到了一些数据的支持，比如 Feldstein 和 Liebman（2002）计算了 1992 年户主年龄在 51—61 岁之间的家庭持有金融资产的中位数，得到的结果仅为 1.45 万美元。但是，对于这一现象也存在另一种解释，即人们恰恰是因为对社会养老保险项目未来收益的预期而减少了金融资产的积累。同时，也有学者指出，即使家长主义的理由成立，也不能解释政府为何要制定与退休前平均收入正相关的养老金发放标准，而不是提供一个固定金额的基本养老保障。再以失业保险为例，根据消费平滑的事后应对措施或流动性影响来判断，失业冲击的代价非常大。考虑到这些成本，理性人应当建立足够的缓冲以应对可能发生的失业冲击。但实际上，大多数人只建立了非常有限的缓冲，比如 Chetty（2008）发现当人们刚刚失业时他们所持有的流动资产的中位数只有不到 200 美元。

除了这些传统的解释，一些研究还从政治经济学的角度提供了其他可能的解释。其中，Becker 和 Murphy（1988）将社会养老保险的存在归因于老年人与年轻人之间的代际契约。具体而言，家长在孩子的人力资本上进行投资，然后在孩子工作和父母退休时以养老保险金的形式获得投资回报。但是，由于儿童不能成为可合法执行合同的缔约方，政府通过现收现付制的养老保险计划保障了这种代际契约的执行。

对于以社会保险为核心的现代社会保障制度的建立和演变，由于篇幅关系，我们在这里不做介绍，读者可以参考 Feldstein 和 Liebman（2002）的"2.3 历史演变"和郑功成（2005）的第二章的内容。

---

① 源自于《新约圣经》"路加福音"中耶稣基督讲的寓言：一个犹太人被强盗打劫，受了重伤，躺在路边。有祭司和利未人路过但不闻不问，唯有一个撒玛利亚人路过，不顾教派隔阂善意地照顾他，还自己出钱把犹太人送进旅店。

二、社会保险制度的设计

大量文献分析了政府对私人保险市场失灵的最佳回应。这些文献的目标是找到最优制度,即在最小化道德风险(行为扭曲)的同时尽可能地提供风险共担机制。在决定对某一类型风险提供保险之后,以失业保险为例,政府需要做出以下具体政策选择:失业保险金应当制定在什么水平?保险金水平随着失业时间拉长应当上升还是下降?保险计划的融资是应当对企业还是员工征税?

回答此类政策问题的传统方法是确定结构模型后通过模拟替代政策进行福利分析。在社会保险方面,Wolpin(1987)、Hansen 和 Imrohoroglu(1992)以及 Hopenhayn 和 Nicolini(1997)都是这类研究的范例。Lentz(2009)与 Huggett 和 Parra(2010)提供了更新更前沿的应用。但是,一些学者认为虽然结构方法原则上是分析政策的理想方法,但是在实践中我们很难完全识别所有复杂动态的结构要素。

由于这个问题,最近的研究采用了更加偏重统计学的方法来解决最优政策问题。这种方法寻求最佳策略的公式,而这些公式是一些可估计弹性系数的函数,并且对刻画行为的模型假设相对稳健。这种方法的优点是,它提供了有关最优策略的结果,而这些结果不依赖于结构模型中的易处理性和易识别性所要求的假设。而它的缺点是只能用来分析政策的边际变化,例如从当前观察到的水平逐步改变收益水平的影响。请参阅 Chetty(2009)对这种方法的更详细的讨论。

尽管现收现付制可以追溯到俾斯麦时代,但是直到萨缪尔森(Paul Samuelson)1958 年的经典论文的发表,经济学界才建立了分析现收现付制养老保险的基本框架。特别是,它揭示了现收现付制如何产生一个隐含的收益率,并且等于税基的增长率。除此以外,在萨缪尔森的两期生命周期模型中不存在资本积累,所以现收现付制养老保险给政策实施时的那一代老人提供了一笔意外之财(Windfall)。

Diamond(1965)在萨缪尔森的基础上加入了资本积累,在这种情形下,由于现收现付制养老保险的收益率低于资本的收益率,养老保险计划会造成一定的效率损失。同时,养老保险对劳动供给产生的扭曲也会造成一定的效率损失,Feldstein(1999b)通过测算劳动收入对边际税率的弹性估计了该损失的大小。

如何选择现收现付制养老保险计划的政策参数,使得在每个人出于自身效应最大化对政策做出应对后,社会福利函数可以最大化?Feldstein(1985)在萨缪尔森模型的框架下对这一问题做了最早的回答。由于缺乏资本积累,或者假设人们由于完全缺乏远见而选择不储蓄,这一问题可以简化成如何在生活在同一时间的年轻和年老的两代人间进行资源分配。之后的研究通过逐渐放松萨缪尔森模型中的假设,或者加入更多的考虑因素,丰富了对这一问题的回答。例如,Feldstein(1987b)在模型中加入了个人间的异质性,并且对比了现行的全民覆盖的养老金发放方式与根据经济情况确定是否发放（Means - tested）的方式之间的优劣。Diamond 和 Mirrlees（1978，1986，2000）的一系列论文加入了退休年龄的不确定性，并且分析政府在无法分辨个人是出于自身选择还是健康等不可抗拒因素停止工作的情况下，如何优化现收现付制养老保险计划。

三、社会保险对个人行为的影响

关于社会保险如何影响行为的文献有很多优秀的综述，例如 Krueger 和 Meyer（2002）回顾了关于失业保险、伤残保险和工人补偿影响劳动力供给的文献，以及 Cutler 和 Zeckhauser（2000）或 Cutler（2002）对医疗保险如何影响医疗需求的回顾。

相对于对失业保险和医疗保险影响行为的研究，文献中有更多的研究关注养老保险对行为的影响。现收现付制养老保险制度的存在改变了个人面临的预算约束，因此可能会改变他们的经济行为，特别是他们的储蓄、劳动力供给、退休时间和资产组合。对于每一种行为，已有文献都从理论模型和经验证据的角度分别进行了研究。

（一）储蓄行为

在传统的两期生命周期模型中，如果不考虑养老保险对退休年龄的影响，那么个人对退休后可以获得养老金的预期将替代一部分个人储蓄，这种效应被称作"财富替代效应"（Wealth Substitution Effect）。

Feldstein（1974）和 Munnell（1974）都在模型中考虑了养老保险导致的提前退休对储蓄产生的影响，即由于不工作的年数增加会激励人们在工作时期多为退休后的生活而储蓄，这种效应被称作"退休效应"（Retirement Effect）。

巴罗（Robert Barro）在 1974 年发表的重要论文"Are Government Bonds Net Wealth?"中指出，如果在代际交叠模型中加入父母对子女的馈赠行为，那么现收现付制养老保险与政府债券一样都不会对个人储蓄行为产生影响，这是因为完全理性父母会通过更多的赠予或遗产补偿子女在将来的税后收入减少，这一馈赠效应（bequest effect）抵消了父母收入增加对消费产生的影响，由于李嘉图最早提出了对这一结果的猜想，所以该结论被称作"李嘉图等效"。

综合三种效应，理论模型并不能确定养老保险影响储蓄的方向，于是这一问题成为了实证研究长期关注的焦点。早期的实证研究主要采取时间序列分析，但是 Auerbach 和 Kotlikoff（1983b）通过模拟得出结论，时间序列回归的结果对时间跨度的选取高度敏感。之后的一些研究开始采用横截面分析，即依赖拥有不同养老保险财富的个人所呈现出的消费行为差异。美国国会预算办公室（the U. S. Congressional Budget Office）1998 年回顾了该领域的文献后总结道："尽管估计结果有很大的差异，但横截面证据显示，每 1 美元的养老保险财富可能会导致私人财富减少 0—0.5 美元。"近些年的研究更多地利用一些国家的政策调整所提供的准实验条件，比如 Attanasio 和 Brugiavini（2003）研究了 1992 年意大利养老保险计划的重大改革，他们使用双重差分法比较受改革影响较大的家庭与未受明显影响的家庭在储蓄行为上的变化，得到结果：每 1 美元养老保险财富会挤出大约 0.4 美元的私人储蓄。综上所述，实证研究总体发现社会养老保险对个人储蓄有一定程度的挤出效应。

（二）退休行为

养老保险可以通过多个途径影响退休行为：首先，养老金的收入效应会激励老年人多消费休闲而少工作，从而导致提前退休；其次，许多国家的政策都规定退休是领取养老金的前提条件，导致退休的早晚会直接影响领取养老金的总年数；最后，养老保险还可以通过改变对退休年龄的社会共识等其他机制来影响退休行为。

Gruber 和 Wise（1999）总结了典型发达国家的平均退休年龄在 20 世纪所呈现出的变化，得到的总体趋势是尽管老年工作人群的健康状况和平均寿命都得到了改善，但是大部分发达国家都共同呈现出提前退休的趋势，他们的发现为养老保险影响退休年龄提供了一些支持。Gruber 和 Wise（2004）对 12 个工业化国家的养老保险制度进行了研究，发现开始领取养老金的年龄对退休的可能性有很大影响，养老保险制度总的来说会导致老年人劳动参与率的下降。但是，一些研究也指出并不能把劳动参与率的下降完全归因于养老保险制度的建立，比如 Costa（1998）发现美国男性劳动参与率在 1880—1990 年间的降幅中，有 58% 是发生在美国养老保险计划发放第一笔养老金之前的。

尽管已有实证研究的结果是混合的，并且缺乏对于养老保险影响退休行为的作用机制的识别，但是总的来说，养老保险很可能影响退休行为，只是这种效应的方向、大小和机制都受到很多其他因素的影响。

（三）其他行为

除了对储蓄和退休行为的影响，一些研究还探讨了养老保险对其他行为的影响。比如，Feldstein 和 Samwick（1992）讨论了社会保险税（工薪税）作为一种受益税和个人所得税的差异，并且分析了不同人群所面临的实际边际税率，进而指出社会保险税对年轻人的劳动供给的影响要比个人所得税更复杂。

还有一些研究关注养老保险对个人资产组合的影响。比如，Merton（1983）指出科学设计的养老保险制度可以减少由于人力资本无法交易造成的效率损失，使年轻人可以纠正原本人力资本相对于物质资本占比过高的资产结构。Hubbard（1985）使用美国的横截面数据建立投资组合模型，他发现养老保险财富与其他具有对冲通货膨胀属性的资产持有成反比。

四、养老保险的再分配效应

由于养老保险在社会保险体系中的比重最大,并且在制度设计时就带有明显的再分配考虑,所以社会养老保险的再分配效应一直是学术界关注的焦点之一。

首先,已有文献通过不同人群在养老保险计划中的回报来考察养老保险的再分配效应。尽管养老金的计算公式通常体现出某种累进性,即相对于高收入人群,低收入人群的养老金收益相对于他们所缴纳的工薪税是更高的,但是,不少研究已经发现,除收入以外的很多其他因素也会对养老保险的再分配效应产生重要影响。比如,Liebman(2002)的研究发现,养老保险的再分配效应有很大程度是与收入无关的,诸如寿命长短和配偶领取养老金等因素都会使得一生收入接近的人群在养老保险计划中的净收益有很大差异。

其次,由于养老保险财富至少部分替代其他类型的财富(金融,住房等),在测算财富分配时忽视养老保险财富可能会呈现出不准确的财富分配状况。Gokhale et al.(2000)研究了遗产与财富分配之间的关系,并且指出养老保险可能通过压低中低收入家庭的遗产规模,而加剧了美国家庭财富分配不均。Deaton et al.(2002)研究了养老保险作为一种风险共担机制如何影响财富分配。他们的基本见解是,如果没有这样的制度,财富不均会由于随机回报和收入冲击的累积而随着时间的推移加剧。社会养老保险通过现收现付制养老金替代个人财富积累,从长期减少了财富的不平等。

五、养老保险的长期偿付能力

由于受到人口老龄化和生育率下降等因素的影响,很多国家的现收现付制养老保险计划的长期偿付能力都受到了挑战,于是针对养老保险制度如何改革已经引起了学术界的广泛讨论。

一种观点认为,现行的养老保险制度并非必须进行重大改革。正如 Diamond 和 Orszag(2005)指出,"养老保险的长期财务健康状况,可以通过微调或动大手术来恢复。以我们所见,动大手术既无必要也不可取——可持续偿付能力可以通过渐进改革来实现,即适度地降低退休金与增加收入并举。"在他们的文章中,他们计算了各种政策微调对养老保险长期收支平衡的贡献率,并且得出结论,如果这些微调可以并举,那么并不需要从根本上改变现行制度。

另一种观点认为,应当将现行的现收现付制养老保险转变成完全积累制。近年来,一些国家的确在做着这方面的尝试,包括英国、瑞典、智利、澳大利亚、墨西哥和阿根廷。尽管完全积累制在抵御人口老龄化冲击方面具有优势,但是资本市场的波动所带来的投资风险也是学者们所关注的。比如,Feldstein 和 Ranguelova(1998,2001a)用模型模拟了这些风险的大小,他们假设个人退休账户积累了60%的股票和40%的公司债券,然后将该组合转变成可变年金的形式。在个人退休账户储蓄率为6%的完全积累模型中,尽管67岁时的年金中位数是基准收益(按照现收现付制计算)的2.12倍,但是有大约五分之一的概率是低于基准收益,有大约十分之一的概率低于基准收益的80%。

第二节 中国问题和国内文献中的前沿研究

国内文献中对社会保险的研究与我国在社会保险政策设计、实施和改革过程中遇到的问题紧密相关,这些研究覆盖了法律、人口、劳动与社会保障、保险与精算等多个学科。在这一节中,我们仅从近年来财政学文献所关注的社会保险领域的几个重要问题展开讨论。

一、社会保险的再分配效应

社会保险是调节收入分配的重要工具之一,有专家认为,社会保障制度不健全与不公平是导致居民收入差距扩大的一个非常重要的原因(郑功成,2010)。中国社会科学院课题组2012年在四川、黑龙江、湖南、山西、江苏、海南等省采用经验分层和非严格随机抽样的方法进行了城乡入户问卷调查,对社会保险的收入再分配效应进行了宏观理论分析和实证分析,包括了社会保险收入再分配效应的客观测量与主观评价。王延中等(2016)的研究表明,我国社会保险收入已经成为城乡居民收入的重要组成部分,社会保险在调节收入分配方面发挥的作用日益显著。从总体上看,社会保险制度是缩小收入差距的,但是的确存在一些扩大收入差距的制度安排。由于多方面的原因,我国社会保险制度在调节收入分配方面的效果还存在若干急需解决的重要问题。

社会保险的再分配效应也可以通过受益分配来实现。李永友和郑春荣(2016)指出,公共医疗服务在中国能否消除不同收入群体健康不平等和因病致穷、因病返贫现象,成为矫正社会现金收入分配差距的重要手段,关键取决于谁从公共医疗服务中受益。他们在受益归宿分析框架下,基于CFPS 2008—2012年入户调查数据和保险价值法,对公共医疗服务受益归宿及其收入分配效应进行估计。结果表明,中国新医改后,扩大的医疗保险覆盖面和更高的医疗服务保障能力,不仅提高了公共住院服务受益分配累进性,而且实现了在一定程度上的正义性,使最穷收入分组成为新医改后公共住院服务的最主要受益群体。公共住院服务受益正义分配使中国家庭间收入分配基尼系数下降了5—7个百分点。然而,新医改后,中国公共住院服务受益再分配存在两个明显特征:一是严重偏向最穷收入分组的成本分担显著弱化了公共医疗服务收入再分配效应，使中国家庭间收入分配基尼系数上升2—3个百分点；二是尽管新医改后，中国公共住院服务受益分配在一定程度上更加偏向最穷收入分组，但其产生的再分配效应不是发生在最穷与最富两个收入分组之间，而是发生于前80%收入分组之间，后者造成2010年和2012年中间60%收入分组从公共住院服务中受益不足总收益的30%。

也有研究发现在一些情况下，社会保险可能会加剧不平等。彭晓博和王天宇（2017）使用中国健康与营养调查数据，考察了新型农村合作医疗对中国农村未成年人健康不平等的影响。利用健康集中指数度量不平等程度所进行的实证分析和集中指数分解结果表明，虽然新农合的实施改善了农村地区未成年人的整体健康状况，但不同收入家庭中未成年人群体间的健康差距不断扩大，其中新农合的作用不可小觑，而且其贡献程度随时间推移不断增加。针对医疗服务利用不平等的计量分析证实，收入最高的1/4人群使用预防医疗服务的概率比收入最低的1/4人群高出40%，其中新农合的贡献约占18%。针对报销比例和封顶线对医疗服务利用不平等影响的理论分析和数值模拟结果表明，医疗服务消费增量随财富增加而增加，财富效应被新农合扩大。他们的研究结论证实了新农合加剧未成年人健康不平等现象的客观存在性，这与医疗保险增进公平的价值取向相悖。他们建议进一步完善新农合制度设计，防止其在健康状况普遍改善的情况下成为弱势群体相对健康状况恶化的重要诱因。

二、社会保险与地方财政

我国的社会保险统筹层次在地方政府一级，因此社会保险与地方财政之间的关系一直是国内研究关注的焦点之一。正如郑秉文和孙永勇（2012）所指出的，中国城镇职工基本养老保险制度存在一个悖论：一方面，基金快速增长，支付能力空前提高；但另一方面，在剔除财政补贴之后，却有半数省份企业部门基本养老保险基金收不抵支。中国城镇职工基本养老保险财务状况存在的这种巨大差异性，是各省之间不同的历史债务、制度赡养率、经济发展水平、劳动力流动空间分布等四个因素共同作用的结果。解决这个问题的根本出路在于实现全国统筹，因为在全国统筹条件下，14个省份的当期支付缺口将会被养老保险基金的快速增长和支付能力的空前提高所"内在化"。但是，统筹层次提高到全国水平将存在普遍的道德风险和逆向选择问题，最终有可能致使养老保险制度陷入较大的财务风险之中。这就是目前仍以县、市统筹为主，只有四五个省份实现省级统筹的主要原因。基于这个分析，在一定时期内，半数省份收不抵支的解决办法只能是依靠财政转移支付，其结果必然是一方面推动养老保险基金规模不断增长；另一方面，在养老保险基金投资体制十分落后和投资回报率十分低下的情况下，财政资金宏观运用低效。

邵挺（2010）指出人口老龄化进程中的养老保险体系选择是我国在未来几十年内将面

临的一项重大挑战。从长期来看,以基金制为核心的养老保险制度可以维持整个体系可持续的均衡运行,但在省级统筹的前提下各地方政府的财政能力会显著影响基金制运行的市场效率。通过构建一个简单的理论模型,他推断:如果各地的财政能力相差过大,基金制改革只会进一步拉大各地养老基金运行效率的差距。他认为,目前尚处在省级统筹层次的养老保险体系还不具备从现收现付制向基金制转变的条件,只有提高统筹层次,尽快建立起全国统筹的养老保险体系,才能为如此重大的制度转轨奠定坚实的基础。

财政分权、城镇化是城乡居民养老保险运行的两大宏观背景。我国社会基本养老保险已经实现了"制度全覆盖",而如何由"制度全覆盖"到"实际全覆盖"则成为我国社会基本养老保险制度推行的下一个工作核心。王晓洁和王丽(2015)运用2009—2012年省级面板数据,采用回归方法构建了两个递进实证计量模型,考察了财政分权体制下城镇化对城乡居民养老保险参保率的影响。结果表明,现有财政分权体制对城乡居民养老保险的参保具有较为明显的抑制性反向作用,不利于全覆盖的实现;而城镇化水平对城乡居民养老保险的参保则有正向的促进作用,有助于全覆盖的实现。由此,他们提出加快提升城镇化水平、充实地方财力、构建事权与支出责任相匹配体制、加大政府就业支持等政策建议。

三、社会保险对家庭行为的影响

社会保险可以通过提供收入保障而减少家庭的预防性储蓄,但是,考虑到家庭可能面临信贷约束,当期社会保险缴费可能会减少当期可支配收入,进而抑制消费,从而提高储蓄率。白重恩等(2012)利用农村引入新型农村合作医疗这一政策变化来研究医疗保险的获得对农村居民消费的影响。结果表明,新农合使得非医疗支出类的家庭消费增加了约5.6个百分点。这一正向作用随医疗保险保障水平的提高而增强,而且在没有医疗支出的家庭中仍然存在。同时,新农合对消费的正向影响在收入较低或健康状况较差的家庭中更强。这些结果都与医疗保险减少了预防性储蓄的假说相一致。他们还发现,新农合的效果随农户在这个项目中的经历而变化。实际上只有在那些有村民获得保险补偿的村子,保险对消费的正向影响才显著,而且在这些村子中,新农合对新加入农户的消费的影响明显小于对参合一年以上农户的消费的影响。

社会保险虽然通过强制性解决了商业保险市场存在的逆向选择问题,但是仍然没有办法避免道德风险的存在。傅虹桥等(2017)运用中国老年人健康长寿影响因素调查数据对医疗保险(新农合)扩张引致的事前道德风险及其异质性进行了研究。文章发现事前道德风险的存在:虽然老年人或多或少会减少吸烟和减少过度饮酒,同时增加锻炼,但是参加新农合的老人在这些方面的改善行为相对较少。文章还发现事前道德风险在不同健康人群中存在明显的异质性:健康较好的群体影响更强,健康较差的人群影响几乎不存在。他们建议新农合应该更多地涵盖预防保健服务。

社会保险也可能影响家庭的生育行为。王天宇和彭晓博（2015）考察了新型农村合作医疗制度的建立对居民生育意愿的影响。基于两期家庭决策模型的分析表明，带有补贴的新农合会对生育数量产生两种方向相反的效应：收入效应和挤出效应，前者导致生育意愿的提高，后者导致生育意愿的下降。利用中国健康与营养调查（CHNS）2000—2009年的数据，他们发现挤出效应占主导地位，参加新农合使居民想再要孩子的意愿降低了3%—10%。

四、对社会保险征缴行为的研究

中国城镇社会保险覆盖面增加缓慢，企业不遵守社保缴费规定的现象普遍存在。封进（2013）采用2004—2007年四个省份的制造业企业微观数据，研究制造业参加社会保险的内在激励。我国政策缴费率存在地区间差异，研究发现，随着政策缴费率的增加，企业的实际缴费率呈现先上涨再下降的趋势。而且在不同政策缴费率地区，企业的特征对参保的影响不尽相同：私营、中国港台和外资企业在低缴费率地区相对于其他企业参保程度并没有下降；人力资本水平、外向型程度在低缴费率地区对企业参保程度影响不明显，而在中缴费率和高缴费率地区却有明显的负向影响。模拟表明，将较高的政策缴费率下调5个百分点，可以使实际缴费率提高0.48—1.35个百分点，反而可以增加基金收入。

赵静等（2016）使用中国城镇住户调查数据和规模以上工业企业数据，实证分析了社会保险缴费率对职工和企业逃避社会保险缴费的影响。研究发现，在较高的社会保险法定缴费率下：企业参保概率显著降低，但职工参保概率不受影响；法定缴费率与实际缴费率的差距显著扩大，即参保职工和参保企业的缴费水平降低了；高教育水平、高职位、高龄和国有集体经济的职工，以及中小企业和民营企业，其逃避费倾向更强；在流动人口占总人口比例较高的城市，企业的逃避费行为更严重。

筹资是社会保险制度运行的基础，而筹资机构的选择是社会保险制度设计的关键环节。在中国社会保险费征缴体制中，地方税务机构和社会保险经办机构并存，形成二元征缴局面。为什么这一权力分散的格局得以延续多年？由谁征收社会保险费更有利于社会保险事业的发展？刘军强（2011）认为两种征缴方式各具优势，与征缴相对应的权力以及征缴所带来的资金流和人事编制才是双方相持不下的动因。他的研究追踪了1999—2008年各省级单位征缴主体的变迁，并构建了一个历时10年的面板数据库。统计分析发现，地方税务机构征收社会保险费更有利于扩大社会保险覆盖面，有利于促进社会保险基金收入增长。

文献索引

[1] 白重恩,李宏彬,吴斌珍. 医疗保险与消费:来自新型农村合作医疗的证据 [J]. 经济研究, 2012, 47 (02): 41-53.

[2] 封进. 中国城镇职工社会保险制度的参与激励 [J]. 经济研究, 2013, 48 (07): 104-117.

[3] 傅虹桥,袁东,雷晓燕. 健康水平、医疗保险与事前道德风险——来自新农合的经验证据 [J]. 经济学(季刊), 2017, 16 (02): 599-620.

[4] 李永友,郑春荣. 我国公共医疗服务受益归宿及其收入分配效应——基于入户调查数据的微观分析 [J]. 经济研究, 2016, 51 (07): 132-146.

[5] 刘军强. 资源、激励与部门利益:中国社会保险征缴体制的纵贯研究(1999—2008)[J]. 中国社会科学, 2011 (03): 139-156+223.

[6] 彭晓博,王天宇. 社会医疗保险缓解了未成年人健康不平等吗 [J]. 中国工业经济, 2017 (12): 59-77.

[7] 邵挺. 养老保险体系从现收现付制向基金制转变的时机到了吗?——基于地方财政能力差异的视角 [J]. 财贸经济, 2010 (11): 71-76.

[8] 王天宇,彭晓博. 社会保障对生育意愿的影响:来自新型农村合作医疗的证据 [J]. 经济研究, 2015, 50 (02): 103-117.

[9] 王晓洁,王丽. 财政分权、城镇化与城乡居民养老保险全覆盖——基于中国 2009-2012 年省级面板数据的分析 [J]. 财贸经济, 2015 (11): 75-87.

[10] 王延中,龙玉其,江翠萍,徐强. 中国社会保障收入再分配效应研究——以社会保险为例 [J]. 经济研究, 2016, 51 (02): 4-15+41.

[11] 赵静,毛捷,张磊. 社会保险缴费率、参保概率与缴费水平——对职工和企业逃避费行为的经验研究 [J]. 经济学(季刊), 2016, 15 (01): 341-372.

[12] 郑秉文,孙永勇. 对中国城镇职工基本养老保险现状的反思——半数省份收不抵支的本质、成因与对策 [J]. 上海大学学报(社会科学版), 2012, 29 (03): 1-16.

[13] 郑功成. 社会保障:调节收入分配的基本制度保障 [J]. 中国党政干部论坛, 2010 (6): 19-22.

[14] 郑功成. 社会保障概论 [M]. 上海:复旦大学出版社, 2005.

[15] AKERLOF G A. The market for lemons: quality uncertainty and the market mechanism [J]. Quarterly journal of economics, 1970, 84 (3): 488-500.

[16] ATTANASIO O P, BRUGIAVINI A. Social security and households' saving [J]. Quarterly journal of economics, 2003, 118 (3): 1075-1119.

[17] AUERBACH A J, KOTLIKOFF L J. An examination of empirical tests of social security and savings [M]. New York: Academic Press, 1983.

[18] BARRO R J. Are government bonds net wealth? [J]. Journal of political economy, 1974, 82 (6): 1095-1117.

[19] BECKER G S, MURPHY K M. The family and the state [J]. Journal of law & economics, 1988, 31 (1): 1-18.

[20] BUCHANAN, J. The samaritan's dilemma [M]. New York: Russell Sage, 1975.

[21] CHETTY R, FINKELSTEIN A. Social Insurance: connecting theory to data. in A. J. Auerbach, R. Chetty, M. Feldstein & E. Saez (Eds.), handbook of public economics [M]. Amsterdam, North Holland: Elsevier B. V, 2013.

[22] CHETTY R. Moral hazard versus liquidity and optimal unemployment insurance [J]. Journal of political economy, 2008, 116 (2): 173-234.

[23] CHETTY R. Sufficient statistics for welfare analysis: a bridge between structural and reduced-form methods [J]. Annual review of economics, 2009, 1 (1): 451-488.

[24] CONGRESSIONAL BUDGET OFFICE (CBO). Social security and private saving: a review of the empirical evidence [M]. Washington, DC: Government Printing Office, 1998.

[25] COSTA D. The evolution of retirement: an American economic history, 1880-1990 [M]. Chicago: University of Chicago Press, 1998.

[26] CUTLER D M, REBER S J. Paying for health insurance: the trade-off between competition and adverse selection [J]. Quarterly journal of economics, 1998, 113 (2), 433-466.

[27] CUTLER D M, Zeckhauser R J. The anatomy of health insurance. in A. J. Culyer & J. P. Newhouse (Eds.), handbook of health economics [M]. Amsterdam, North Holland: Elsevier, 2000.

[28] CUTLER D M. Health care and the public sector. in A. J. Auerbach & M. Feldstein (Eds.), handbook of public economics (1st ed) (Vol. 4) [M]. Amsterdam, North Holland: Elsevier, 2002.

[29] DEATON A, GOURINCHAS P-O, PAXSON C. Social security and inequality over the life cycle, in: M. Feldstein and J. Liebman, eds., distributional aspects of social security and social security reform [M]. Chicago: University of Chicago Press, 2002.

[30] DIAMOND P A, MIRRLEES J. A model of social insurance with variable retirement [J]. Journal of public economics, 1978, 10 (3): 295-336.

[31] DIAMOND P A, MIRRLEES J. Adjusting one's standard of living: two period models, in: P. J. Hammond and G. D. Myles, eds., incentives, organization, and public economics [M]. Oxford: Oxford University Press, 2000.

[32] DIAMOND P A, MIRRLEES J. Payroll-tax financed social insurance with variable retirement [J]. Scandinavian journal of economics, 1986, 88: 25-50.

[33] DIAMOND P A, ORSZAG P R. Saving social security [J]. Journal of economic perspectives, 2005, 19 (2): 11-32.

[34] DIAMOND P A. A framework for social security analysis [J]. Journal of public economics, 1977, 8 (3): 275-298.

[35] DIAMOND P A. National Debt in a neoclassical growth model [J]. American economic review, 1965, 55 (5): 1126-1150.

[36] FELDSTEIN M. The optimal level of social security benefits [J]. Quarterly journal of economics,

1985, 100 (2): 303 – 320.

[37] FELDSTEIN M, LIEBMAN J B. Social security. In A. J. Auerbach & M. Feldstein (Eds.), handbook of public economics (Vol. 4, pp. 2245 – 2324) [M]. Amsterdam, North Holland: Elsevier Science B. V, 2002.

[38] FELDSTEIN M, RANGUELOVA E. Individual risk and intergenerational risk sharing in an investment based social security system. NBER working paper, No. 6839, 1998.

[39] FELDSTEIN M, RANGUELOVA E. Individual risk in an investment based social security system [J]. American economic review, 2001, 91 (4): 1116 – 1135.

[40] FELDSTEIN M, SAMWICK A. Social security rules and marginal tax rates [J]. National tax journal, 1992, 45: 1 – 22.

[41] FELDSTEIN M. Social security, induced retirement and aggregate capital accumulation [J]. Journal of political economy, 1974, 82: 905 – 926.

[42] FELDSTEIN M. Tax avoidance and the deadweight loss of the income tax [J]. Review of economics and statistics, 1999, 81 (4): 674 – 680.

[43] FELDSTEIN M. Should social security be means tested? [J]. Journal of political economy, 1987, 95: 468 – 484.

[44] GOKHALE J, KOTLIKOFF L J, Sefton J, WEALE M. Simulating the transmission of wealth inequality via bequests [J]. Journal of public economics, 2001, 79 (1): 93 – 128.

[45] GRUBER J, WISE D. Social security programs and retirement around the world [M]. Chicago: University of Chicago Press, 2004.

[46] GRUBER J, WISE D A. Introduction and summary, in: J. Gruber and D. A. Wise, eds., social security and retirement programs around the world [M]. Chicago: University of Chicago Press, 1999.

[47] HANSEN G D, IMROHOROGLU A. The role of unemployment insurance in an economy with liquidity constraints and moral hazard [J]. Journal of political economy, 1992, 100 (1): 118 – 142.

[48] HOPENHAYN H A, NICOLINI J P. Optimal unemployment insurance [J]. Journal of political economy, 1997, 105 (2): 412 – 438.

[49] HUBBARD R G. Personal taxation, pension wealth, and portfolio composition [J]. Review of economics and statistics, 1985, 67: 53 – 60.

[50] HUGGETT M, PARRA J C. How well does the US social insurance system provide social insurance? [J]. Journal of political economy, 2010, 118 (1): 76 – 112.

[51] KRUEGER A B, MEYER B D. Labor supply effects of social insurance. In A. J. Auerbach & M. Feldstein (Eds.), handbook of public economics (1st ed.). (Vol. 4) [M]. Amsterdam, North Holland: Elsevier, 2002.

[52] LENTZ R. Optimal unemployment insurance in an estimated job search model with savings [J]. Review of economic dynamics, 2009, 12 (1): 37 – 57.

[53] LIEBMAN J. Redistribution in the current U. S. social security program, in: M. Feldstein and J. Liebman, eds., distributional aspects of social security and social security reform [M]. Chicago: University of

Chicago Press, 2002.

［54］LIEBMAN J. Redistribution in the current US social security system. NBER working paper, No. 8625, 2001.

［55］MERTON R. On the role of social security as a means for efficient risk sharing in an economy where human capital is not tradable, in: Z. Bodie and J. B. Shoven, eds., financial aspects of the United States pension system ［M］. Chicago: University of Chicago Press, 1983.

［56］MUNNELL A H. Impact of social security on personal savings, National Tax Journal, 1974, 27: 553 -567.

［57］ROTHSCHILD M, STIGLITZ J E. Equilibrium in competitive insurance markets: an essay on the economics of imperfect information ［J］. Quarterly journal of economics, 1976, 90 (4): 630 -649.

［58］SAMUELSON P A. An exact consumption loan model of interest with or without the social contrivance of money ［J］. Journal of political economy, 1958, 66: 467 -482.

［59］STEUERLE C E, BAKIJA J M. Retooling social security for the 21st Century ［M］. Washington, D. C. : Urban Institute Press, 1994.

［60］WOLPIN K I. Estimating a structural search model: the transition from school to work ［J］. Econometrica, 1987, 55 (4): 801 -817.

第六章

地方政府债务风险

公共信用是力量和安全的非常重要的源泉,我们应该珍惜它。

——乔治·华盛顿

中国地方政府的债务风险是否可控已经成为当前中国经济健康状况的重要指针之一。经济变量、财务变量、债务变量和管理变量是影响地方政府偿债能力的四个维度。地方政府债务风险从本质上说是一种政府信用风险,针对地方债务蕴含的风险,国外学者认为应遵循"黄金法则"和"可持续投资法则"。国内学者大多关注地方债务扩张过程中产生损失的不确定性的累积,其中地方政府债务风险失控的原因在于:"公共池"问题、软预算约束问题和地方政府竞争。与西方国家相比,我国地方政府债务问题具有特殊性。在不具备发债的法律权利背景下,地方政府仍通过组建融资平台公司进行借债,形成了巨额的隐性负债。《预算法》修订尽管规范了地方政府的发债方式,但是地方融资冲动没有得到有效遏制,债务扩张带来的财政风险和金融风险仍然堪忧。

地方政府举债是工业化、城镇化过程中的必然选择，地方政府的合理适度举债也有利于基础设施等投资的代际公平。但是，如果监管缺位、过度举债则可能会引发债务危机，进而影响经济社会的可持续发展。一方面，研究显示，由于中国地方政府债务大多投向基础设施领域，形成了大量的资产，是推动城镇化以及未来经济增长的重要基础，总量上可控，主要的风险表现为区域失衡和结构错配（郭玉清等，2016）。另一方面，中国地方政府债务呈现明显的"以时间换空间"的特征（何杨、满燕云，2012），高度依赖地方政府的国有土地使用权出让收入偿还债务，在经济增速下行和经济结构调整的新常态下，债务的流动性风险聚集。建立规范的地方政府举债融资机制，因此我国迫切地需要从体制、机制入手，加强对我国地方政府债务举借、使用、管理和偿还的管理，建立"借、用、还"相统一的地方政府债务管理机制，切实防范化解债务风险。

第一节 地方政府偿债能力

在公共财政领域，地方政府债务融资的偿债能力，是指在法律限制内，不超过借债人偿还债务能力的融资金额或偿债义务（Smith，1998）。理论研究对地方政府的偿债能力进行了探讨。其中，债务占 GDP 的比重是常用的指标，Patillo，Poisson 和 Ricci（2002）提出，债务占 GDP 的比重超过 40%，可能会对经济增长有负面影响。Detragiache 和 Spilimbergo（2001）发现，债务超过 GDP 的 40% 会显著增加发生债务危机的比重。很多的实证研究将财政风险与其发行的债券（包括票面利率和评级）直接挂钩，如 Alesina 等人（1992）对加拿大、法国、爱尔兰、意大利、日本、西班牙、英国和美国等 12 个 OECD 国家 1974—1989 年的经验数据进行实证分析，用政府融资利率与私人部门融资利率的比率作为衡量政府债务违约风险的重要指标。

国际组织对于地方政府债务可持续性的研究（Debt Sustainability）主要关注发展中国家以及贫穷国家的债务偿还能力。IMF（2005）建立了以稳定债务占 GDP 比重的基础财政收支计算公式。基础财政收支随着国内债务和国外债务以及折旧率的上升而上升，并随着 GDP 增长率的上升而下降。Edwards 和 Vergara（2002）建立了针对世界银行和国际货币基金组织"重债穷国减债计划（HIPC Initiative）援助的贫穷国家的财政可持续性模型，结果在于要减少当前的债务/GDP 比重。金融危机发生之后，Estache（2010）、Canuto 和 Liu（2010）以及 Liu 和 Pradelli（2012）都对过去的地方政府偿债能力评估方法进行了新的改进，地方融资平台等融资方式形成的债务也被纳入考量的范围。这些研究提出，为了反映地方融资平台在地方政府债务融资中的作用，在指标设计中应同时考虑地方政府的一般预算和融资平台公司的财务状况，全面地考察地方政府的整体债务状况。

影响地方政府偿债能力的因素，主要包括经济变量、财务变量、债务变量和管理变量四个方面。

第一，影响地方政府偿债能力的经济变量，包括经济增长、人口、人均收入、储蓄水平、产业结构等经济社会状况。Alfred Greiner 和 Bettina Fincke（2009）从债务与经济增长的关系入手，通过经济增长模型，对债务的可持续性进行了深入的研究。部分研究认为人均收入会影响对资本产品的需求，因此促使地方政府建设更多的资本项目，导致负债增加（Foot，1977；Hulten 和 Peterson，1984；Farnham，1985）。但有的学者也认为人均收入对负债规模是负影响（Adams，1977）。Pogue（1970）则发现，人均收入没有显著影响政府负债规模，但人口的影响是显著的。Hempel（1973），Kulten 和 Peterson（1984）与 Rivers 和 Yates（1997）从理论上论证了人口增长会导致公共服务需求和资本存量的上升，因而对应着更高的债务负担。Mitchell（1967）提出了"转移现象"（devolution phenomenon），即更大的人口规模和财富对应着更高的负债规模。

第二，影响地方政府偿债能力的财务变量，及地方政府的财政状况，尤其是地方政府的自有收入多少，对地方政府偿债能力有显著的影响。市场关注地方政府还本付息的能力，自有收入是还本付息的基本保证（Zehms，1991）。Bayoumi，Goldstein 和 Woglom（1995），Poterba 和 Rueben（2001）等利用美国市政债券的数据进行实证研究表明，预算平衡规则能够降低借债的成本。Raju（2011）对印度地方政府的财政健康进行实证研究发现，可持续收入、基本预算平衡可以改善地方政府的整体财政状况。

第三，影响地方政府偿债能力的债务变量。债务负担反映了县级城市过去的债务存量，影响地方政府在未来一段时间的现金流量，是衡量能够新增债务的重要因素（Wang，Dennis 和 Tu，2007）。

第四，影响地方政府偿债能力的管理变量。Ammar，Duncombe，Hou，Jump 和 Wright（2001）在已有地方政府偿债能力评估方法基础上提出了模糊规则化方法，来衡量地方政府的整体财务状况。在研究中主要关注地方政府债务的限制性规则对偿债能力的影响，并且得出的结论大多为正（Palumbo 和 Zaporowski，2012）。

近年来，国内学者对地方政府债务风险和债务管理的关注日益增加。研究从地方政府债务的成因、影响、管控等方面进行了理论分析和研究梳理，建立了地方政府债务风险预警与控制的理论框架（马拴友，2001；方红生、张军，2009；贾俊雪、郭庆旺，2011；等）。有的运用地方财政负债风险的各种指标进行估算，得出的初步结论都为基本可控（李伯涛，2009；冉光和等，2010；谢征、陈光焱，2012；等），但是由于可获得的融资平台债务数据并不全面和准确，使得简单指标的计算结果可能存在偏差。有的从财政体制、平台管理、金融运行等方面对地方政府债务融资的显著风险进行了分析（贾康，2009；巴曙松，2009），但是缺少实证和定量的证据。也有研究从政府资产负债表入手，来分析政府的债务风险，并引入了政府或有负债进行分析，但是尚未形成对地方政府进行资产负债实证研究的可行性办法（沈沛龙、樊欢，2012；郁建兴、高翔，2012）。在债务风险方面，一般是采取线性加权预警指数方法衡量风险程度（裴育，2003；王亚芬、梁云芳，2004；丛树海，2005）。这种方法的研究思路是通过设定一套指标体系，尽可能全面地反映收入、支出、国债、赤字等各种财政体制内和经济、金融、政策、制度等财政体制外的风险要素，附以统计、计量方法或经人为判断的方式确定指标赋值区间和权重，将指标值转化为概念化的综合指数来反映风险程度。这种方法具有简单、直观、便于作经验分析的优势，但是由于线性关系的合理性、指标设计的完整性、预警系统的可操作性等受到质疑。平新乔（2000）等也曾意识到仅考虑政府举债行为对研究财政风险的局限性，从政府资源角度设置了与债务矩阵相对应的风险对冲矩阵（Fiscal Hedge Matrix），郭玉清（2011）尝试通过逾期债务的概念构建财政风险的传导路径和预警机制。

第二节　地方政府债务风险

一、对于地方政府债务风险的认识

地方政府的债务风险从本质上来说是一种政府信用风险。Horton（1972）认为，政府违约事件一旦在经济繁荣时期发生，意味着经济萧条将随之而来，违约特征一般表现为政府债务增速超过居民收入增速。Alberto 和 Tabellini（1992）认为政府债务风险不仅来自政府因债务违约而导致的信用下降，也包括因债务规模膨胀而带来的货币贬值风险。还有部分学者把政府债务风险与财政不可持续相联系。Buiter（1985）认为财政可持续是指政府作为经济实体的财政存续状态或能力，当政府具有债务偿还能力时则其财政可持续；反之，则政府面临破产违约风险。Blanchard 等（1990）从净债务占 GDP 的比重来考虑，认为当财政收支水平确定时，政府如果能够在所考虑时期内保持该比重不变，则此时确立的财政收支可持续；反之，则存在风险。Frenke 和 Razin（1996）认为如果政府债务不可持续，则财政政策会发生急剧变化，进而导致政府预算失衡，以及因政府无法偿还债务而损害投资人利益。Hana（1998）将政府面临的财政风险定义为融资压力，提出在预算平衡目标下政府为实现既定财政目标，倾向于选择预算外的形式，因此其面临的财政风险与不确定性更大。随后，众多学者开始深入研究或有债务估计、债务风险转移等课题。Alam 和 Sundberg（2002）指出财政收支结构可以清晰判断财政风险；Easterly 和 Yuravlivke（2002）通过考察资产负债表对债务缺口进行估计，进而评价政府的隐性或有负债；Alien Schick（1998）从预算视角对或有负债进行考察，认为政府在对待隐性负债方面具有倾向性。

针对地方政府举债蕴含的风险,一种观点认为,地方政府应遵循"黄金法则",严格限制债务融资投向公共基础设施之外的领域。只要政府举债能取得良好的经济绩效,负债率就被不断扩大的经济容量所稀释,使政府举债具备中长期视角的可持续性。其反例是,那些未能严谨遵循举债黄金法则的国家,如匈牙利、印度和俄罗斯,将大量债务资金贴补经常性收支赤字,最终导致地方政府陷入无力偿债的困境(Liu 和 Waibel,2006)。另一种观点则认为在"黄金法则"之外,地方政府举债还应遵循"可持续投资法则",避免陷入转滚偿债的"庞氏骗局"(Burnside,2005;Emmerson et al.,2006)。典型的案例就是巴西、墨西哥、南非的一些地方政府将债务融资投向公共基础设施,却同样出现了脆弱的财政状况,引发大范围债务违约。这是由于政府举债支撑的公益性项目很难短期内贡献稳定充裕的利润流,而非常规举债又往往存在期限短、利率高的弊端,致使资产负债期限结构的错配现象非常严重。当地方财政入不敷出达到一定规模时,资金链断裂同样难以避免,甚至可能通过区域间的竞争示范效应向更大的地域空间蔓延。

国内关于地方政府债务风险的研究大多也是重点关注地方政府债务在增长过程中所产生的损失的不确定性。马海涛、吕强(2004)认为地方政府债务风险是指地方政府债务到期后无法得到清偿的风险,以及由此引发的其他风险;时红秀(2010)认为地方政府债务风险在微观和宏观两个层面均有体现,微观层面的风险是指因政府无力偿还债务而带来的风险,宏观层面的风险是指地方政府债务对宏观经济和政策所产生的影响;韩增华(2011)认为地方政府债务风险表现为当期财政收入难以维持当期财政支出所需。缪小林、伏润民(2012)认为地方政府债务风险可以被分为承债压力风险和偿债能力风险两类。缪小林、伏润民(2013)将地方政府债务风险理解为因债务的超常规增长所形成的危害预期,这种危害除了影响政府自身财政运行外,还通过风险传导机制破坏中央财政、金融系统和经济运行。

理论研究还指出,地方政府债务风险失控的原因有以下几个:一是"公共池"问题,也就是个别地方政府债务引起的问题将由其他的地方政府来共同承担,助长了个别地方政府超过自身偿还能力进行借债。二是软预算约束问题,中央政府往往会成为地方债务的最后兜底人。即使有的中央政策做出不救助的承诺,但是短期内造成的地方公共物品供应不足、工资和养老金拖欠以及对经济社会稳定的影响使得中央政府难以完全袖手旁观。三是地方政府之间的竞争也使得地方政府债务规模不断扩大(Singh 和 Plekhanov,2005;等)。不少文献讨论过中国地方政府之间的标尺竞争,其积极的效果体现为基础设施投资的增长,但也使得为基础设施融资的资金缺口不断增大。另外,政治体制、政府预算等方面的缺陷也都助长了地方债务的扩张(何杨,2012)。

与西方国家相比,我国地方政府的债务问题具有其特殊性(郭杰,杨杰,2010)。在不具备发债的法律权利①背景下,通过组建融资平台公司进行借债,可以说是中国地方政府"天才的发明"。首先,地方融资平台的负债不体现在地方政府的资产负债表上,地方政府对投融资公司的担保是一种模糊的集体责任;其次,地方政府是融资平台公司的实际股东,可以真正参与基础设施和公共设施的经营。地方投融资平台的收入既有地方政府的财政补贴,也有自身投资经营所得;最后,融资平台有地方政府的支持,在"地方政府不会破产,政府平台公司不会破产"的共识下,很容易受到商业银行,尤其是国有商业银行的青睐。因此,地方官员有着强烈的冲动,将地方融资平台的融资功能发挥到极致。2010年底融资平台公司的数量从2009年5月初步统计的3 800多家猛增到1万余家,不少属于半年之内草草建立的"空壳公司"。而地方政府却借这些平台公司撬动了巨额的信贷资金,2010年第一季度的银行新增贷款中,有40%流向了融资平台。2010年全年,长三角、珠三角和环渤海地区的融资平台贷款余额分别占到30%、11%和20%②。

已有文献对中国地方政府借债行为及其风险的理解从土地制度、财政制度和经济发展模式几个层面进行了分析。

首先,中国政府之所以能够大规模地"以地生财"与地方政府在土地管理、经营和利益分配中的垄断地位密切相关。1986年和1998年的《土地管理法》都明确:"任何单位和个人进行建设,需要使用土地的,必须依法申请使用国有土地"。作为1994年分税制改革税权集中的交换,中央政府将土地出让的收益权让渡给了地方政府,地方政府可以自由地支配这些土地出让收入。虽然2007年土地出让收入被纳入预算管理,但收入仍然归地方国库所有(TSUI,2011)。地方政府作为农地征用市场的唯一买方和市地一级市场供应的唯一卖方,享有绝对的垄断地位。另外,由于其对土地收益第二财政的高度依赖,他们与开发商和金融机构形成利益同盟,因此在土地市场中既是运动员,又是裁判员(邬丽平,2006)。并且,土地带给中国地方政府的收益是多方面的:(1)出让土地使用权一次性收入的土地出让金,这部分收入占地方政府收入的比重越来越大;(2)通过出让工业用地招商引资,带动地方经济的发展;(3)扩张城市规模,促进建筑业和房地产业的发展,带动地方税收收入的增加;(4)以土地或土地收入为抵押进行各种方式的融资(赵国玲、胡贤辉和杨钢桥,2008)。

其次,原有的财政体制也导致了地方政府无节制地征地和借债。1994年实行相对较为集权的分税制财政体制之后,地方政府面临财权减少而事权下放,自上而下的转移支付难以满足投资需要的困境,主要是对上问责的地方政府就开始积极地通过其他途径筹集资金,尤其是土地出让、各种行政事业收费为主体的预算外收入来源(陶然等,2007;

---

① 《中华人民共和国预算法》规定:地方各级预算按照量入为出、收支平衡的原则编制,不列赤字,除法律和国务院另有规定外,地方政府不得发行地方政府债券。

② 新华网."地方政府融资平台缘何遭遇加强管理",网址为http://news.xinhuanet.com/politics/2010-06/15/c_12222674.htm。

Wong 和 Bird，2005）。分税制改革还重新塑造了地方政府的行为模式。随着由依靠企业税收变成了依靠其他税收尤其是营业税，地方政府发展经济的重点从扶持本地企业转变为依靠土地经营城市。尤其是 2002 年之后，原来属于地方税收的企业所得税和个人所得税变为共享收入（中央占 60%、地方占 40%），这使得地方政府能够从发展企业中获得的税收收入进一步减少，同时使得地方政府对营业税的倚重进一步加强，而建筑业是营业税的第一大户。并且，由于分税制只是规范了预算内的财政收入的运作方式，而没有对预算外和非预算资金进行更加规范化的管理，地方政府逐步将财政收入的重点由预算内转到预算外、由预算外转到非预算，从侧重"工业化"到侧重"城市化"（周飞舟，2006；Wong，2000）。

最后，目前的经济增长模式需要地方政府通过土地吸引投资并通过平台借款获得启动资金。随着国有企业、乡镇企业改制、重组乃至破产逐渐完成，20 世纪 90 年代中后期以来地方政府，尤其是沿海的地方政府开始大规模建设各种开发区，仅广东省 2004 年开发区数量就达到 499 个①。在 2003 年清理整顿之前，全国各类开发区有 6 866 个，规划面积 3.86 万平方公里，经过清理整顿，到 2006 年，开发区数量压缩到 1 568 个，规划面积压缩到 9 949 平方公里。这些开发区的企业大多是"两头在外"或"一头在外"，即原材料可能来自于本地或其他地方，产成品则往往是为其他地区乃至国外生产。在外需旺盛的时期，开发区不仅为当地创造了大量的就业，还拉动了当地经济尤其是服务业的发展。因此，为了吸引更多的企业到开发区投资，缺乏税收竞争工具的地方政府不得不使用廉价工业用地和补贴性配套基础设施，以及降低劳工、环保管制要求等（陶然等，2009）。在很多地方，基础设施完备的工业用地仅以名义价格，甚至所谓的"零地价"被出让，而地方政府需要事先支付征地和基础设施配套成本。这些资金从何而来？资金匮乏而又不允许发债的地方政府只能转向依靠融资平台公司进行借款。

一些研究对这种土地拉动型地方发展模式进行了质疑。世界银行城市化与土地制度改革课题组（2005）在调研中国部分地区土地开发、基础设施投资和扩大地方建设规模以带动城市化的模式，对以土地为依托的城市化的可持续性充满忧虑。国务院发展研究中心地方债务课题组（2006）对地方债务进行初步摸底，分析了地方融资平台运行中存在的问题。秦德安、田靖宇（2010）认为地方融资平台存在着债务风险、管理风险和潜在风险，而债务风险可能最终演化为金融风险和财政风险。TSUI（2011）对中国以土地拉动的基础设施建设模式进行了分析，指出土地成为地方政府获得暴利的工具以及融资的诱饵和杠杆。Shih（2004，2010）通过对中国银行的运行绩效研究以及银行和政府间的贷款规模的初步估算，预警中国可能将面临地方政府债务违约和银行信贷危机。

---

① "开发区数量减少八成"，《华南新闻》，2005 年 1 月 28 日第一版。

二、地方政府债务风险的衡量

国外关于地方政府债务风险的研究，主要集中于财政风险，其量度方法一种是以 Polackova（1998）为代表的财政风险矩阵方法，主要关注财政的支出方面，即财政预期支出的压力。另一种描述财政风险的方法是欧盟国家常使用的风险指标法，其中财政赤字/GDP 的比率以及政府债务/GDP 的比率是两个最常用的指标，前者侧重对财政短期风险的度量，后者侧重对财政可持续的度量，即财政的长期风险。Abdul 和 Ostry（2005）对发展中国家财政风险进行评估，评估方法大多采用或有权益法（Contingent Claims Analysis, CCA）。在评估与预警地方政府债务风险方面，一些国际组织和专家学者通过选择能够有效反映债务危机的预警指标来测度债务风险，Baldacci 等（2011）和 IMF（2007）在其中比较有代表性。

运用实证方法对地方政府债务风险进行研究可以追溯到 20 世纪 60 年代和 70 年代。Carleton 和 Lerner（1969）为了复制穆迪对地方政府进行的信用评级，通过所开发的预测模型分析一组美国市政债券数据，发现人口指标和债务率指标之间存在相关性。Liu 和 Thakor（1984）在对美国 28 个州政府的数据进行实证分析以研究美国州政府债务风险是否独立影响市政债券收益率时，发现净直接负债、人均负债、失业率和房产价值中位数四个指标能够解释评级结果的很多变化[1]。Moon 和 Stotsky（1993）对穆迪和标准普尔两家机构的地方政府信用评级决定因素的差异进行测试，发现了显著的不同。人均收入和债务率在穆迪的评级决定因素中具有显著意义，但标准普尔的评级决定因素则是其他的变量，社会经济和金融变量的相关性总体较低。Loviscek 和 Crowley（1988）运用线性概率模型分析了一组美国市、县的评级，发现衡量经济基础（如：人口增长和能源禀赋）的指标在解释地方政府债务风险时比会计和金融变量更加准确。

对非美国地方政府债务风险较早进行实证研究的是 Cheung（1996），作者运用有序概率模型估计了标准普尔公布的加拿大省级政府评级和一系列经济和金融变量之间的关系。除了债务占国内生产总值比重、本地国内生产总值和失业率等以往研究中已经发现的指标外，研究结果还突出了各省以联邦转移支付总额与财政总收入的比率来衡量的财政自主权的相关性。Gaillard（2009）采用有序概率模型就穆迪对非美国地方政府的评级进行了研究，表明地方政府评级基本上受到各自的主权评级的制约。他还发现主权违约历史、地区人均 GDP 和地区债务占收入的比重等三个指标能够在 80% 以上的程度上解释地方政府信用评级。Lara-Rubio 等（2017）从地方政府违约风险影响因素视角出发，选取 148 个西

---

[1] 考虑到数据可得性问题，作者没有引入政府治理、财政支出等指标，仅选取了存量债务和、人口和失业率、居民财富等相关指标。

班牙地方政府在2008—2011年的数据,从人口要素、社会经济要素和财务要素三个方面进行实证分析,得出人口要素中的人口密度和被抚养人口比例、社会经济要素中的政治取向和人均收入、财务要素中的债务期限和财务结构影响显著,但一些以前被学者认为会影响地方政府违约风险的因素实际影响并不显著,如人口要素中的人口规模和移民人口、社会经济要素中的绝对多数和失业率、财务要素中的财务自主性和债务来源。

近年来,国内关于地方政府债务风险研究也越来越多。刘尚希(2002;2003)引用Hana的财政风险矩阵对我国政府债务风险进行了初步分析。在政府债务风险定量评价方面,国内学者可大致分为两种。一种是资产负债方法,利用CCA模型考察政府因为"资不抵债"问题出现违约的可能性。沈沛龙、樊欢(2012)编制政府"可流动性资产负债表",并评估我国政府债务风险;徐占东、王雪标(2014)从税收收入、土地收入和其他收入三个角度分别考察财政收入对政府债务风险的影响。另一种方法是构建政府债务风险预警指标,并对指标进行权重赋值和打分,最终得到对债务风险的评价。武彦民(2007)通过整理分析16个指标对1998年起持续6年的积极财政政策对财政风险变动的影响进行研究。结论显示,6年的积极财政政策并未提高财政风险,反而导致财政风险出现微降;张明喜、丛树海(2009)建立了基于神经网络的财政风险预警系统,发现债务风险是目前我国财政风险的主要因素,其次是财政收支风险,再次是金融风险和宏观经济风险;张同功(2015)建立了柔性评价指标体系和红绿灯预警体系评估我国地方政府的债务风险;温来成、刘洪芳(2016)利用模糊层次分析法,对我国省级政府的信用情况进行判断;此外,鉴于我国地方政府数据公开不全,刁伟涛(2015;2016;2017)对我国地方政府债务规模、可偿债收入和资产风险、债务风险测算等做出了较为丰富的研究。

第三节 地方政府债务风险预警

一、关于信用风险预警方法的研究

地方政府债务风险是一种信用风险,在风险预警方法中大多借鉴了信用风险预警的各种方法。20世纪50年代以前,专家经验判断是信用风险的主要方法。这种方法通过选定影响借款人信用的要素,评级人员或专家通过主观判断对各要素进行打分,并以此为基础得出借款人的综合分值,用于反映借款人综合能力。因此这种方法又称为"综合打分法",是一种定性分析的方法。

自20世纪60年代开始,定量分析方法被引入信用风险领域,数学模型和统计方法开始被广泛应用。目前比较知名和流行的模型包括 KMV 模型、信用计量模型（Credit Metrics）、信用风险附加模型（Credit Risk +）、信贷组合模型（Credit Portfolio View）等。

总的来看，定量研究分析主要有两种思路：一种思路是通过建立违约概率理论模型对违约风险进行测度，该思路以莫顿的期权定价理论为基础；另一种思路是建立统计模型考察信用风险的决定机制。

第一种思路常见的理论模型包括 KMV 模型和信用风险附加模型。（1） KMV 模型是一种违约预测模型，由美国 KMV 公司于 1993 年在莫顿期权定价理论的基础上开发，并经 Longstaff 和 Schwarz（1995）、Dsa（1995）和 Zhou（1997）进一步扩展形成。该模型用预期违约率来衡量受评对象的违约概率，认为资产未来的市场价值和所需偿还债务的面值之间的高低关系决定了是否违约。违约距离是资产未来市场价值的均值减去违约点，用资产市场价值标准差的倍数来度量。该模型对历史数据依赖小、计算简单、对资产价值变动反应灵敏，并且既可以对单个资产风险进行测度，也可以对全国性资产风险进行测度。（2）信用风险附加模型由瑞士银行金融产品部于 1997 年开发。该模型运用保险业中计算小概率极端事件的数学方法计算债务组合的损失分布。相对于其他模型，该模型具有需要估计的变量较少、计算过程简单等优点。但是该模型关于风险成因的假设缺失，只考虑了是否违约两种状态；另外该模型认为债权人的债务价值固定不变，忽略了信用等级变化。

第二种思路常见的模型包括多元线性判别分析模型、Logistic 和 Probit 分析方法。（1）多元线性判别分析模型最早由 Fisher（1959）提出，作者利用 OLS 方法考察证券风险与收益的变动。此后相关的一些研究多为在该模型的基础上增加一些新的变量来提高模型的解释力度。如 Martin 和 Henderson（1983）、Maher（1987）等在原有模型的基础上引入了养老金变量指标；Baran（1984）和 Monahan、Barenbaum（1983）引入物价水平指标；Perry（1988）引入行业类别变量。（2）Logistic 和 Probit 分析方法。Martin，Henderson 和 perry（1984）通过选取一系列的财务比率对信用危机发生的概率进行评估，并根据不同投资者的风险偏好设定信用风险警戒线，据此对债券等级进行评估；Trevino（2000）和 Thomas（2001）分别采用 Probit 模型对违约概率进行了预测，作者通过对一组会计比率进行分析预测借款人违约的可能性，其假设违约概率服从标准 Logistic 的累计概率分布，Probit 模型假设条件概率服从累计标准正态分布，这样预测值便落在 0 和 1 之间。

随着统计理论以及计算机科学的不断发展，一些新的风险测度手段与方法被用于信用评级领域。（1）神经网络模型。人工神经网络理论结合了数学、神经学和认知科学，于 20 世纪 80 年代末期兴起。随着对其研究和应用的日趋成熟，神经网络技术逐步用于预测违约风险。由于该方法对数据分布要求不高，并且也无须深入挖掘自变量和因变量之间的函数关系，因此成为信用风险分析领域的研究热点。该方法在债券评级中得到了大量的应用（Dutta 和 Shekhar，1988；Sukan 和 Singleton，1990；Kim 和 Redmond，1993）。但是，研究结果远不如预期。这是因为尽管人工神经网络使得建模和分析工作具有很大的便利性，但是当使用的数据服从非正态分布时（Tam 和 Kiang，1992）会表现出随机性较强的特点，需要进行大量的人为调试。因此，结合人工神经网络模型和其他相关理论预测债券等级将成为一种趋势。如 Kee（2015）通过把适应学习网络法与人工神经网络模型结合起来建立了预测模型，并根据公开数据对债券进行信用评级。（2）信贷组合模型（Credit Portfolio View）。该模型是麦肯锡公司1998年运用计量经济学理论和蒙特卡洛模拟方法开发出的多因素信用风险计量模型，从宏观经济环境视角把债务人的信用等级变化与失业率、经济增长率等宏观经济变量之间的关系用模型体现，并运用蒙特卡洛模型模拟周期性因素的冲击来测定评级转移概率的变化。由于该模型以一个国家的宏观经济数据作为分析基础，并且对数据质量要求较高，因此计算过程比较繁琐。

另外，模糊分析法、层次分析法和模糊层次分析法等也被广泛应用于信用评级领域。模糊分析法是一种数学方法，可用于描述、研究和处理特性复杂的事物。信用评级本身具有模糊性的特点，该方法因此也被引入信用评级活动。Zimmerman 和 Zysno（1980）率先将模糊数学的概念引入因素综合分析研究中，并对层次因素做出综合评价。日本学者 Takagi 和 Sugeno（1985）首先提出模糊积分和模糊测度概念，其认为模糊积分的目的是寻找指标数据和众多信息来源重要性相关程度之间最大的统一度，能够更好地反映评价指标特征对评价系统的影响程度。Hoffman 等（2002）提出了一种用于信用评分的模糊遗传算法，并将其与模糊神经网络算法 NefClass 相比较。其他一些学者也一直在研究模糊逻辑模型和其在信用评分中的应用（Lahsasna 等，2010；Nosratabadi，Nadali 和 Pourdarab，2012；Bazmara 和 Donighi，2013；Duc 和 Thien，2013）。层次分析法来源于运筹学，重视并通过一定模式对决策思维过程进行规范。这是一种定性和定量相结合的分析方法，并且前者起到主导的作用。层次分析法存在的最大的问题是当某一层次评价指标过多时，难以对其思维一致性进行保证。模糊层次分析法是将模糊分析法与层次分析法的优势相结合，能够很好地解决这一问题。模糊层次分析法和层次分析法的基本思想和计算步骤基本一致。

二、关于地方政府债务风险预警方法的研究

理论界最早发展的债务风险预警方法可称为"离散控制法"，即选定若干债务警戒指标，通过预设警戒阀值，对地方政府举债规模实施事前约束，由于这种预警模式简单易行，在发展中国家得到了迅速普及。但以离散指标预警风险的缺陷是，指标警戒阀值往往根据历史险情警兆定性判定，缺乏应对风险演化的柔性机制，决策者很难确定风险扩张的经济或制度根源。为发掘债务风险的诱发因素，理论界发展出"线性指数法"，对地方政府债务风险的各种影响指标进行加权预警研究（郭玉清，2011）。这种方法选择层次分析、GARCH、熵权法等主、客观赋值方法确定指标权重和阀值，通过自下而上的线性加权程序量化风险，但同样遇到了难以克服的技术瓶颈，即预警指标与债务风险之间可能存在交

互影响。

为解决内生性预警偏误,一种被称为"先导指标法"的非线性预警方法逐渐在货币危机领域大量应用(Kaminsky et al.,1998;Kaminsky 和 Reinhard,1999),并被引介到主权债务危机领域(Manasse 和 Roubini,2009)。这种方法通过观察货币或债务危机的爆发历史,选择可能引致危机的一系列先导指标,通过将先导指标前置较长的时期(一般是24个月)检验各指标的预警绩效。由于债务危机的爆发在后,先导指标的预警在前,指标前置巧妙避免了政府举债对预警指标的内生影响,能够发掘出危机爆发的主导诱因。在选择阀值时,研究者可通过遍历取值法不断试错,直至找到使先导指标犯错概率最低的阀值,从而避免定性判断阀值时难以克服的主观因素干扰。以最优阀值为基础,研究者能够权衡不同先导指标的预警绩效,错判概率越低的指标,预警效率越高,同后续危机的因果联系越紧密。根据先导指标预警绩效的排序,研究者能够甄别出危机爆发的主导警源,依据警源的相对重要性依次安排防控预案,显然这比"离散控制法"或"线性指数法"确定的量化结果都更具说服力。

关于地方政府债务风险的研究在我国发展历史不长。李杨等(2007)按照全面性、可比性和科学性的原则,从政府公信度、经济发展程度和社会稳定程度三个影响地方政府债务风险的因素出发构建了地方政府信用评价指标体系,之后运用德尔菲法确定各指标权重和定性指标的标准值,在前述过程的基础上,最后通过多目标线性加权函数模型确定评价结果。杨胜刚和张润泽(2011)选取 GDP 增长率、人均 GDP 水平、通胀率、负债率和社会状况五个指标作为地方政府信用的影响因素并运用 GA – PSO 混合规划算法计算得出地方政府信用等级。闫明等(2014)提出地方政府债务风险既要考虑在评级模型中与违约概率直接相关的指标,如:财政收入、财政支出与政府债务,也要考虑会对风险模型中关键要素产生重要影响的指标,如:宏观经济政策、地方经济发展、政府治理水平、公共产品投融资模式选择等。聂新伟(2016)从委托—代理理论出发构建了政府信用评价体系的理论框架,并用于对政府债务风险的形成进行阐述。温来成、刘洪芳(2016)在已有研究成果的基础上,从经济发展、财政收支、债务负担和体制环境四个方面对我国省级地方政府信用和债务风险进行了评估。

在债务风险预警方面,一般是采取线性加权预警指数方法衡量风险程度(裴育,2003;王亚芬、梁云芳,2004;丛树海,2005)。这种方法通过设定一套指标体系,尽可能全面地反映收入、支出、国债、赤字等各种财政体制内的风险要素和制度、政策、经济、金融等财政体制外的风险要素,附以统计、计量方法或人为判断的方式确定指标赋值区间和权重,将指标值转化为概念化的综合指数来反映风险程度。这种方法具有简单、直观、便于做经验分析的优势,但是由于线性关系的合理性、指标设计的完整性、预警系统的可操作性等受到质疑。平新乔(2000)等也曾意识到仅考虑政府举债行为对研究财政风险的局限性,从政府资源角度设置了与债务矩阵相对应的风险对冲矩阵(Fiscal Hedge Matrix），郭玉清（2011）尝试通过逾期债务的概念构建财政风险的传导路径和预警机制。另外，李腊生（2013）、徐占东和王雪标（2014）、张海星和靳伟凤（2016）等人以 KMV 模型对地方政府债务风险进行评估与测度。

文献索引

［1］陈抗，Hillman A L，顾清扬. 财政集权与地方政府行为变化——从援助之手到攫取之手［J］. 经济学（季刊），2002，2（1）：111-130.

［2］刁伟涛. 可偿债财力视角下的我国地方政府一般债务与专项债务限额研究［J］. 西南金融，2015（05）：25-27.

［3］杜兴强，曾泉，吴洁雯. 官员历练、经济增长与政治擢升——基于1978-2008年中国省级官员的经验证据［J］. 金融研究，2012（2）：30-47.

［4］傅勇，张晏. 中国式分权与财政支出结构偏向：为增长而竞争的代价［J］. 管理世界，2007（3）：4-12，22.

［5］郭庆旺，吕冰洋，何乘才. 我国的财政赤字"过大"吗？［J］. 财贸经济，2003（08）：37-41+53-97.

［6］郭玉清，何杨，李龙. 救助预期、公共池激励与地方政府举债融资的大国治理［J］. 经济研究，2016（3）：81-95.

［7］郭玉清，孙希芳，何杨. 地方财政杠杆的激励机制、增长绩效与调整取向研究［J］. 经济研究，2017，52（6）：169-182.

［8］郭玉清. 逾期债务、风险状况与中国财政安全——兼论中国财政风险预警与控制理论框架的构建［J］. 经济研究，2011（8）：38-50.

［9］何杨，满燕云. 地方融资平台债务：规模，风险与治理［J］. 财政研究，2012（2）：34-37.

［10］何杨，满燕云. 地方政府债务融资的风险控制——基于土地财政视角的分析［J］. 财贸经济，2012（5）：45-50.

［11］贾俊雪，郭庆旺，宁静. 财政分权、政府治理结构与县级财政解困［J］. 管理世界，2011（1）：30-39.

［12］李燕，卢真. 关于有效发挥政府债务限额管理作用的探讨——来自美国的经验与启示［J］. 财政研究，2016，（11）：31-40.

［13］廖乾. 完善地方政府债务管理机制：国际经验与启示建议［J］. 西南金融，2017（05）：38-42.

［14］刘煜辉，沈可挺. 中国地方政府公共资本融资：问题，挑战与对策——基于地方政府融资平台债务状况的分析［J］. 金融评论，2011（03）：1-18.

［15］吕冰洋，郭庆旺. 中国税收高速增长的源泉：税收能力和税收努力框架下的解释［J］. 中国社会科学，2011（2）：76-90.

［16］马恩涛，孔振焕. 我国地方政府债务限额管理研究［J］. 财政研究，2017（05）：54-63.

［17］马拴友，于红霞，陈启清. 国债与宏观经济的动态分析［J］. 经济研究，2006（04）：35-46.

[18] 毛晖,陈志勇,雷莹.美国地方政府债务危机管理经验及启示[J].地方财政研究,2015(01):87-90+96.

[19] 梅建明.关于地方政府融资平台运行的若干问题[J].财政研究,2011(5):64-66.

[20] 彭润中,赵敏.发展中国家地方债务市场监管经验借鉴及启示[J].财政研究,2009(10):74-77.

[21] 沈沛龙,樊欢.基于可流动性资产负债表的我国政府债务风险研究[J].经济研究,2012(02):94-106.

[22] 沈沛龙,樊欢.基于可流动性资产负债表的我国政府债务风险研究[J].经济研究,2012,47(02):93-105.

[23] 唐昊.中国现阶段经济权力结构分析[J].民主与法制,2011(36):41-43.

[24] 陶然,陆曦,苏福兵,等.地区竞争格局演变下的中国转轨:财政激励和发展模式反思[J].经济研究,2009(07):22-34.

[25] 王贤彬,徐现祥.地方官员来源、去向、任期与经济增长:来自中国省长省委书记的证据[J].管理世界,2008(3):16-26.

[26] 韦士歌.国库现金管理及与债务管理的协调配合[J].财政研究,2003(02):22-24.

[27] 徐现祥,王贤彬,舒元.地方官员与经济增长——来自中国省长、省委书记交流的证据[J].经济研究,2007(09):19-32.

[28] 徐永胜,乔宝云.财政分权度的衡量:理论及中国1985—2007年的经验分析[J].经济研究,2012(10):4-13.

[29] 许成钢.地方竞争的困境[M].南京:江苏文艺出版社,2012.

[30] 许光建,龚强,王俊.中国政府债务管理与资产价格趋势研究——"中国政府债务管理与资产价格风险研讨会"综述[J].经济研究,2011(05):155-158.

[31] 张尔升.地方官员的企业背景与经济增长——来自中国省委书记、省长的证据.[J].中国工业经济,2010(3):129-138.

[32] 张军,高远,傅勇,等.中国为什么拥有了良好的基础设施?[J].经济研究,2007(03):5-20.

[33] 张平,赵国昌,罗知.中央官员来源与地方经济增长[J].经济学(季刊),2012,11(2):613-634.

[34] 张晏,龚六堂.分税制改革、财政分权与中国经济增长[J].经济学(季刊),2005,5(1):75-108.

[35] 张志华,周娅,尹李峰,等.巴西整治地方政府债务危机的经验教训及启示[J].经济研究参考,2008(22):11-14.

[36] 中国人民银行成都分行国库处课题组,张杰.政府债务危机产生及应对的国际经验与启示[J/OL].西南金融,2017(11):1-4.

[37] 周黎安,刘冲,厉行.税收努力、征税机构与税收增长之谜[J].经济学(季刊),2011,11(1).

[38] ALESINA A, BROECK M D, PRATI A, et al. Default risk on government debt in OECD countries

[J]. Economic policy, 1992, 7 (15), 428-463.

[39] ATTINASI M G, BRUGNOLI A. Financial instruments for urban development support: the role of the world bank in latin American countries [M]. Milan, Italy: EGEA, 2001.

[40] BARRO R J. On the determination of the public debt [J]. The journal of political economy, 87 (5): 940-971.

[41] BILLAND C J. Expanding local government resources for capital projects through municipal borrowing and other market-based financing [J]. Global urban development, 2006, 2 (1).

[42] BRIXI H. Contingent government liabilities: a hidden risk for fiscal stability [R]. The world bank, 1998.

[43] CAO C, ZHAO Z J. Funding China's urban infrastructure: revenue structure and financing approaches [J]. Public budgeting and financial management, 2011.

[44] DAVOODI R, GRIGORIAN D. Tax potential vs tax effort: a cross-country analysis of Armenia's stubbornly low tax collection. IMF working Paper, No. 07/106, 2007.

[45] DENSION D V, HACKBART M, MOODY M. State debt limits: how many are enough? [J]. Public budgeting & finance journal, 2010, 26 (4): 22-39.

[46] FARNHAM P G. Re-Examining local debt limits: a disaggregated analysis [J]. Southern economic journal, 1985, 51 (4): 1186-1201.

[47] GENERAL ACCOUNTING OFFICE. A new approach to the public debt legislation should be considered [M]. FGMSD-79-58. Washington, D. C., 1979.

[48] JIN H, QIAN Y, WEINGAST B R. Regional decentralization and fiscal incentive: federalism, Chinese style [J]. Journal of public economics, 2006 (89): 1719-1742.

[49] KOWALCKY L K, LELOUP L T. Congress and the politics of statutory debt limitation [J]. Public administration review, 1993, 53 (1): 14-27.

[50] KRISHNAKUMAR A S. In defense of the debt limit statute [J]. Harvard journal on legislation, 2005, 42 (1): 135-185.

[51] LIU L, WAIBEL M. Subnational insolvency and governance: cross-country experiences and lessons. in does decentralization enhance service delivery and poverty reduction? [M]. Cheltenham, U. K.: Edward Elgar, 2009.

[52] LIU L, PRADELLI J. Financing infrastructure and monitoring fiscal risks at the subnational level. World bank working paper, 2012.

[53] LIU L, WEBB S. Laws for fiscal responsibility for subnational discipline: international experience. World bank working paper, No. 5587, 2011.

[54] LIU L, CANUTO O. Until debt do us part: subnational debt, insolvency, and market [R]. The world bank, 2013.

[55] MACO P S. Building a strong subnational debt market—a regulator's perspective [J]. Richmond journal of global law and business, 2001, 2 (1): 1-31.

[56] MARTELL C R, GUESS G M. Development of local government debt financing markets: application

of a market-based framework [J]. Public budgeting & finance, 2006, 26 (1): 88-119.

[57] PIANCASTELLI M. Measuring the tax effort of developed and developing countries: cross country panel data analysis-1985/95. IPEA Working Paper, No. 818, 2001.

[58] POGUE T F. The effect of debt limits: some new evidence [J]. National tax journal, 1970, 23 (1): 36-49.

[59] REINHART C, ROGOFF K. Debt and growth revisited [J]. Mpra paper, 2010, 6 (4): 214-234.

[60] RODERICK K D, SZAKATY K. Constitutional limitations on borrowing: an analysis of state bonded indebtedness [J]. Journal of law economics & organization, 2002, 12 (1): 62-97.

[61] SCHAECHTER A, KINDA T, BUDINA T, et al. Fiscal rules in response to the crisis-toward the 'next-generation' rules. a New dataset [J]. Social science electronic publishing, 2016, 12 (187): 1089-1096.

[62] SCHICK A. The role of fiscal rules in budgeting [J]. OECD journal on budgeting, 2004, 12: 17-23.

[63] SINGH R, PLEKHANOV A. How should subnational government borrowing be regulated? some cross-country empirical evidence. IMF working Paper, 2005.

[64] WONG C. Paying for urbanization in China: challenges of municipal finance in the twenty-first century, in financing metropolitan governments in developing countries [M]. Cambridge: Lincoln Institute of Land Policy, 2013.

第七章

逃税与税收管理

人的一生中只有两件事不可避免，死亡和纳税。

——谚语

在逃税、避税的概念界定上，合法性是两者的重要区别。国外学者的研究主要集中在逃税的影响、税收遵从、税收执法、税收合规、税收制度和影子经济等方面。从逃税的经济效应看，逃税对于公平和效率具有负面影响。税收执法主要是针对执法资源的最有投入问题，正确的规则等同于边际资源成本的减少等于边际社会收益的增加。税收制度的设计要将税收管理因素纳入，而影子经济也对税收制度设计提出了挑战。在理论模型方面，很多专家学者借鉴 Allingham 和 Sandmo（1972）的研究成果，并在此基础上进行了丰富与拓展。关于逃税的实证研究很具有挑战性，当前大量实证研究是通过间接的方法实现对逃税的测度，国内外学者在实证中探讨的逃税因素包括：税率和收入水平、社会因素、审计、第三方信息、简化税制等。实证研究的推进也对税收管理政策提供了理论依据。

第一节 导论

本部分的介绍主要是围绕两个部分进行的。第一个部分是对于逃税的界定,以及对于逃税模型的简单介绍。第二个部分是近年来,学者对于逃税与税收管理问题研究的视角。

一、关于逃税、避税、管理的界定

Bullen v. Wisconsin (1916) 提出避税与逃税之间的区别是:当法律划定界限时,可以对一个事件以法律为标准进行判定,当事人在不违反法律的情况下进行的称之为避税,当一个行为被谴责为逃税的时候,这意味着它是错误的[①]。Slemrod 和 Yitzhaki (2002) 认同了 Bullen v. Wisconsin (1916) 的观点,同样认为逃税是非法的,避税是合法的,两者不明确的灰色地带很多,并在此基础上提出逃税、避税和管理是公共财政的核心概念,避税是在不改变消费篮子的情况下减少税收负担的努力,并不发生真实的替代反应,是针对税收制度采取的行动,不涉及预算组合的变动。而逃税会引发真实的替代反应,因为税法会改变不同活动的相对价格,从而导致纳税人通过选择不同的消费篮子进行应对[②]。根据 Slemrod (2007) 研究显示:美国国家法律中逃税是指一个人通过欺诈手段非法支付少于法律规定的税款的情况;根据联邦和州法规,逃税是一种刑事犯罪,将逃税者判处徒刑,罚款或两者兼有。所得税的逃税罪必须具有公开行为才能被定罪,因此,政府必须表现出故意和有意误导的肯定行为,然而,由于对税法的无知和混淆(有些多缴纳税款),有些税收轻描淡写是不经意的错误,很难确定纳税者是否有意违反税法,所以将有意不遵从、有组织的税收违规问题定性为逃税[③]。

有一部分学者对于逃税的模型进行了探讨。Allingham 和 Sandmo (1972) 改良了 Becker's (1968) 的经济犯罪模型,提出了逃税模型,称为 A – S 模型,该模型试图构建一个关于个人是否选择逃税,以及逃税程度的标准经济框架,在这个模型中纳税人是完全不道德的,纳税人的目的是达到预期效用目标函数的最大化,在税率,被稽查率和罚款率的

---

① Bullen v. Wisconsin. The United States Reports. 1916. https://openjurist.org/240/us/625.

② J Slemrod, S Yitzhaki. Tax Avoidance, Evasion, and Administration. Handbook of Public Economics, 2002, 3 (3): 1423 – 1470.

③ J Slemrod. Cheating Ourselves: The Economics of Tax Evasion. Journal of Economic Perspectives. 2007, 21 (1): 25 – 48.

影响下,纳税人是选择如实申报还是逃税,以及逃税的程度①。Yitzhaki(1974)提出逃税惩罚是所逃税款的比例(而非逃税模型中低报收入的比例),那么税率就对逃税决策没有影响②。

二、学者对于逃税与税收管理问题的研究视角

(一)逃税对于效率和公平产生负面的影响

James Andreoni;Brian Erard;Jonathan Feinstein(1998)认为逃税的任何努力都会产生无谓损失,以及遵守成本。并且使征收收入的要求措施变得复杂,逃税意味着可能更高和更扭曲的上报收入所征收的税,而对于没有报告的税收很大程度上逃避了税收及其扭曲的影响③。Johns 和 Slemrod(2010)认为逃税造成了横向的不平等,因为无意中,同样富裕的人最终会面临不同的税收负担。试图减少逃税可能会引起纵向公平的担忧,因为当国税局被批评花费资源去减少与所得税收抵免有关的诈骗行为,这是针对低收入家庭,而不是将这些执法资源用于违规类型更有可能更高的高收入家庭,如使用未报告的外国账户④。Slemrod(2016)认为逃税影响了税负分配并且提高了征税成本,同时也会增加效率成本,最明显的是纳税义务人实施和伪装违规的资源,第三方实行扣缴义务和提供情况报告,以及税务机关用来解决违规问题的资源⑤。此外,逃税通常会提供一种社会低效的激励来参与那些逃税相对容易的活动。例如,由于房屋油漆收入可以现金收入,因此 IRS 难以发现,这种职业比其他方式更具吸引力。

(二)税收遵从

James Andreoni;Brian Erard;Jonathan Feinstein(1998)认为税收遵从的问题与税收本身一样古老,刻画和解释所观察到的不遵守税收的模式,并最终找到减少税收的方式,对世界各国显然是重要的;税收遵从的经济性可以从许多角度来处理,它可以被视为财务,

---

① Allingham, Maurice and Agnar Sandmo. "Income Tax Evasion: A Theoretical Analysis." Journal of Public Economics. November, 1972, 1: 3 – 4, pp. 323 – 338.

② Yitzhaki, Shlomo. "A Note on 'Income Tax Evasion: A Theoretical Analysis.'" Journal of Public Economics. May 1974, 3: 2, pp. 201 – 202.

③ James Andreoni; Brian Erard; Jonathan Feinstein. Journal of Economic Literature, 1998, 36 (2): 818 – 860.

④ A. Johns, J. Slemrod. The Distribution of Income Tax Noncompliance. National Tax Journal, 2010, 63 (3): 397 – 418.

⑤ JB Slemrod. Tax Compliance and Enforcement: New Research and Its Policy Implications. Social Science Electronic Publishing, 2016.

执法，组织设计，劳动力供应或道德问题，或所有这些的组合。并且作者通过研究得出了以下的结论：通过对美国 1973—1992 年的税收年度数据研究得出不遵守规定的激增与此期间税务负担大幅增加相吻合①。美国 1998 年 TCMP（纳税人合规评估计划）表明：当年约有 40% 的美国家庭欠缴税款，53% 正确支付，7% 超额支付。在那些过度支付的人中，大多数人只是通过相对较少的数额就这样做了。如果我们假设超额支付是由于错误造成的，并且可比较的部分支付不足也是由于错误造成的，这个意味着世界上大约三分之二的纳税人打算正确支付他们的税。Christian（1994）根据 1988 年的 TCMP 研究报告，提出高收入人群相对于其真实收入规模，低于收入低的人群。实际上，根据这项研究，调整总收入在 50 万美元以上的人平均报告给国内税收收入的实际收入的 97.1%，而调整总收入在 5 000—10 000 美元之间的人则只有 78.7%。这种模式似乎与税收专业人士所说的"穷人逃避和富人避税"的说法一致，意思是说富人倾向于通过税收避难所等合法的"避税"措施减少税收，而低收入者试图更加彻底逃税。Frey（1997）从行为经济学方面对于逃税进行了研究，提出区分内在和外在遵守纳税义务的动机是重要的，内在主要纳税人由于个人美德而进行纳税行为，外在指因害怕惩罚而纳税，并且提出建议增加外在动机，实行更具惩罚性的政策，可以通过让人们感觉到他们纳税不是因为他们想要纳税而是因为他们不得不纳税，从而挤出人们的内在动机，达到让人们纳税的目的②。

部分学者从纳税主体的特征角度也对税收遵从进行了探讨。Andreoni，Erard 和 Feinstein（1998，pp. 821-822）提出纳税不服从与纳税人的可观测特征有关系，已婚人士和年龄在 65 岁以下的纳税人更容易不按照规定纳税③。Clotfelter（1983）和 Feinstein（1991）通过控制收入和边际税率也得出了类似的结论。Baldry（1987）通过研究发现男人比女人更容易产生避税行为④。Andreoni，Erard 和 Feinstein（1998）认为一些人会因为其认为纳税政策是错误的而拒绝纳税，例如卢梭就可能会进行避税⑤。

外部特殊情况也会对纳税人的逃避税决策产生影响。当国家处于战争时期，纳税人甚至可能会自愿缴纳超出规定数额的税。Daunton（1998）认为在爱国时期，战时开支会被容

---

① James Andreoni；Brian Erard；Jonathan Feinstein. Journal of Economic Literature，1998，36（2）：818-860.

② Frey，Bruno. " A Constitution for Knaves Crowds Out Civic Virtues. " Economic Journal. July 1997，107：443，pp. 1043-1053.

③⑤ Andreoni，James，Brian Erard，and Jonathan Feinstein. "Tax Compliance." Journal of Economic Literature. June，1998，36：2，pp. 818-860.

④ Clotfelter，Charles. "Tax Evasion and Tax Rates：An Analysis of Individual Returns." Review of Economics and Statistics. August，1983，65：3，pp. 363-373.

忍,但是在其他时期都会被拒绝①。Levi(1998,p.91)详细地阐述了战时公民对于税收的容忍度增加这一观点,认为公民相信政府会为了他们的利益而行事,并且程序是公平的,而且他们对于国家和其他人的信任是有回报的(对于双方都有益处),所以人们在战时能够提升对于税收的容忍程度②。

(三) 税收执法

针对执法资源的投入问题,Slemrod 和 Yitzhaki(1987)表明,一个表面上直观的规则,即增加检测概率,直到收入的边际增长等于这样做的边际资源成本是不正确的,正确的规则等同于边际资源成本减少等于规避的边际社会收益(这种收益不能很好地衡量),社会效益包括降低逃税风险,以及减少之前讨论的低效率③。Cowell(1990)提出了另一个复杂的问题:或许一个特定的社会福利折扣应该适用于那些被认定犯有逃税行为并因此"被认为是反社会的"的人的效用④。James Andreoni;Brian Erard;Jonathan Feinstein(1998)提出税收执法是一个执法问题,有关刑罚的威慑效果和侦察可能性问题是税收遵从和执法文献的核心,但是与其他的执法人员不同,税务人员并不是从犯罪行为开始,而是向犯罪嫌疑人反思,通过扫描税收记录须找逃税的证据,这导致理论和实证研究产生一些重要的差异⑤。税收执法也提出了组织的挑战性问题。设计一个强制执行税法的机构与经典的主体代理问题有许多共同之处。一个监管能力不足的权威机构可以设计税收、惩罚和惩罚方案来实现其收入目标。这个问题可以通过各种方式以各种承诺和税务机关的目标来提出。问题很复杂,但对理论和政策都很重要。Slemrod(2007)认为税收管理和执法体系是一个有用的国际视角,像所有的经合组织国家一样,美国依靠源头上的安排来收取工资和工资收入的大部分个人税收;与大多数经合组织国家不同,美国并不使用扣缴股息或利息的个人所得税,而且美国维持了任何经合组织国家最重大的信息报告方案,纳税主体必须向国税局报告多种多样的交易,包括利息,股息,房地产交易,租金,证券销售和

---

① Daunton, Martin. " Trusting Leviathan: British Fiscal Administration from the Napoleonic Wars to the Second World War," in Trust and Governance. Valerie Braithwaite and Margaret Levi, eds. New York: Russell Sage Foundation, 1998.

② Levi, Margaret. " A State of Trust," in Trust and Governance. Valerie Braithwaite and Margaret Levi, eds. New York: Russell Sage Foundation, 1998.

③ J. Slemrod, S. Yitzhaki. The Optimal Size of a Tax Collection Agency. Nber Working Papers, 1987, 89 (2): 183 – 192.

④ Cowell, Frank. Cheating the Government: The Economics of Evasion. Cambridge, MA: MIT Press, 1990.

⑤ James Andreoni; Brian Erard; Jonathan Feinstein. Journal of Economic Literature, 1998, 36 (2): 818 – 860.

工资；美国还是 OECD 国家中少数（30 个国家中有 9 个）要求个人提交纳税申报表的国家①。Frey（1997）认为，施加更加惩罚性的执法政策可能会挤出"内在"的遵守动机，因为人们认为他们需要缴税，而不是因为他们想要；另一种方法表明，一些个人的行为并不像搭便车者那样行事，而是取决于税收和税收执法制度的制定过程及其特点，始终保持系统提供的激励②。

（四）税收合规

美国国税局（IRS）监管的联邦税收是对全球任何地方的税收违规程度和性质进行最仔细和全面的估计，国税局提出了 TCMP（最初称为纳税人合规测量计划），即来自随机密集型审计计划的信息。TCMP 的主要目的是改进选择运营审计报酬的过程，而不是估算税收差距，随机审计程序始于 1963 年，一直持续到 1988 年。纳税人合规测量计划的一个修改版本被称为国家研究计划（NRP），最近实施的是从 2001 年纳税年度开始审查个人所得税申报表。Christian（1994）根据 1988 年的 TCMP 研究报告得出 Christian（1994）根据 1988 年的 TCMP 研究报告。Alt（1983）对税收结构演变的处理强调了行政和合规成本的作用。他认为，从有组织的企业而不是从家庭征收税款变得越来越容易，广泛采用增值税的一个解释是，通过自我管理的激励，增加了合规成本而不增加管理成本③。大公司的不合规率估计较低，Hanlon，Mills 和 Slemrod（即将发表）发现，私营企业的缺陷率比上市公司高，我们还发现企业持有的无形资产（以研发费用和市账比为代表）与其税收缺陷率之间存在正相关关系。

（五）税收制度

Hinrichs（1966）和 Musgrave（1969），强调了税收管理问题的重要性，他们指出，现代税收结构的发展一般以消费税，关税和财产税转为公司收入和累进个人所得税为特征，市场部门的扩大和农村部门的相对减少，大型企业的就业集中以及人口识字率的提高，使这种转变成为可能④。Kau 和 Rubin（1981）着眼于收税成本的变化，并成功地将美国联邦政府的增长与收集成本的合理相关联系起来，如识字率，女性劳动力参与的程度以及农业部门，税收政策在行动中，不仅仅是规约的措辞，决定了纳税人必须支付多少税款，以

---

① J Slemrod. Cheating Ourselves：The Economics of Tax Evasion. Journal of Economic Perspectives，2007，21（1）：25–48.

② Frey, Bruno. "A Constitution for Knaves Crowds Out Civic Vitures." Economic Journal. July，1997，107：443，pp. 1043–1053.

③ JE Alt. "The Evolution of Tax Structure." Public Choice，1983，41（1）：181–222.

④ K Schmidt–Hebbel. Fiscal Adjustment and Growth：In and Out of Africa. Journal of African Economies，1995，5（3）：7–59.

及支付的效果①。Slemrod 和 Yitzhaki（2002）认为对法规的了解只是了解税制的一个开始，行政部门和法院对于语言的解释，税务形式的简单性和可理解性，审计的能力和完整性，执法的活力和公正性以及诉讼的及时性和最终性都和会影响到收入的数额、税收负担；同时，税制确定了这一系列纳税人活动的相对价格。在标准模型中，确定休闲和其他商品的相对价格，以及商品之间的相对价格；在一个更普通的框架中，它还规定了"诚实"的价格，即逃避的诱因，并规定了通过避税活动合法减税的成本和奖励，纳税人的反应的维度相互作用，例如，真实的行为可能会改变回避或逃避成本，从而改变实际活动的有效价格②。Slemrod 和 Gillitzer（2014）认为税收制度框架主要是指一套规章制度和程序，主要包含三个方面：第一个方面是税收基础和税率；第二方面是纳税主体和纳税时间；第三方面是税制确定的遵守程序、执行规则。同时提出税收管理，合法性和执法性很容易被融入税收制度的框架之内。

（六）影子经济

影子经济又称为非正规经济，它们共同具有官方当局未观察到的小规模经济活动的概念，包括没有向相关税务或劳动监管部门登记的小公司，没有纳税的员工，不提交纳税申报表的自由职业者等等。影子经济是逃税的重要表现。估算地下经济的方法通常依赖于从可测量数据的数据，如货币需求，电力消费或国民收入账户中推断地下经济的水平或趋势。Feige（1989）通过假设大多数未报告的经济活动是以现金形式发生，并且存在地下经济不存在的"基准年"来估计地下经济规模；根据这些假设，在基准年的现金持有量的增加表明地下经济日益增长③。同样，Tanzi（1980，1983）率先提出了一种基于回归的方法来解释货币与 M2 的比率，他解释了税率水平变化所解释的这个比例的一部分，表明了地下经济规模的变化，验证这些估计的准确性是非常困难的④。甚至 Tanzi（1999）最近也自己说过："只要估计值与以前不同，就不能提供很多政策指导。"Breusch（2005）最近提出了一个引人注目地批评一种广泛使用的估算地下经济的方法。这样的估计可能会说明影子经济在不同时间和国家的相对程度，而不是其绝对的幅度⑤。根据 Mummert 和 Schneider（2002）根据货币需求方法计算的结果，2001—2002 年，21 个经合组织国家中

---

① J Merrifield. State Government Expenditure Determinants and Tax Revenue Determinants Revisted, 2000, 102 (1-2): 25-48.

② J. Slemrod, S. Yitzhaki. Tax Avoidance, Evasion, and Administration. Handbook of Public Economics, 2002, 3 (3): 1423-1470.

③ E. Feige. The Underground Economies. Cambridge University Press, 1989.

④ V. Tanzi. The Underground Economy in the United States: Annual Estimates, 1983, 30 (2): 283-305.

⑤ T. Breusch. Australia's Cash Economy: Are the Estimates Credible. Economic Record, 2005, 81 (255): 394-403.

影子经济（相对于官方 GDP）最小，仅为 8.7% 超过平均 16.7% 的一半，瑞士（9.4%）和奥地利（10.6%）次低，意大利（27.0%）和希腊（28.5%）是最高的[①]。

第二节 逃税的理论模型

一、国外研究现状综述

（一）逃税的威慑模型

考虑一个人是否选择逃税的标准框架是由 Allingham 和 Sandmo（1972）首先提出的，他们改编了贝克（1968）犯罪经济学模型，将其定义为逃税的威慑模型。在这个模型中，纳税人通过比较达到最大化预期效用，自身可能受到的法律惩罚的影响，来决定是否以及以多大程度逃避税收，就像他们接近任何冒险决策或赌博一样。最佳避税取决于被捕和受到惩罚的机会，逃避惩罚的规模以及个人的避险程度。Yitzhaki（1974）指出，如果发现逃税的惩罚（以及任何相关的非计划成本）与低估的税收成正比（而不是像 Allingham 和 Sandmo 所假设的那样，收入被低估），那么税率对逃税赌博的条款没有影响。随着税率的提高，检测到的低估税率的成本与成功低估税收的回报成正比，所以奖励与风险的比率不变。在这种情况下，较高的税率只会带来收入效应，例如，如果纳税人的（绝对）风险规避水平随着税后收入的增加而增加，较高的税率会减少逃税。

随后的 30 多年的分析已经在许多方面扩展了这个模型，包括允许一个内生的检测概率，与劳动力供给决策一起分析逃税（从而直接解决影子经济问题），并入不确定性来源，来解决一般均衡问题。Andreoni，Erard 和 Feinstein（1998）对该理论进行了全面的调查，Sandmo（2005）对逃税模型进行了很好的回顾。我们期望大型上市公司能够以风险中立的方式行事，而不是像 Allingham 和 Sandmo（1972）模型中那些厌恶风险的个人。此外，在大型上市公司中，关于税收合规性的决定不是由股东直接做出，而是由代理人进行，如首席财务官或负责税务的副总裁。为了调整决策者和股东的激励机制，公司应该将代理人的报酬与影响公司盈利能力的可观察结果联系起来。Crocker 和 Slemrod（2005）指出，这意味着如果对代理人适用逃税处罚，委托人可以改变与代理人的补偿合同，这可能抵消了

---

① A. Mummert, F. Schneider. The German Shadow Economy: Parted in a United Germany. Finanzarchiv Public Finance Analysis, 2001, 58（3）.

国税局政策的预期后果（Chen 和 Chu，2005）。针对税务总监和执行人员的执法策略的结论公司本身可能会对公司行为产生不同的影响，尤其是根据萨班斯－奥克斯利法案（Sarbanes–Oxley）的规定，这些规则在错误报告责任方面产生了重要的变化：例如，他们要求首席执行官签署公司的联邦所得税申报表。Slemrod（2004）扩大了与企业税收违规有关的问题。他试图验证 Allingham 和 Sandmo（1972）模型的预测实际上集中在执行强度和税率水平如何影响逃税。然而，实证检验一直困扰着评估税收违规的程度。Clotfelter（1983）考察了纳税人合规测量项目研究中的微观数据，发现不合规与边际税率强烈正相关；然而，Feinstein（1991）发现了负面影响。与对税收对行为影响的横向研究一样，由于边际税率是一个（复杂的，非线性的）收入函数，因此难以确定税率和收入效应没有做出强有力的功能形式的假设。（有两个不同年份的数据，税收作为收入的函数是不同的，就像 Feinstein 所做的那样，在一定程度上缓解了这个问题）。Beron，Tauchen 和 Witte（1992）研究了总结为 3 位数字邮政编码的 TCMP 数据并得出结论认为，增加审计机率显著增加了一些收入群体的调整总收入和税收负担，但并非全部。但是，区级审计率并不是外生的，也许反映了一些关于人口合规性的特征。作者将 IRS 资源的相对于回报数量的水平作为审计利率的工具，认为国内税务局没有能够分配其资源以实现其目标，但 IRS 成功地将其资源投向了被认为特别不合规的地区，因而这种方法是无效的。

Slemrod，Blumenthal 和 Christian（2001）分析了明尼苏达州税务局进行的随机对照试验的结果。他们发现，接受审核函的中低收入纳税人比那些没有收到这样的信的人报告的收入略高一些，但在统计上却明显多于收入人，而那些有较大回避机会的人的收入差距较大。然而，高收入纳税人平均收到审计威胁报告收入较低。作者推测，复杂的高收入纳税人将审计视为谈判，并将报告的应纳税所得额视为谈判开始（低）投标，并不一定导致对所有不合规情况进行确定和惩罚。

对于 Allingham 和 Sandmo（1972）的威慑模型，最引人注目的经验支持也许是收入和扣除类型的不符合率的横截面变化。逐行的项目有明显的正相关遵守率和信息报告和雇主预扣等强制机制的存在。Klepper 和 Nagin（1989）很有说服力地指出，在不同的条目中，不合格率与物品的可追溯性，可否认性和模糊性的代理有关，这又与逃避被检测和惩罚的可能性有关。他们还发现在各个项目上都会出现类似替代效应的证据，这样，如果不遵守一项就会降低对不遵守规定的吸引力，因为增加后者会增加检测的可能性，从而增加后者的预期回报。从缺乏威慑到税收遵从的另一个例子涉及国家使用税，这些使用税是从州外供应商处购买的，但在居住地消耗的。这些税在很大程度上是不可执行的（除了一些昂贵的物品，如汽车），违规率在 90%（Bruce 和 Fox，2000）。

然而，没有令人信服的经验证据来说明违规行为是如何受到被检测到的逃税惩罚的影响的，这与不遵守规定行为将受到惩罚的可能性截然不同。检测和惩罚违规行为所显示出的阻吓作用是非常重要的，因为 IRS 执法活动近年来急剧下降。从 1996—2004 年，非经营性个人收益的比重从 1.67% 下降到 0.74%。面对面审计的公司回报率从 2.62% 下降到 0.71%，资产超过 2.5 亿美元的公司的覆盖率从 1997 财年的 51.7% 降至 2003 财年的 29.7%（美国部门财政部、国税局，2005 年数据）。面对面审计的减少一部分可能反映了更有效地使用电脑化支票作为替代。1992—2002 年，国税局建议起诉的刑事税务案件数量下降了 50%（Johnston 引用的国税局数据，2003 年）。

但是，美国国税局强制执行的一些下降是一个暂时的现象。为了响应 1998 年美国国税局"重组和改革法案"，美国国税局不得不暂时转移资源用于重组工作，而上述许多执法指标已经开始反弹一点。2005 年 11 月，国税局专员宣布计划增加 2006 年进行的审计次数，将更多资源集中在收入超过 10 万美元的纳税人和主要以现金交易的自营职业者（赫尔曼和西尔弗曼，2005 年）。但是一些下降是由于长期的趋势。例如，在 1992—2002 年间，纳税申报的数量增长了 12%，但是税务审计师的数量却从 16 000 人减少到 12 000 人（Johnston，2003，根据 IRS 数据）。实际的经营成本实际上在 1993—2000 年之间下降，但是从 2000—2005 年上涨了 7% 多一点。在这段时间内，税法的复杂性和滥用税收避税所的复杂性以及逃税显著增加。执法力度的下降造成逃税的危险性增加。

（二）逃税的行为模型

虽然 Allingham 和 Sandmo（1972）的方法主宰了经济学文献，但有人认为它忽略了逃税决策的重要因素，以至于该模型预测的合规率远低于我们实际观察到的。例如，Feld 和 Frey（2002）断言，在预期惩罚方面"不可能解释税收遵从"。他们的观点如下：考虑到审计的平均概率（低于 1% 个人回报没有业务收入），惩罚通常是评估不合规情况（通常为低于标准金额的 10%），以及我们对其他情况下的风险厌恶程度的了解，不合规应该大大高于显然的样子。

但是这种不屑一顾的说法并不具有说服力，因为低平均审计覆盖率大大低估了未检测到的净收入的平均美元将被检测到的可能性。雇主将雇员的应税收入和社会安全号码以电子方式提交给国税局，但他自己的个人回报中没有报告该收入的工资或工资收入者将被标记为进一步审查，其概率接近 100% 而不是 1%。因此，不符合劳动收入的低比例并不意味着与威慑理论矛盾。非农业经营者 57% 的不合格率是否低于威慑理论预测的不太明显；Andreoni，Erard 和 Feinstein（1998）认为它较低。

尽管如此，大量的实验（和传闻）证据表明，逃税的故事不仅涉及道德成本效益计算。Frey（1997）认为区分纳税人因"公民美德"而遵守纳税义务的内在动机和由于受到惩罚威胁而付出的外在动机之间的区别非常重要。他认为，增加外在动机，比如惩罚性强制执行政策可能会"挤掉"内在动机，让人们觉得自己付税是因为他们必须付税，而不是因为他们想要。在实验环境中，Scholz 和 Lubell（2001）发现，在惩罚引入后，某些环境下的合作水平显著下降，这表明威慑动力的增加并不能弥补更高的惩罚在人们如何制定决策时所带来的变化。

一些实验室实验已经发现，受试者不仅对此做出反应（Spicer 和 Becker，1980；Alm，Jackson 和 McKee，1992）。特别是，逃税的决定可能取决于对税收制度公平性的认识。如果说，认为税收公平加强了反避税的社会规范，那么就良心良知（如果没有被捕获）或恶名（如果被捕获）而言，逃避成本更高。Falkinger（1995）详细阐述了这一论点，而 Cowell（1990）报告的实验未能发现税收系统中不公平和不合规之间的联系。一个人可能会避免税收，可能因为那个人认为政府（非税收）政策是错误的（Andreoni，Erard 和 Feinstein，1998）。这种个人判断可能很复杂；例如，在爱国期间，战争支出可能是可以容忍的，但在以反军事主义为特征的另一时期则被拒绝（Daunton，1998）。

这些模式表明，互惠利他主义的一种形式可能正在起作用。纳税人的行为取决于其他个体的行为、动机和意图，而不是政府本身。Levi（1998）认为，如果公民认为政府将按照自己的利益行事，其程序公平，而且他们对国家和其他人的信任也会得到回报，那么人们更有可能成为"合作伙伴"，即使他们的短期物质利益将使个人的最佳选择免费搭乘。一些调查证据支持这种观点。Torgler（2003）和 Slemrod（2003）一方面显示了各国之间在基于调查的逃税态度之间的积极关系，另一方面表达了对政府的信任，Slemrod（2003）发现美国个人之间的关系也是相同的和德国。捷克共和国 2002 年的一项民意调查显示，如果一个人认为政府服务不合标准，那么他将更有可能逃税（Hanousek 和 Palda，2004）。当然，这样的调查反应也可能反映了不遵从行为的事后合理化。

如果认识到税收合规性很重要，一个自然的问题是政府可以在多大程度上操纵税收合规行为来降低筹集资金的成本。对良心的呼吁至少可以追溯到古代巴比伦的汉谟拉比统治时期，当税收官迟迟付款时发出以下通知："你为什么不把 30 只羊羔作为你的税款送到巴比伦？你对这种行为不感到羞愧吗？"（Webber 和 Wildavsky，1986）。呼吁爱国主义诱导公民缴纳税款（并且通常购买战争债券）在近代普遍存在；第一次世界大战期间美国财政部长威廉吉布斯麦卡杜将这些运动称为"资本化爱国主义"。Kang 和 Rockoff（2006）讨论了第一次世界大战的经历，而 Jones（1996）讨论了第二次世界大战期间的财政宣传。

这种运动在普通（非战争）时期在纳税人摆脱其最佳合规战略的过程中取得成功并没有得到充分证明。在一个和平时期的明尼苏达州纳税人的随机现场实验中，Blumenthal，Christian 和 Slemrod（2001）没有发现任何证据表明两个对纳税人良心的书面申诉对合规性有显著影响。一封信强调了税收资助项目的有利影响，另一封信则传达了大多数纳税人都遵守的信息。Torgler（2004）在瑞士采用对照实地试验也发现，道德劝说对纳税人的遵从行为几乎没有影响。

（三）A–S 模型及其拓展

1. A–S 模型

假设真正的纳税基础是纳税人所知道的，但税收机构并不是无代价地观察到的。那么，在某些情况下，纳税人可能会试图报告低于真实值的应纳税所得额。在 Allingham 和 Sandmo（1972）（以下简称 A-S）的开创性的表述中，可能阻止个人逃避所得税的是一个固定的概率（p），即任何应税收入低估都将被检测出来并受到比例惩罚（θ）超过了真正的纳税义务本身，逃税涉及的成本可能取决于逃税的收入和税额。

在 A-S 模型中，所有的实际决策和应纳税所得（y）都是固定的；只有纳税人的报告被选中。规避风险的纳税人选择一个报告值（x），从而得到未报告的收入为 y-x，以最大化预期效用。

$$EU = (1-p)U[v+t(y-x)] + pU[v-\theta(y-x)] \tag{7-1}$$

其中，v 是税后收入，t 是（比例）所得税税率。效用函数 U（·）代表个体对风险的偏好。在这个模型中，选择是否以及以多少来回避，类似于是否和多少赌博的选择。每一美元的应纳税所得额低估提供了一个概率为（1-p）的 t 的回报，以及概率为 p 的惩罚为 θ。当且仅当这种赌博的预期收益（1-p）t-pθ 是正数时，每个规避风险的纳税人都有可能逃避，其数额取决于预期收益和纳税人的风险偏好。

Yitzhaki（1974）指出的一个关键问题是，对发现的逃税行为的惩罚是否取决于 A-S 所假设的收入轻描淡写，或者是否因为税收轻描淡写而更为准确地反映了许多国家的实践。在后一种情况下，最大值变为(1-p)U[v+t(y-x)] + pU[v-θt(y-x)]。这是一个重要的变化，因为这意味着税率对逃税赌博的条款没有影响；随着 t 的上升，从一个美元的低估中获得的回报就会增加，但是一个被检测到的低估的成本会相应地上升。最优规避的一阶条件成为

$$\frac{U'(y_A)}{U'(y_U)} = \frac{(1-p)}{p\theta} \tag{7-2}$$

y_A 和 y_U 分别指世界各地经审计和未经审计的国家的净收入。请注意，除了 y_A 和 y_U 定义中的收入效应之外，t 不会出现在公式（7-2）中。把这个与原来的 A-S 公式相比较，其中 t 是右边分母的乘数，意味着 t 的增加会按比例增加对收入的低估的回报，但不会按比例增加惩罚，避税更有吸引力。不管惩罚取决于税收轻描淡写还是收入轻描淡写，更多的厌恶风险的个人会避免这样做。只要绝对风险厌恶程度降低，收入较高的个人就会越逃避；作为收入的一部分，高收入人士是否会逃避更多，取决于相对风险规避。相对于收入的回避会随收入的一小部分而减少，增加或保持不变，这取决于相对风险厌恶是收入增加，减少还是不变的函数。增加 p 或 θ 会减少逃避。

增加 t 既有收入效应，也有可能是替代效应。如果纳税人的绝对风险厌恶程度降低，收入下降使得风险最小。如果惩罚与收入有关，而不是避税，则 t 的增加具有替代效应，增加了被审计国的消费相对价格，从而鼓励逃税。在后一种情况下，如果惩罚与逃税有关，增税没有替代效应，所以只要相对风险规避的减少，增加 t 就可以减少逃税。

A-S 模型的这个简单版本受到了批评，理由是它没有通过简单的现实检查。如果 p

是美国审计收益率的一部分，大约为0.015，而q为非逃避法定惩罚，大约为0.2，那么根据其他情况下的风险规避程度，人们应该逃避很多。他们显然是这样做的。这个有趣的问题成为人们为什么要纳税，而不是为什么人们逃避。

在A-S模型中，限制逃税的企图是纳税人的风险规避。在某一点上，进一步的避税的成本变得太大了，所以在所选择的逃税量中，预期税收的边际收益恰恰被额外风险的边际负效应抵消了。该模型还预测，风险中立的个人根本不会逃税，或者不逃税，这取决于逃税是否具有积极的预期回报。如果检测的概率是逃税数量的递增函数，则这个"任一或者"预测被消除，这可能是大多数税收系统的特征。引入内生性p的含义取决于p和规避之间的确切关系。

例如，考虑这个案例，其中p是回避收入（y-x）的递增函数。风险中性纳税人选择x使预期收入最大化，

$$EY = [1 - p(y-x)](\eta + s) + p(y-x)(\eta - \theta s) \tag{7-3}$$

其中$s = t(y-x)$为低税收，当$p' = \partial p/\partial(y-x)$为正时，第一个条件变为

$$1 - p - p\theta = p'(\theta + 1)(s/t) \tag{7-4}$$

在这种情况下，逃税将受到p增加以抵消预期收入增加的事实的限制。如果存在不同的收入来源，那么对于风险中性纳税人来说，这两者之一或者预测也被消除，每一个收入来源都是自己的。例如，雇员的劳动收入有很高的p（由于雇主的信息报告和计算机匹配），而"月光族"收入则低得多。面对这种情况，一个风险中立的个人报告了几个收入来源中的每一个，但肯定可以报告总收入的一小部分。

内在的检测概率当然可以应用于风险规避纳税人的情况。在这种情况下，在边际上，期望值的增加被风险承担度增加和检测概率增加所抵消。Cremer和Gahvari（1994）通过引入他们所说的"隐藏技术"来概括这个概念，这个隐藏技术在我们的符号中采用形式$p[y-x,(y-x)/y,m]$，其中m代表纳税人隐瞒开支。Usher（1986），Kaplow（1990），Cowell（1990a）和Mayshar（1991）也提出了纳税人的支出可以增加检测概率的观点。

2. A-S模型的拓展——与劳动力供给相结合

特别引起学者感兴趣的是税收报告决策与其他消费者决策之间的关系。大多数人都关注劳动力供应，个人选择提供多少劳动力以及报告多少劳动力收入。关于报告多少收入的决定与决定多少工作同时进行，以便根据是否有人被抓取来调整劳动力供给是不可能的。这个问题可能是由于要报告多少同质劳动收入，这相当于同时选择消费篮子和风险暴露。属于这个组的模型是基于A-S模型的扩展。或者，这个问题可能是在地下经济模型的背景下提出的，其中有两个部门可能有不同的均衡工资率和其他不同的情况。后一类模型允许根据政策变化进行工资调整，因此属于一般均衡。

在A-S模型的扩展中，劳动力供给的一阶条件与没有逃税的模型中的条件不同，只是它包含平均边际而非边际效用。平均边际效用大于还是小于边际效用取决于边际效用的

二阶导数的符号，这是效用函数的三阶导数的符号。最重要的是，如果效用是不可分的，边际效用函数取决于交叉衍生物的符号，这进一步复杂化了问题。Baldry（1979）和 Pencavel（1979）强调了从这种模型得出任何明确的比较静力学结论的难度；报告的收入对税率，罚款和罚款的变化的反应变得模糊不清。因此，大多数模型都基于对效用函数的特定限制性假设。例如，如果效用函数在消费和休闲中是分离的，那么休闲的边际效用就不依赖于消费。另外，如果消费的边际效用是线性的，如函数 $U(C,L) = \alpha + \beta C + \gamma C^2 + \delta L$，那么最优劳动力供给的一阶条件是：

$$(1-t)wU_1[wL+(1-p\theta)s] = U_2[L] \tag{7-5}$$

其中，s 是逃税并且 $(1-p\theta)s$ 是逃避期望的收益。由于逃避行为会增加预期的消费量，而不会改变实际工资，所以闲暇时间会增加，劳动力供应量会下降。实际工资不会下降，因为逃税机会与所完成的工作量无关。真正的消费选择与逃避或避免机会之间的关系至关重要，在第三节中讨论的更一般性模型中会再次出现。我们讨论避税机会确实影响实际工资的情况。当然，在雇主向税务执法机构报告正规部门的劳动收入的情况下，逃税的唯一方法可能是"兼职"即在不同的工作上额外工作，或完全切换到非正式部门或"地下经济"。

3. 其他不确定性

基本模型也可以扩展以处理其他不确定性的来源。Andreoni（1992）在避税决策中引入了时间性质，认识到如果检测到偷税漏税的惩罚晚于减税，则会被评估。Andreoni 背离了假定有效市场环境的大多数文献，而是假设纳税人受到信贷配给的限制。由于不确定性，纳税人的收入波动，收入的影子价格也会波动。如果非货币惩罚高到足以阻止不偿还罚款和避税，逃税可能被视为从国税局"借款"的一种方式。受限制的纳税人可能会发现，当逃税期间货币的影子价格足够高并且还款期间相对较低时，借款是最优的。安德烈奥尼模拟了一种情况，即在糟糕的时期，个人为了平稳收入流而逃税；因此国税局是一个"高利贷者"。贷款的有条件偿还发生在世界的一个更好的状态。

不确定性的另一个方面涉及税务责任本身的不可预测性，当"正确的"纳税义务没有明确定义时会产生这种不可预测性。真正纳税责任的不确定性可以通过扩展 Allingham 和 Sandmo 框架来模拟。Scotchmer 和 Slemrod（1989）构建了一个模型，在审计后，评估后的纳税义务以一个相等的概率为中心对称地集中在一个已知值上。在这种情况下，收入低估的概念就成了问题，因为纳税人不确定任何给定的收入申报是否正确。

现在纳税人必须考虑三种可能的结果。如果回报没有经过审计（概率为 $1-p$），那么真实的应纳税所得就无关紧要了，纳税人仅仅在其申报的应纳税所得中支付到期的税款。如果回报被审计，有两种可能的结果，这取决于评估后的纳税义务结果。Scotchmer 和 Slemrod（1989）指出，考虑到纳税人对风险的态度较差，增加可能评估的应纳税所得额的分散会导致合规性增加。直觉是，对于一个给定的报告收入，当纳税人被审计并且他的应纳税收入被确定为最高可能值时,更多的分散将收入降低到世界上最不理想的状态。这增加了在这个世界状态下收入的边际效用,这是通过增加报告的收入来实现的,从而在世界的这种状态发生时使自己受到较低的惩罚。只要纳税人的绝对风险规避程度下降,增加报告就是最佳回应。

Beck 和 Jung(1987)表明,当可能的应税收入评估的范围连续不断时,这个结论可能不成立。在这种情况下,增加收入报告的一个边际收益是它减少了罚款评估的可能性。对于报告收入低于可能评估平均值的纳税人而言,可能的评估收入分散程度的增加会降低收入报告声明不足和罚款评估的可能性,从而减少边际收益的这一部分。因此,从理论上讲,增加分散会导致较低的报告。

请注意,不确定性并不能减少偷漏税,就像真正的合计纳税义务减去已缴纳的税款一样,它会减少违规总量。这是因为不确定性的一个影响是诱使一些纳税人支付更多的税收,而不是法定义务支付的税款,这减少了总体违规,但不是个人逃税的数额。

Scotchmer(1989)认为,通过消耗资源,纳税人可以减少纳税义务的不确定性。这些资源可以是纳税人自己研究的形式,也可以是聘请专业人员协助的形式。在这种情况下,不可预测性的成本不仅包括由不确定的纳税义务造成的负面影响,还包括用于减少不确定性的资源。

4. 一般均衡条件

A-S 模式及其直系后代只解决(潜在)纳税人逃税的需求。人们也可以考虑逃避的"供应",并考虑需求的一般均衡考虑必须等于供应。这种扩展的一个背景是地下经济。Kesselman(1989)开发了一套模型,其中有两个部门——地上和地下——生产两种不同的商品。在每个经济部门(以及他们的消费偏好)中,工人的总生产力是同质的,但只能在一个部门或另一个部门工作。然而,工人对逃税有不同的厌恶和避免风险,以及在地下经济中成功运作所需的隐藏和其他技能的效率差异。

虽然精确的结果与模型有关,但可以得出三个一般结论:

(1)逃税收益的很大一部分可能会通过较低的价格从逃税者转移到产出的消费者身上,而"边际"逃税者一无所获。

(2)相对价格效应倾向于抑制税率变化对逃税程度的影响。

(3)逃税对边际收入对税率变化反应的影响将取决于消费者在部门产出之间的替代弹性。

上述模型的一个关键方面是,逃税行为与生产一项独特商品紧密相关。这不一定是真实的,正如同时存在地上和地下房屋,修理人员等等所表明的那样。尽管如此,有确凿证据表明,逃避集中在特定的部门,例如那些直接向房主提供服务的部门,因为与提供给企业的服务相比,小规模的生产可以帮助隐瞒并且收入的需求较少。

5. 逃税的一般模型

由于 Allingham 和 Sandmo 将避税视为赌博,随后的大部分文献都集中在纳税人风险规避的模型，因此高效的效用函数特征发挥了重要作用。这一重点在某种程度上掩盖了税收隐瞒技术等问题的其他重要方面，也掩盖了逃税的常见方面以及我们所称的避税。为了突出这些问题，我们现在转向更一般的税收行为反应模型。

Mayshar（1991）提出了纳税人的问题：

$$\max_{X,S,L,Y} U(Y,L) \quad X = w[L-S-m(E)], Y = X - T(X,S,E) \tag{7-6}$$

其中 X 是产出，S 是掩蔽努力，L 是总劳动力，Y 是消费。Mayshar 将 T（·）称作"税务技术"；它规定了当税务机关选择政策工具向量 E 时由基准 X 可收取的最大税收 T，而纳税人用劳动单位中的 S 来承担活动。假定 $T_X>0$ 和 $T_S<0$ 并且通过构造 $T_E>0$ 是合理的。函数 m(E) 表示与以纳税单位测量的纳税相关的不可避免的合规成本。

虽然逃避赌博在这个模型中没有明确的处理，Mayshar 认为它可以在这个框架中呈现；这样做 S 被定义为某种支付导致相同的期望效用损失与逃避者承担的额外风险，对于给定的预期税收支付。这形成了 A-S 逃税模式与本节讨论的模型之间的联系。从 A-S 逃税模型的角度来看，$T_S<0$ 意味着更多的逃税会降低预期的税收支付，但代价更大的不确定性。

考虑关于 L 和 S 的一阶条件，星号表示最佳值：

$$-U_L(Y^*,L^*)/U_Y(Y^*,L^*) = \omega[1-T_X(X^*,S^*,E)] \tag{7-7}$$

$$\omega[1-T_X(X^*,S^*,E)] \geq -T_S(X^*,S^*,E) \tag{7-8}$$

如果 $S^*>0$，方程（7-8）成立为等式。

表达式（7-7）看起来很熟悉：消费和休闲之间的边际替代率等于净工资。但请注意，有效边际税率 $T_X(X^*,S^*,E)$ 允许比标准线性税收模式更为复杂的边际税率，其中 $T_X(X^*,S^*,E)$ 等于 tX^*，所以 T_X 等于 t。在表达式（7-7）中，有效的边际税率可能取决于纳税人的庇护活动或政府的政策工具，其解释更广泛，而不仅仅是宣布税收时间表。表达式（7-8）表明，因为避税是通过使用劳动来实现的，所以在内部最优化时，其机会成本 $w[1-T_X(·)]$ 将等于其边际私人收益，即边际税收节省。

Slemrod（2001）调查了一个相关模型，其中实现应税收入减少的私人成本（记为 A，为了避免收入）是 C（wL, A），其中 wL 是真实的劳动收入；他认为，一般来说，$C_1<0$ 和 $C_2>0$。如果我们将这种避税技术纳入线性所得税下的纳税人选择，最大化问题就变成了：

$$\max_{L,A} U(Y,L) \quad Y = w(1-L) - t[w(1-L) - A] - C(wL,A) \tag{7-9}$$

在思考这个公式的一般含义之前，首先考虑 C(wL,A) = C(A) 的特殊情况。在这种情况下，劳动力供给的一阶条件与没有避免的标准模型相同。A 的一阶条件简单直接，$C' = t$，这意味着应该追求避税，直到其边际成本等于其边际税负储蓄等于 t。在这种情况下，税率加息明确地增加了 A。此外，对 L 的影响与标准模型没有区别，除了收入效应因避税可能性而改变之外。

当避税或税收技术变成 C（wL，A）时，故事就会丰富起来。有效的工作边际收益变为 w（1−t−C_1），其中 −wC_1 是 Slemrod（2001）对"避免促进"效应所做的补贴。例如，如果对较大的总收入采取一定程度的涉嫌与工作有关的扣除看起来似乎更合理。术语（t−C_1）类似于 Mayshar 模型中的 T_X，并且明确了避税技术如何影响供应劳动力的激励。

从这种税收环境的模型中可以看到一些见解。首先，劳动力供给的替代效应对法定税后工资率的两个组成部分 w 和（1−t）没有同样的反应。（1−t）触发避免响应的变化不是由 w 中的变化触发的。虽然劳动力供给和回避都对 w 和（1−t）都有反应，但它们并不是对称的。这意味着劳动力供给（和回避）的计量经济学研究应该区分对 w 和（1−t）的反应。此外，不应该像 Rosen（1976）那样得出结论：对 w 和（1−t）的不同反应必然代表"纳税人幻想"；相反，它可能反映了避税技术。

Mayshar 和 Slemrod 解决了纳税人所有三种行为反应会导致税制变化的可能性。例如，比例所得税率的提高将提供替代休闲物品的激励，（取决于惩罚结构）增加逃税，并增加避税。还研究了三种行为反应之间的其他相互作用。Cowell（1990）发展了纳税人可以逃避的模型，但也可以合法地为固定成本 r 和不变的边际成本 y 收入收益，其中 y＜t。这些成本假设产生的结果是，如果一个诚实（或高风险厌恶）的人庇护他的任何收入（Y），那么他将自动收留所有的收入，如果 F＋yY＜tY，他会自动收入。Cowell 然后调查避税是否会与逃税共存，并断言最优化的特点并不在于边际避税成本和逃税成本之间的平等。这是因为逃避向税务机关透露，纳税人的真实收入必须至少为 F/（t−y）。他认为，可能有一类避税者也是逃税者，如果不是因为避税而引起注意，而且在某些情况下，逃税者和避税者之间可能存在完全的两极分化。

Cross 和 Shaw（1982）指出纳税人必须通过支出来了解和避免逃税和逃税活动。有两种互动的途径出现。首先，在累进税制下，避税或逃税支出减少了边际税率，从而降低了从事另一方的回报。其次，回避投资可能会降低回避的边际成本，反之亦然。例如，在调查一个非法但不可检测的"避税所"的同时，可以在没有多少额外时间投入的情况下发现（几乎）合法的避税安排。

（四）逃税与税收遵从度

1. 简单模型

税收遵从度最早和最著名的模式是 Michael G. Allingham 和 Agnar Sandmo（1972）提出的。他们主要关注较高的税率是否会产生或多或少的合规性。他们的回答尽管直观，却说明了研究税收遵从的困难和微妙之处。

考虑一个外生收入为 y 的纳税人，他面临税率 t。他打算向政府报告一个数字 x 并支付税款 tx。如果纳税人是诚实的，他会报告 x＝y，但他可能会通过报告收入 x＜y 来作弊。令 z＝y−x 表示收入低估的数额。税务机关不知道真实的收入 y，并且必须通过审计和处罚制度来执行合规。假设纳税人已知的执行政策是以概率 p 来审计报告，$0 < p < 1$。

现在，假设 p 与 x 无关。在进行审计时，我们假设税务机关总是了解真实的收入 y。如果纳税人被骗，他必须支付每一美元逃税收入 θz 的惩罚，除了逃税之外。为简单起见，假设纳税人没有额外的审计费用。

我们可以看到，如果纳税人避免审计，他将会消费 y − tx = y(1 − t) + tz，这比纳税人完全符合要多得多。另一方面，如果欺骗者被审计，他的消费将是 y − tx − (θ + t)z = y(1 − t) − θz，这比如果纳税人完全符合要小得多。假设个人风险厌恶，纳税人的预期效用是：

$$EU = (1-p)u[y(1-t)+tz] + pu[y(1-t)-\theta z] \tag{7-10}$$

逃税额 z 如何随着税率 t 而改变？检查（7 − 10）我们看到效果不明确。提高 t 有两个效果。首先，它降低了完全合规的税后收益，y(1 − t)。如果绝对风险规避正在减少，那么这种变化应该让人们对任何 z 都有更多的风险厌恶，从而不太可能接受更多的作弊行为。其次，随着吨数的增加，返回者的欺骗行为上升，而被捕的惩罚则保持不变。这种不对称会鼓励作弊。哪种影响主导取决于绝对风险厌恶的下降速度，即效用函数的三阶导数。最后，Shlomo Yitzhaki（1974）观察到，如果惩罚与逃税的税额成正比，那么模型预测当税率增加时，欺诈行为将会减少。原因在于，对于任何给定的 z，随着 t 增加，消费的期望值下降并且方差增加，因此欺骗下降。众所周知，如果风险规避者的期望值小于零，他们将永远不会接受赌博。很容易看出，政府可以通过将惩罚率设定得足够高来确保满足这个条件。实际上，政府通常不会将惩罚设置得这么高。这个问题通常是通过假设由于各种原因（例如破产限制或公平考虑）来处理的，这种惩罚不可能实现。

通过增加劳动力供给，简单的 Allingham - Sandmo 模型的显而易见的普遍化成为内生的。John H. Pencavel（1979），Cowell（1981），Sandmo（1981）等研究了这种扩展。随着模型中的实例化，实施变量的影响都变得模糊不清。执法的增加可能会降低有效工资率，这可能会减少劳动力供给总量。然而，如果劳动力供给曲线向后弯曲，额外的执法可能实际上增加劳动力供给，并可能增加未报告的收入数量。Riskaversion 也可能以令人惊讶的方式与劳动力供应相互作用。欺骗性激励措施可以鼓励个人更多地工作，以便自我承担因审计造成的损失（Laurence Weiss，1976），这反过来可以导致更多的审查。此外，由于作弊行为在不同职业之间进行选择，逃避可能影响职业选择（Pierre Pestieau 和 Uri M. Possen，1991）。总的来说，增加劳动力供应使分析大大复杂化。

简单模型的另一个概括是说明报告决策的重复性。在大多数国家，提交所得税申报表是一年一度的事件，纳税人可能会根据过去的报告和审计经验以及未来的预期来制定报告。在仅考虑税收遵从动态的研究之一中，Eduardo Engel 和 James R. Hines, Jr.（1994）发现累积遵从激励是复杂的，并且通常需要模拟来进行预测。

这种复杂而混杂的影响并不局限于上述简单方法中的复杂模型，我们无法预测所有政策参数的影响。而且，当可以获得这样的预测时，它们往往取决于效用函数的三阶导数的单调性和无弹性的劳动力供给。除了劳动力供应和报告动态之外，在过去的25年中，基本的Allingham – Sandmo框架已经在许多其他方面延伸。例如，研究人员已经探索了引入更丰富的税收和惩罚结构的含义，允许在审计比率和真正的纳税义务等政策参数方面提供不完善的信息，纳税人必须报告的项目，以及道德，社会动态和税务从业人员的角色。

2. 税收管理的激励措施

上面讨论的模型没有区分税务当局和政府的其余部分。事实上，这种区分引发了一些重要的问题。首先，如果一个主权政府试图最大限度地发挥广泛的社会福利功能，那么其税务机关是否应该寻求最大限度地发挥社会福利功能，还是应该寻求最大化收入净收入？其次，如果税务机关的目标与其主权政府的目标不同，那么政府可以通过预算、行政或政治等手段来控制当局的行为？

Nahum D. Melumad和Mookherjee（1989）考虑了第二个问题的一个方面，分析了一个愿意致力于其审计政策的政府，以最大限度地提高税收总额，但却不能提高效率。他们认为，政府可以通过将审计责任委托给税务部门的代理人来完成。特别是，他们认为，政府可以引导权力遵守承诺审计规则，尽管当局在纳税人做出报告之前不能自己承诺遵守这一规则，向当局提供以下类型的激励合同。如果主管部门的审计不产生罚款，代理人仅仅因为达到其审计预算目标而获得奖励。如果审计后确实发生罚款，那么当局将按罚款价值比例进行奖励。认识到由于第二个特点，当局就有动力审计任何不诚实报告的纳税人，纳税人被迫按规定进行纳税申报。

桑切斯和索贝尔（Sanchez和Sobel，1993）也研究了向代理人征税的责任授权，但重点关注政府和税务机关的不同目标。他们认为税务机关试图最大限度地提高税收总额，但主权政府寻求最大限度地发挥更普遍的社会福利功能，既提供公共物品又重新分配收入。Scnchez和Sobel表明，政府通常会为税务当局提供比政府本身认为最优的预算更小的预算，以便在均衡时向税务机关提供额外的美元审计资源的影子价值大于1。为了直观地理解这个结果，考虑阴影值等于1的情况。在这种情况下，审计资源的最后1美元恰好提高了1美元的收入，因此不会增加净收入所有，同时消耗1美元的实际资源。很容易看出，在这种情况下，花在审计上的最后1美元实际上降低了社会福利，所以应该减少审计预算，提高影子价值。

关于政府和税务机关之间的许多问题依然存在，并且是未来研究的有希望的领域。这些问题包括不同政治制度如何影响政府和税务机构立法和行政部门之间的相互作用，如何最好地阻止税收腐败，以及如何将税收执法纳入不同级别的政府。

二、文献评述

本书选取经典逃税理论模型为代表，对国外文献中的逃税理论模型研究进行了文献的综述，可以看到，很多专家学者主要借鉴 Allingham 和 Sandmo（1972）的研究结果，并在此基础上进行了进一步的丰富与发展。但是在不同的税收环境下，A-S 模型理论仍面临着巨大的挑战。Yitzhaki（1974）指出，如果发现逃税的惩罚（以及任何相关的非计划成本）与低估的税收成正比（而不是像 Allingham 和 Sandmo 所假设的那样，收入被低估），那么税率对逃税赌博的条款没有影响。其他学者又从税收遵从度、税收管理的激励措施等多个角度对逃税的成因及理论模型进行了不同层面的研究。

总的来说，在过去的 30 年中，逃税的理论模型研究领域取得了巨大的进展，同时伴随着各国税收管理间协作的加强，加深了国内外学者对于逃税的理解。对于逃税的探讨，还有望进一步深入。

第三节　逃税的实证研究

一、实证数据使用

关于逃税的实证研究很具有挑战性，由于承认逃税可能带来的道德以及法律风险使得纳税人不愿意如实汇报其逃税情况，正如 Slemrod（2016）指出的，对逃税的实证分析是很直白的，除了你很难测度企业逃税的具体额度。当前大量的研究是通过间接的方法来实现对逃税的测度的。

（一）随机审计

美国国内税务局国家调查项目（NRP）的审计人员对 46 000 份纳税申报表进行人工分类，申报表被分为：申报翔实的报表、存在问题申报项目的申报表以及有必要进行个人审计的报表。通过这种方式对税收不合规的情况进行摸底调查存在几个问题：一个是项目规模较大、实施难度大；此外其他国家几乎没有进行类似的调查，跨国比较几乎不可行，而对于美国自身由于调查方法一直在变，因此这种随机审计的方法也不具有横向的可比性。

（二）随机场地试验

随机场地实验被誉为经验经济学中的先锋（Angrist 和 Pischke，2010），因为它们有助于确定政策干预的因果影响。当适当地实施时，研究人员不必担心如何寻找控制组，因为控制组是内置随机化的。尽管税率税基一般情况是不易变动的，但税务系统里面其他的政策因素变动是更加有可能并且也更加重要。基于税率税基的不可变性，随机税务场地试验主要关注税务系统譬如与纳税人的交流。

当然，在某些情况下，随机化可能自然产生，而不是有意识地引入，以便了解替代政策的影响。例如，Angrist（1990）把越战时期的彩票号码作为随机分配的风险因素，用以估计退伍军人身份对其收入的影响。更接近的研究是 Dobbie 和 Song（2014）的研究，他们发现了美国银行破产法庭使用一种匿名轮换制度来分配案件的法官，以研究破产对债务人的保护。尽管设计良好的随机对照试验具有无与伦比的内部有效性，但我们并不总是很清楚结果是否可以"放大"。一般均衡效应可能很重要，但是如果不理解政策干预对于纳税人行为的更加一般的影响途径，一次随机场地试验就很难预测政策干预的效果。此外，一些在实验环境中有效的干预措施在更大的经济环境中可能并不可信。例如，Kleven 等（2011）设置了 50% 和 100% 被审计概率的两组控制组，精明的纳税人会知道，无论哪种政策一旦被扩大到全部人口，其代价都是极其昂贵的。

（三）征管数据

最近一些税收返还数据开始被大量使用，它们往往是基于国家层面的数据，北欧国家首先公布了这些数据，现在加拿大、英国、其他欧洲国家和美国。相比于小样本的纳税申报数据，当研究员有全部返回数据时，他更有可能得出显著的结论，来证明税收的影响，并调查诸如群体间的异质性等问题。税收返还数据是报告数据，而非"事实"数据，这是研究应纳税收入弹性的一个特别优势，因为其中包含了逃税避税对税收政策的反应。

（四）档案数据

在随机控制范式之外进行的实证分析，绝不是死的，也不应该是，特别是在使用退税管理数据时。但是，在档案研究（和随机场实验）中，可信识别策略的门槛也越来越高。经验经济学中的可信度革命，是希望推翻一些不明确的因果解释和随意使用工具变量现象，并灌输对横断面推理的怀疑，人们可以振振有词地争辩说，未观测到的影响不会随着时间的推移而改变。

（五）微观数据

使用收入追踪方法，我们通过确定某个收入的指标来反映真实税基并将其与报告收入比较。经典的研究设计始于 Pissarides 和 Weber（1989），他们使用食品消费量作为收入指标。他们假设，某人购买的食物量是收入的函数，但并不取决于职业种类。他们进一步地计算了雇员和自营者的食物支出占报告收入的比重。"异常值"只能通过逃税行为来解释。使用微观数据的方法与"异常检测"这一更广泛的主题有关，也被学者们用于信用卡欺诈检测等（Chandola et al., 2009）。

(六) 实验数据

实验室实验提供了一种方法来评估广泛的政策干预影响，并且能实现精确的环境控制，但由于受试者通常是学生，而现实中他们可能会有不一样的举动。Alm et al.（2013）比较了本科生和成年人对实验的反应，实验者需要完成某项任务来取得"收入"，并为这一收入申报纳税（纳税申报会被随机审计且面临法律风险），研究发现成年人的税收遵从度比本科生组更好，但两类实验对象中的实验组（提供税收信息服务）的效果是相当的。Choo et al.（2014）设计了相似的实验，他们选取一组从未申报过所得税的英国大学生和一组不接受第三方报告的纳税人样本，比较发现学生组对随机审计的不确定性更敏感，在被随机审计概率不明时更有可能选择遵从税法。作者认为由于在现实世界中形成的遵约准则被带入到实验中，这就限制了学生样本的实验室行为，对实验室数据的使用也形成了一定限制。

(七) 宏观数据

很多文献追溯纳税人的真实收入以揭示了各国间非正规经济的规模。Pissarides 和 Weber（1989）使用了城市层面数据而不是个体层面数据，通过分析城市层面的报告收入和电量消耗量的关系来揭示真实收入与报告收入间的关系。Feige（1990）通过假设主要的地下经济都使用现金交易并且存在一个地下经济为 0 的基期年来估计地下经济的规模。当前 OECD 税收征管国别数据是宏观数据的一个重要来源，2015 年版包括了所有 OECD 国家和其他 22 个国家，涵盖了机构设置、运营表现测度、网络服务使用情况、第三方信息使用情况以及处罚信息等。Robinson 和 Slemrod（2012）使用上述数据，发现在税务管理方面的国别差异有助于解释税收水平与人均收入之间的显著的跨国关联。

二、实证逃税的影响因素

(一) 税率和收入水平

Clotfelter's（1983）最早分析了逃税与收入以及税率间的关系，Clotfelter 发现税后收入和边际税率与逃税的回归系数均为正值且显著。Feinstein（1991）使用 1982–1985 年的面板数据进一步证明了边际税率与逃税间存在显著的负向关系，而收入与逃税间不存在显著的相互关系，但这一结论却与众多学者的结论相反，他们认为税率越高，逃税现象应该越严重（Friedland, Maital 和 Rutenberg, 1978; James Alm, Betty R. Jackson 和 Michael McKee, 1992b; Jonathan C. Baldry, 1987）。因此，关于税率与逃税行为间的关系，还需要进一步深入的研究。

(二) 社会因素

许多民主和社会因素也与纳税人的税收遵从度相关，而由于税收返还数据只包含一小部分社会变量，因此许多研究也大量采用普查数据。学者们（Witte 和 Diane F. Woodbury，1985；Beron，Tauchen，和 Witte，1992；Dubin 和 Wilde，1988）使用国内税务局的数据以及三位数行业普查数据，研究发现当地区非白人比例越低，地区税收遵从度就越高；地区 65UI 以上人口占比越高，制造业雇佣成年人比重越高，则该地税收遵从度水平就越高。但对于地区失业率以及成年人高中毕业率与逃税的关系还不明确。学者们（Baldry，1987；Friedl，Maital 和 Rutenberg，1978）也证明了，男性相比于女性有更强的逃税动力，年龄与税收遵从度间呈现显著的正向关系。

(三) 审计

Slemrod et al.（2001）对明尼苏达州税务局随机审计试验的结果进行了实证分析，明尼苏达州税务局随机选取了部分 1995 年申请税收返还的纳税人，实验组被通知他们 1994 年的所得税税收返还申报表会被严密检查以发现不合规的地方，而对照组不会接受任何税务局的审计通知。研究发现收到审计通知的中低收入群体倾向于多申报所得税，而高收入群体对审计风险的反应则恰好相反，因此审计风险对于高低收入群体的影响是不一样的。Kleven et al.（2011）在丹麦进行了一个类似的实验，他们设置了审计组和无审计组两个组别，对审计组的申报表全部进行审计处理，无审计组别不审计。第二年随机从两组中抽取纳税人并告知其面临被审计的可能分别是 100% 或者 50%。对照组则未收到通知。研究发现被审计组多 1% 的可能在下一期多报收入，而其中私营业主被审计后多报 14% 的收入。Agostini 和 Martinez（2014）发现收到税务局审计信函的公司平均减少了 10% 的税收抵免申请。Almunia 和 Lopez – Rodriguez（2014）发现西班牙规模以上企业倾向于低报企业规模以避免税务当局的审计调查，审计调查影响了企业的报税行为。Carrillo et al.（2011）使用厄瓜多尔的数据也发现纳税人为了规避审计风险集群（bunching）出现了 1% 的扣缴率。

(四) 第三方信息

Carrillo et al.（2014）研究了厄瓜多尔税务当局使用三方信息对企业税务合规的影响，他们发现企业对政府使用第三方信息稽核其纳税申报抱持怀疑的态度，因此政府使用第三方信息稽核对于发展中国家企业避税的影响并不显著，这主要是因为发展中国家第三方信息的缺失使得企业对政府行为的威慑力存疑。Fack 和 Landais（forthcoming）发现 1983 年法国慈善捐助税收优惠待遇政策调整后（纳税人需要在申报抵扣时附上慈善机构的收据），报告的捐赠支出减少了 75%。Slemrod et al.（2015）研究了 2011 年美国国内税务局使用第三方支付公司和信用卡公司数据核对纳税人收入对纳税人税收遵从度的影响，由于第三方数据中纳税人的支出项不能被税务局有效掌握，第三方信息核对所带来的少报收入现象的减少被企业多报支出行为所掩盖，总体上来说使用第三方数据对纳税人避税的影响比较有限。Naritomi（2015）研究了 NFP（Nota Fiscal Paulista）政策对企业避税行为的影响，NFP 项目旨在使用财政激励手段鼓励消费者主动举报零售商的逃税行为，他们发现项目施行以来，零售公司平均多报了 22% 的收入，消费者上报消费数据的做法显著减少了企业逃税的行为。Kumler et al.（2013）研究了墨西哥 1997 年养老金改革对企业逃税行为的影响，养老金改革使得年轻工人的退休福利与其当期报告工资直接挂钩，因此企业的报税行为就与员工利益切身相关，改革给工人提供了充足的激励监督雇主准确申报工资，作者实证也确实发现改革后企业报告工资与实际工资差异有所减小，因此来自员工的第三方监督显著减少了企业的逃税行为。

（五）简化税制

Onji（2009）研究了日本简单征收方式对企业逃税行为的影响，他们发现简单征收标准线下企业大量集群分布而征收标准线上一定范围内的企业数量极少，这说明日本企业会利用少报收入等逃税手段来迎合税收激励。Best et al.（forthcoming）研究了巴基斯坦简化税制对企业逃税行为的影响，他们发现对企业营业收入的简化征收能有效减少 60%–70% 的逃税行为。

（六）道德劝说

部分学者（Blumenthal et al.，2001；Torgler，2004；Fellner et al.，2013；Pomeranz，2015；Castro 和 Scartascini，2015）发现道德劝说对企业税务合规行为的几乎没有影响。至于为何道德劝说不起作用，部分学者认为是税收遵从与纳税人的个人利益相冲突。LaLumia 和 Sallee（2013）以美国要求申报税收豁免同时附上个人社保账号为切入点，他们发现当纳税人被要求附上自己的社保账号后，全国纳税豁免申请数量少了 700 万。Bott et al.（2014）发现纳税人在收到税务局"申报国外收入指南"的邮件后国外收入的申报量几乎增加了一倍。Hallsworth et al.（2014）发现当寄给纳税人的邮件中提及纳税人是极少的未纳税人时，纳税人如实申报的概率会大大增加。

（七）社会公开

社会公开对纳税人税收遵从的影响可能是多方面的，一方面社会公开增加了纳税人逃税的风险；另一方面社会公开使得社会人士产生隐藏真实收入的动机；此外社会公开使得部分希望得到更多关注的人士产生逃税动机。Hasegawa et al.（2013）研究了日本业已废除的 2004—2005 个税披露系统，他们发现应税收入四百万日元以下有大量纳税人集群

（bunching），面对四百万日元以上就披露的情况，实证证明了大量纳税个人以及公司均隐藏了真实收入。Bo et al.（2015）研究挪威2001年网上公开纳税数据前后纳税人行为变化，他们发现互联网公开纳税数据后纳税人申报收入增加了3个百分点。

三、税收征管政策建议

许多学者对于逃税与税收管理也做了相关的描述，相关的建议如下：

（一）针对逃税，政府首先要有严格的征管措施

政府需要增加国家预算，提高政府税收征管的能力。Slemrod（2016）通过对于美国国税局2010—2015年预算额度和接待量的调查，提出如果国税局有更多的资源，那么税制的横向公平、垂直公平和效率就会提高[①]。

政府要有一套完整的税收征管体系。Slemrod（2007）认为规范理论在提供税收管理的关键工具，特别是各方的信息报送作用方面提供具体的政策建议方面，还没有取得很大的进展；国税局依靠企业报告支付给员工的工资和薪水的能力解释了为什么劳动收入的（最优）不合格率远低于就业收入，因为没有这样的信息报告；支持企业对企业销售的能力被倡导者吹捧为增值税的主要管理优势，而且监控企业对消费者的销售以及将企业与企业的销售区别开来的难度已经被注意到了作为管理零售税的致命弱点[②]。总体而言，如果要求相对无私的第三方提供信息，如工资和薪水，则可以以较低的成本实现较高的合规率。但是，如果只涉及利益相关方，则必须找到一个替代机制，例如在信用发票增值税（只有在卖方出具已支付税款的发票时才能扣除输入购货税）必须找到或符合将缺少昂贵的审计。这些差异的形式化建模尚处于起步阶段。Kopczuk和Slemrod（2006）提出了一种建模策略，它建立在公司之间以及公司和员工之间可交易的长期交易的重要性上[③]。Gordon和Li（2005）认为金融部门是发展中国家税收管理的关键[④]。

政府需要掌握准确的信息，并且具有对于逃税的评估能力。FATCA倡议通过要求/引导外国金融机构直接或通过其本国政府向美国国税局报告美国公民的外国账户，向另一级报告信息。Slemrod（2016）认为美国国税局应该认真分析FATCA倡议的早期成果。更好的DIF分数。IRS用来选择回报的方法之一是计算机评分。判别函数系统（DIF）为每个

[①] JB Slemrod. Tax Compliance and Enforcement: New Research and Its Policy Implications. Social Science Electronic Publishing, 2016.

[②] J. Slemrod. Cheating Ourselves: The Economics of Tax Evasion. Journal of Economic Perspectives, 2007, 21（1）：25-48.

[③] W. Kopczuk, J. Slemrod. Putting Firm into Tax Theory. American Economic Review, 2006, 96（2）：130-134.

[④] R. Gordon, W. Li. Tax Structure in Developing Countries, 2005.

回报提供数字分数，根据过去 IRS 获得类似回报的经验，在审计时评估潜在的税务责任变化。这项评分十分的重要，仅仅由 IRS 做可能是不够的，Slemrod（2016）认为 IRS 应该向学术界和私人公司（当然是受控制的）提供大量匿名回报，由审计人员提交和"纠正"，表明可能的目标功能（例如，最大化美元发现不合规退货的数量，发现不合规退货的数量超过一定阈值的数量），并提交一个新的判别式（NDIF）。然后国税局会对这些 NDIF 进行评估，然后再单独提交大量的报税表，并通过审计修改。发现一个更好的 NDIF 的奖励是明确的。Slemrod（2016）认为这样做的成本会相对较低，并且能获得更好的 DIF。

（二）根据逃税模型，现实中逃税执法资源的数量和惩罚的程度是值得思考的问题

Slemrod 和 Yitzhaki（1987）指出执行税法应用多少资源的正确规则是边际资源成本减少等于规避的边际社会收益（这种收益不能很好地衡量）[①]。Slemrod 和 Yitzhaki 在 1996 年和 2002 年提及效率分析和最优税收的工具可以扩展到执法政策工具。忽视分配问题，这些工具表明，应该利用所有的税收政策工具，而不仅仅是税率等标准工具，以平衡每 1 美元收入的边际效率成本，这反过来等于边际社会收益提高收入。但是目前仍然没有人能把理论上正确的最优执法特征转化为一个关于应该容许多少逃避的陈述。

关于惩罚，自从 Becker（1968）以来，众所周知，一个关心最大化代表性公民的期望效用的政府会想要将检测到的犯罪的惩罚设定得尽可能高，以至于即使资源成本较低的执法力度，整体预期的阻吓作用将是大的，但是这个论点尤其忽略了腐败的税收管理者滥用这个制度的可能性，或者严厉地惩罚那些犯了诚实错误的人；惩罚越严厉，腐败管理者可能造成的损害就越大，而在一个诚实的错误的情况下，这个制度越是反复无常，因此，刑罚越严格，检控程序就越详细和谨慎；另外，如果处罚更严厉，法院可能会更不愿意发现纳税人逃税，所以一个实际的结果可能会减少处罚，这个论点也面临着这样一个共同的观点：惩罚的水平在某种意义上应该是"合适"的，在没有明确建模惩罚率和行政成本之间的相互作用的情况下，分析模型通常假设惩罚率上限[②]。

（三）针对逃税过程，采取的其他管理措施

Bankman（2008）和 Ventry（2011）讨论的方案将涉及由联邦政府维护的集中数据库，该数据库包含提交纳税申报表所需的大部分信息，例如工资信息，常见扣除额和已付税款；纳税人，专业编制人员和当局都可以访问这个共享的信息来源来纳税；IRS 还可以

[①] J. Slemrod, S Yitzhaki. The Optimal Size of a Tax Collection Agency. Nber Working Papers, 1987, 89(2): 183 – 192.

[②] JB Fleury. Crime and Punishment. Hokkaigakuen Law Journal, 1968.

通过提供"智能"的纳税申报,利用改进的信息技术①。Bankman 等人(即将出版)讨论了一个聪明的回报可以提高合规性的三种方式。第一个涉及改变现有回报的措辞以增加逃避的心理成本,并通过例如将诚实的证明置于形式的顶端来增加对感知的期望。第二种方式通过使用一个含有"自相关"名词的简短短语,如"骗子",如"请不要做骗子"来建立对道德的回应。研究表明,这种方法可能会影响行为超过标准的基于信件的呼吁,如"整个社区遭受"逃避或提到"顺从的多数"的良心措辞。第三个使用在线"对话代理"来问适应性问题,纳税人,包括从以前的问题的答案的信息。这将使国税局能够提出更具针对性的问题,这应该能够减少逃税和审计成本,并且还可以减少申请时间并消除后续审计风险,从而使纳税人受益。作为数据驱动系统一部分的自适应提问允许对算法进行持续实验和实时修改,以结合该实验的结果。

劝阻现金和鼓励与金融部门的交往。根据 Slemrod(2016)的调查结果显示,一些类型的逃税通过交易现金来促进,作为回应,许多政府已经为现金交易规定了上限②。丹麦为 10 000 丹麦克朗,在法国和意大利为 1 000 欧元,在比利时为 5 000 欧元,在希腊为 1 500 欧元。阿根廷对借记卡交易提供 5% 的增值税优惠,信用卡购买优惠 3%。如果信用卡的使用量超过信用卡个人总收入的 20%,借记卡的收入占 25%,韩国将提供一次性退款。对于使用电子付款的现金税或补贴可以被认为是庇古政策解决难以监控的税务交易的边际社会成本。但是,由于地方法院的判决,美国最近走向了相反的方向,允许商店使用信用卡向购买者收取高达 4% 的附加费。

(四)通过对非正规经济采取措施抑制逃税

美国逃税的一小部分与非正规经济有关,尽管这一比例可能低于大多数其他国家。由于其他国家的非正规经济问题比美国还要大(政府允许入侵的标准不同),其他一些执法策略已经在其他地方尝试过了。截至 2012 年,挪威向非劳工监察局批准的公司购买清洁服务是非法的。在许多欧洲国家(如瑞典、波兰、比利时、保加利亚、丹麦、希腊、意大利和匈牙利)使用了经过认证的收款机。自 2010 年起,在瑞典,出售现金(包括借记卡)的企业必须拥有一个经过认证的收银机,其中包含一个只能由税务机关访问的特殊黑匣子;这部分是为了对抗使用安装在电子收款机或其他电子销售点上的软件,使用户可以删除已记录的交易。自 2008 年以来,在瑞典,对于家庭装修和家庭服务,消费者可以申请一个计划,他们向供应商支付材料,但仅支付费用的一半劳动部分。那么执行工作的公司又向另一半的税务机关申请,从而向税务机关透露他们的存在以及他们的一些应税收入和

---

① DJV Jr. Americans Don't Hate Taxes, They Hate Paying Tax. University of British Columbia Law Review, 2011.

② JB Slemrod. Tax Compliance and Enforcement: New Research and Its Policy Implications. Social Science Electronic Publishing, 2016.

增值税基数。丹麦自2011年以来，如果向税务部门发送数字化支出报告，消费者可以扣除住房维护和服务费用的15%，部分原因是为了使宣布的国内服务比非正规经济部门便宜。

文献索引

［1］ANDREONI J, ERARD B, FEINSTEIN J. Tax compliance［J］. Journal of economic literature, 1998, 36: 818-860.

［2］CLOTFELTER C T. Tax evasion and tax rates: an analysis of individual returns［J］. Review of economics and statistics, 1983, 65: 363-373.

［3］FREY B S. A constitution for knaves crowds out civic virtues［J］. Economic journal, 1997, 107 (443): 1043-1053.

［4］GORDON R, LI W. Tax structure in developing countries: many puzzles and a possible explanation［J］. Journal of public economics, 2005, 93 (7): 855-866.

［5］MARTIN D. Trusting leviathan: British fiscal administration from the napoleonic wars to the second world war, in trust and governance［M］. New York: Russell Sage Foundation, 1998.

［6］ALLINGHAM M G, SANDMO A. Income tax evasion: a theoretical analysis［J］. Journal of public economics. 1972, 3 (1): 323-338.

［7］ALT J E. The evolution of tax structure［J］. Public choice, 1983, 41 (1): 181-222.

［8］BREUSCH T. Australia's cash economy: are the estimates credible［J］. Economic record, 2005, 81 (255): 394-403.

［9］FEIGE E L. The underground Economies［M］. Cambridge: Cambridge University Press, 1989.

［10］FLEURY J B. Crime and punishment［J］. Hokkaigakuen law journal, 1968.

［11］FRANK C. Cheating the government: the economics of evasion［M］. Cambridge, MA: MIT Press, 1990.

［12］JOHNS A, SLEMROD J. The distribution of income tax noncompliance［J］. National tax journal, 2010, 63 (3): 397-418.

［13］KOPCZUK W, SLEMROD J. Putting firm into tax theory［J］. American economic review, 2006, 96 (2): 130-134.

［14］MARGARET L. A state of trust, in trust and governance［M］. New York: Russell Sage Foundation, 1998.

［15］MERRIFIELD J. State government expenditure determinants and tax revenue determinants revisted［J］. Public choice, 2000, 102 (1-2): 25-48.

［16］MUMMERT A, SCHNEIDER F. The German shadow economy: parted in a united Germany［J］. Finanzarchiv, 2001, 58 (3): 286-316.

［17］SCHMIDT-HEBBEL K. Fiscal adjustment and growth: in and out of Africa［J］. Journal of African economies, 1995, 5 (3): 7-59.

[18] SLEMROD J, YITZHAKI S. The optimal size of a tax collection agency [J]. Nber Working Papers, 1987, 89 (2): 183-192.

[19] SLEMROD J, YITZHAKI S. Tax avoidance, evasion, and administration [J]. Handbook of public economics, 2002, 3 (3): 1423-1470.

[20] SLEMROD J. Tax compliance and enforcement: new research and its policy implications [J]. Social science electronic publishing, 2016.

[21] SLEMROD J. Cheating ourselves: the economics of tax evasion [J]. Journal of economic perspectives, 2007, 21 (1): 25-48.

[22] TANZI V. The underground economy in the United States: annual estimates, 1930-1980 [J]. IMF staff papers, 1983, 30 (2): 283-305.

[23] VENTRY D J V Jr. Americans don't hate taxes, they hate paying tax [J]. University of British Columbia law review, 2011.

[24] WISCONSIN B V. The United States reports [EB/OL]. https://openjurist.org/240/us/625.

[25] YITZHAKI S. Income tax evasion: a theoretical analysis [J]. Journal of public economics, 1974, 3 (3): 323-338.

第八章

税收归宿

Don't tax you. Don't tax me. Tax the guy behind the tree.

——英文税收谚语

  税收归宿的分析方法包括局部均衡分析和一般均衡分析。商品税税收负担归宿的影响因素,离不开商品的需求和供给弹性,税收转嫁主要通过商品价格的波动反映。对于企业所得税税负的研究,大多数文献集中于资本与劳动力税收负担的相对份额比例的研究及资本要素的税收负担如何向劳动要素转嫁,主要切入点为工资薪金的波动幅度。其他国外研究也关注了房产税和社会保障税的税收归宿问题。在我国的税制结构中,间接税的税收负担衡量显得更为重要。与国外研究不同,国内研究更关注间接税税负归宿对于不同收入群体和城乡居民收入再分配的影响。国内对于所得税税收归宿的研究,从阐明资本要素和劳动要素承担的税收份额,转换为更关注企业所得税对收入分配的影响这一话题。已有国内外的研究为评估和完善税收政策奠定了重要的理论基础。

第一节　经典文献和国外文献中的前沿研究

一、商品税的税收归宿

大量研究从公共财政学的角度看待商品税税收负担。税收归宿的分析方法包括局部均衡分析和一般均衡分析。局部均衡分析将研究的视角限定在某一市场上，从生产者剩余和消费者剩余角度研究税收对商品数量、价格和税收归宿的影响。一般均衡分析的研究视角由课税商品所在市场扩大至整个市场。

在局部均衡分析中，商品税税收负担由生产者和消费者负担的份额比例取决于商品的需求弹性和边际成本弹性（Carbonnier, 2008；Dwenger et al., 2017）。进一步研究发现商品税的税收归宿不仅仅取决于市场水平，例如需求和供给弹性，还取决于市场竞争结构和程度（Anderson et al., 2001；Besley, 1989；Stern, 1987），在长期的完全竞争市场中，消费者负担全部的税收负担，而在短期或者非完全竞争市场中，生产者负担全部的税收负担（Fullerton 和 Metcalf, 2002）。（Carbonnier, 2007）以法国两次增值税减税改革为自然实验研究税收负担在生产者和消费者之间的合理分布，其中对房屋修理服务的增值税减税导致消费者负担税收负担的份额高于对小汽车销售减税而导致消费者征收的税收负担份额，其背后合理的解释在于相对于汽车销售市场，房屋修理市场更偏向于完全竞争市场，边际成本接近于价格，生产者承担的税负份额更低，因此消费者承担的税收负担更重，所以当公司面临的市场供给弹性、需求弹性、市场竞争程度给定，企业的商品税收税收负担是确定的。Weyl 和 Fabinger（2013）以寡头市场和完全竞争市场为案例，发现其他信息不对称的不完全竞争市场的税收负担介于寡头市场和完全竞争市场。也有研究表明在寡头市场中从量税和从价税的税收设计也会影响税收负担，在非完全竞争市场中消费者在从量税下税收负担重于在从价税下的税收负担，而在完全竞争市场中两者无差异（Cournot, 1838）。Carbonnier（2014）从消费者和生产者行为出发构建了消费者和生产者函数，对比不同市场下从量税和从价税税收安排导致的税负弹性对消费者和生产者税收负担的影响，发现税负价格弹性越大，消费者所承担的税收份额减少，生产者承担的税收份额增加。

在商品税税负归宿的实证分析方面，学者们主要从征税商品的价格波动、消费者需求的反应来研究商品税的税收负担归宿。Harju et al.（2015）以瑞典和芬兰的餐饮行业增值税减税为自然实验，比较了不同类型的公司对消费税改革的价格反应，研究结果表明餐饮公司的价格在短期内保持不变，不同所有制结构的餐饮公司对增值税降税的反应存在差异,独立经营的餐馆价格保持不变,而连锁经营的餐馆实行了降价策略,究其原因,独立经营餐馆的管理人员将更多的精力放在其他决定上,而连锁经营的餐馆在不同环境下调整价格的概率更高,进一步说明不同类型的公司的税收负担主要取决于公司填补市场的类型,这篇文章从微观企业的数据看待消费税税收负担,从实证和理论方面扩展了税收负担的研究,同时对政策制定者在消费税改革设计时考虑到不同类型公司的反应程度,从而改善改革的效果。Chetty et al.(2007)以对一般商品和酒精征税的事件为自然实验,利用双重差分模型研究了对两种商品征税后消费者需求的变化,发现对一般商品征税导致需求量下降了8%,而对酒精征税特种消费税导致酒精消费量下降的幅度多于对其征收商品税下降的幅度,以此说明消费者对税收的反应取决于税收是否包含在商品价格中,即税收转嫁给消费者进而影响商品需求。Kosonen(2015)以芬兰针对理发行业的增值税减税为自然实验,探讨特定行业税收负担和改革效率问题,结果表明理发师在减税后降低了理发服务的价格,说明消费者和理发师均分享了减税的收益。

Leigh 和 Andrew(2010)在对以往税收负担经典模型和研究方法的回顾上,指出特定的税收负担主要通过产品价格及工资水平的波动及其他影响产出回报率的其他因素的波动,在消费者、工人和生产者之间进行分配。Benzarti 和 Carloni(2017)以法国对餐厅行业大规模增值税减税为自然实验,依据公司层面的数据,利用双重差分方法研究减税对工人、生产者、原材料供应商和消费者的效应,发现增值税减税后商品价格下降了2%,劳动力成本增加了3.9%,原材料成本提升了4.4%,公司雇主的回报率提升了10%,可见增值税减税对消费者的影响有限,工人分享了25%的减税收益,原材料供应商分享了16%的减税收益,生产者从减税中收益最大。不同于以往仅将研究的焦点放在消费者和生产者的税收负担上,他们从公司层面提供证据验证公司员工和原材料供应者所分享减税收益。

也有学者从供给层面和征管条件方面展开研究,Marion 和 Muehlegger(2010)研究了燃油税的供应条件对税收负担的影响,以柴油和汽油为例发现州的汽油和柴油税全部转嫁给了消费者,在天冷的季节燃油的税负转嫁率更高,当汽油炼油厂的产能利用率越高,税负转嫁率更低,同时低的库存水平和高的税负转嫁相一致,燃油行业规制与税负转嫁率存在正向关系。Chouinard 和 Perloff(2003)将联邦与州汽油税的税收负担对比,发现特定联邦汽油税的税收负担由生产者和消费者共同承担,而州的汽油税收的税收负担几乎由消费者承担,说明供给弹性对税收负担转嫁具有重要影响。同样地,税收征管能力也会影响到税收负担的归宿,Kopczuk et al.(2014)研究了美国对柴油征税的背景下发现从量税的税收归宿取决于税收征管的地点,柴油税的征收地点从零售站转移到柴油供应链的上游将大大提高柴油的价格,此外,对主要供应商或分销商征税的收入多于对零售商征税的收入,其主要可推断是逃税造成的,侧面也可以说明柴油税税收归宿与税收征管能力相关。

Braid 构建空间竞争模型探讨了零售商品税收负担。在一个固定区位模型中对一个或多个相邻商店征税。尽管需求密度是完全的缺乏弹性，由于总运输成本的变化，存在效率损失和收益。如果商店是均匀间隔的，会导致效率损失，因为价格变化引起的损失导致一些消费者不在最近的商店购物而产生额外的运输成本。在某些情况下，例如当由于间距不等而征税商店的零税价低于临近地区时，由于平等的价格和交通运输成本的减少，效率改进；如果在基本固定位置模型中所有商店都征税，则不会降低效率。但是，一旦需求密度下降，对所有商店征税会导致效率损失，因为价格会远远超过边际成本，导致消费者进一步减少购买量有效的水平。Hanson 和 Sullivan（2008）以康斯威星州的烟草税为自然实验，估算了烟草税的税收负担，发现康斯威星州烟草税增加 1 美元全部转嫁给了消费者，消费者负担了全部的税款和保险费，他们以距离康斯威星州的距离对附近的州进行分组，对比临近和远离康斯威星州边境的烟草零售商所承担的税收负担，发现临近边境州的消费者需求弹性大于远离边境的州的需求弹性，因而临近边境州烟草税更难转嫁给消费者，边境附近的通用品牌卷烟的需求弹性差异大于名牌卷烟，边境附近的通用品牌卷烟的税收负担更难转嫁给消费者。

以上关于商品税收税收负担归宿的影响因素分析离不开商品的需求和供给弹性。具体减税效应、特种商品消费税征收、商品供给条件的变化、征税商品和非征税商品的空间布局、商品所处的市场属性等都会影响商品的供给和需求弹性，进而影响税收负担在生产者和消费者之间的转嫁。而税收转嫁主要通过商品价格的波动反映出来的。

二、所得税的税收归宿

Harberger（1962）利用一般均衡分析方法，研究企业所得税税收负担，他做了如下假设：在简单封闭的经济体中存在征收企业所得税和不征收企业所得税的两个部门，依据每个部门资本和劳动的要素的相对比例，可以分为资本密集型部门和劳动密集型部门，并且市场完全竞争，要素自由流动，短期来看，企业所得税是由征税部门的固定资本负担，长期来看，企业所得税由固定资本和劳动要素共同负担。Fullerton（2002）指出区域所得税税收负担不是由当地的投资者负担，而是由全社会的资本负担。在跨期的动态模型中公司税减少了资本回报率，进而降低储蓄率减少了未来期间的资本积累，更低的资本回报意味着更低的工资率，从而劳动承担更重的税负（Judd，1985），而在小的开放性经济体中，公司税可能驱动资本流入其他地方，导致资本回报率相对于征税前没有发生太大变化，从而降低国内资本存量和国内工资率，最终导致税收负担仍然转移给劳动者（Mutti 和 Harry Grubert，1985），进一步 Randolph（2006）建立两个国家、五个部门、三要素的开放型经济模型并且假设了资本完全流动，劳动不完全流动，土地归属于农业部门，模型推导出企业所得税的税负在资本和劳动的分配份额取决于要素替代弹性，资本和劳动要素的初始配置，产品的供求弹性等参数，封闭型经济假定是开放型经济中一个国家完全开放的特例。

Gravelle（2010）指出，在开放型经济体下所得税税收负担在劳动和资本之间的分配比例是由资本要素流动程度、国际产品替代性、国家的大小、要素替代程度、应税部门的资本密集度等因素决定的。

一些学者从工资和产出品价格变动去研究所得税税收负担如何向劳动要素转嫁，Hassett 和 Mathur（2006）利用国家层面的面板数据研究发现所得税税率提高1%导致工资下降0.8%-1%。后续学者研究结论证实所得税税率提高与工资之间存在反向关系．Moore 和 Kasten（2009）以德国公司税改革为自然实验，其中英国和法国制造公司作为反事实，利用双重差分方法研究表明法定公司所得税下降导致员工工资显著提升。上述研究公司所得税税收负担的测算均是从公司所得税降低对工资率的影响来切入的。de Moura（2011）以巴西小微企业税收激励计划即如果企业的上一年年度收入未达到标准并且报告就业率为平均就业率的6%—7.5%这项政策为背景，发现针对这类公司的税收激励计划带来了就业效应，最终导致并没有使工资率发生较大的波动。

Arulampalam（2010）指出通过工资薪金谈判所产生的税负转移是所得税的直接税收负担，而通过资本存量和产出价格的调整所导致的税负转移是所得税的间接税收负担，他利用9个欧盟国家1996—2005年公司层面的数据关注应付员工薪酬的变化以直观展现公司所得税降低对员工薪酬的影响，Dwenger, Rattenhuber 和 Steiner（2017）研究了工资谈判过程中税收负担如何由资本要素向劳动要素转嫁的过程，减税后工资谈判并没有增加使雇员工资得到增加，以往研究忽略了工资提高后企业劳动力需求调整的补贴效应及最终工资变化，他们将工资增加提高企业的劳动成本后调增劳动力需求等考虑在内，发现企业所得税降低1欧元，员工工资增加0.47欧元。Agarwal 和 Chakraborty（2018）从印度公司所得税改革的背景出发，在一般均衡模型的分析框架下估计所得税的税收负担，研究结果发现资本承担的税收负担远远重于劳动承担的税收负担，这与大多数公司所得税税负转嫁给劳动者的论断相悖（Fuest, 2017），作者也指出关于早期对印度公司所得税的研究表明公司所得税没有由资本向劳动转嫁。

个人所得税税收负担的承担者主要为课税对象，因此，学者主要从个税与税后工资及劳动供给的角度来研究个税与收入再分配之间的关系。Kubik（2004）测算1986年美国个税法案改革对工资结构的影响，研究了个税的短期归宿。通过测算行业工资中位数的边际税率发现工资中位数的边际税率下降的职业的工人具有较低的税前工资，主要是因为减税导致公司增加劳动雇佣和总工作时长增加。Fullerton, Don 和 Rogers（1991）从较长时间及动态角度引入终身税收负担的概念，在对比年度税收负担和终身税收负担的基础上发现终身税收负担视角下个人所得税和企业所得税累进性程度明显降低。Leigh 和 Andrew（2010）研究了个人所得税税收优惠对不同性质的劳动供给的影响，研究结果个人所得税税收抵免10%，高中辍学者工资下降10%，高中学历工人的工资下降2%，大学毕业生的工资维持不变，这与税收优惠带来劳动供给增加，从而劳动需求弹性下降具有一定关联。

不仅如此,他还注意到有孩子员工享受到税收抵免的程度高于无孩子的员工,但同时税收抵免提高了有孩子员工的劳动供给,因此税收抵免对劳动工资的影响在有孩子员工和无孩子员工之间是相同的。可见,个人所得税抵免导致的税收负担间接转移到低技能员工上,在一定程度上引发政策制定者对个人所得税改革与社会福利的思考。

企业的所得税税负的研究视角多集中于资本和劳动力的税收负担的相对份额比例的研究及资本要素的税收负担如何向劳动要素转嫁,主要以工资薪金的波动幅度作为切入点。个人所得税更加关注税负归宿主要是以劳动供给和收入差距等形式反映出来的情况。

三、房产税的税收归宿

Netzer(1966)在其著作《财产经济学》中,在第二章《谁缴纳财产税》中对房产税进行了很好的描述。旧的观点基本上依赖于一种部分均衡的方法,基本上将税收分为两部分:一部分适用于土地,另一部分适用于土地的改良(或结构)。由于土地供应,从实际意义上讲,是完全无弹性的。当税收开始征收或增加时,土地所有者的利益受到影响(Netzer,1966)。简而言之,当前和未来税收负债流的现值折现将被资本化为地价。相比之下,由于建筑业的资本供应相对有弹性,税收的一部分落在了改善方面,预期将转移到商业服务的最终消费者和住房使用者。

Henry(1974)挑战传统观点的房产税:最广泛引用的研究认为,房产税的支持是高度递减,这项工作取决于发生率假设任何似是而非的理论根据。"事实上,这些经验估计是经验法则的产物,人们越仔细研究它们,这些经验法则就越难以置信。对这些有缺陷的经验法则进行更精确的实证应用,就会得出这样的结论:房产税的累退性远远低于最广泛引用的证据所表明的那样,而且很可能是累进性的。结合相关理论进展对物业税的影响程度进行实证估计,认为物业税具有累进性;但由于缺乏数据,当时并不太可能做出这样的估计。

Aaron 和 Henry J.(1975)中对财产税最常见的批评是将其作为政府收入来源之一,并认为,与普遍看法相反,实证研究表明,财产税可能是一种累进税。并对物业税管理中常见的缺陷进行了分析,认为这些问题是可以弥补的,并非物业税固有的缺陷。

地方财产税通常被认为是累退性的,但两种占主导地位(和相互竞争)的财产税观点并不一致。在资本税的观点下,国家税的要素是房地产资本税,考虑到房地产所有权的分配,这使得国家税的效率有些低,但具有累进性。在福利观点下,房产税的地方部分实际上不是一种税,而是一种服务费。Wallace E. Oates 和 William 描述的证据表明,资本税观点适用于相对不发达的地区,而利益观更适用于发达的城市地区。

Mary Beal-Hodgesal et al. 认为,对大多数市州政府来说,房产税是其收入的主要来源,但经济学家几乎没有明确的信息可以与政策制定者分享,告诉他们房产税给当地居民带来的负担。这是因为以往的财产税研究大多采用的是 suit 指数分析，该分析不考虑收入以外的任何自变量。我们估计回归模型使用当前收入和各种社会人口变量，以便采取更细粒度的方法。我们使用的数据来自佛罗里达州税务局，数据来自佛罗里达州东北部四个县的 326 976 名单身家庭房主，这些房主的地理编码与 2010 年的群体普查数据一致。作者发现财产税对当期收入是递减的。关于人口统计变量，同时作者发现 65 岁以上的房主根据他们目前的收入支付更高的平均税率。根据非裔美国人目前的收入，他们缴纳的税率低于其他种族。当我们结合收入和人口变量来预测假设的低社会经济地位家庭与高社会经济地位家庭的税率时，我们发现高社会经济地位家庭支付的平均税率更高。因此，人口统计变量仅根据当期收入来调节财产税的累进性。

四、社会保障税的税收归宿

现有的关于工资税变动的实证文献可以分为两部分，为提供更好的同行业人士提供指导。第一组研究以大工业为观察单位，对企业行为进行横断面或时间序列分析。例如，Brittain（1971）估计了这些单元上的 CES 生产函数，包括工资税的度量，作为一个额外的自变量，其系数被认为表明了税收的转移程度。这种方法隐含地仅基于劳动力市场一方（需求方）的行为，反复产生的结果表明，企业几乎不承担任何税收。Brittain 使用的方法受到了几个方面的批评。一方面，Vroman 表明，基于来自许多国家的截面数据的转移估计对工资税变量的测量的微小变化以及估计方程的规格的明显微小变化非常敏感。费尔德斯坦指出，Brittain 的结果缺乏理论基础，他指出，一般均衡模型是任何一组估计位移程度的基础。如果没有这一点，Brittain 所认为的对位移范围的估计更容易被正确地解释为测量误差或验证 CES 函数对所使用数据的适用性。然而，正如 Brittain 所指出的，很明显，整个问题取决于一个人对劳动力需求本质的预先假设，或者基于一组反映劳动力市场行为的供求关系，对一种指定良好的经验模型的估计。

Hamermesh et al.（1979）尝试了一种与以往研究不同的方法来估计工资税的发生率。作者使用了一个微观数据集，它使得能够观察到工资税税率的变化范围比其他研究中可能观察到的要大得多。结果表明，工资税增加的转移主要发生在增税生效后的第一年。此外，任何统一税率的工资税增加中，最多只有三分之一是由雇主转移到劳工身上。

社会保障缴款（Social Security Contributions）是许多发达经济体的共同特征。它们通常作为工资税正式由雇主和雇员共同缴纳。在公共经济学文献中占主导地位的个人和企业行为的标准静态模型中，这些税收的经济发生率取决于劳动力供求关系的放松反应，而不是取决于征税对象（Fullerton 和 Metcalf，2002）。原则上，由于预期劳动力需求的弹性要比劳动力供应大得多（Hamermesh，1993），这些税收的征收应主要由工人承担。然而，使用工资税变化来调查其发生率的实证研究发现，结果喜忧参半（例如 hamermesh，1979；

Neubig，1981；Holmlund，1983；Poterba et al.，1986；Gruber，1997；Lang，2003；Liang et al.，2004），而 Lesaez et al.（2012）则提供了令人信服的证据来反对发生率命题的不变性；除了最低工资所施加的限制外，工资税在雇员和雇主之间的名义分配对他们的经济影响不应太大。Saez et al.（2012）利用希腊基于群组的改革，将不同比例的 SSCs 应用于完全可替代的工人，表明雇主和雇员都没有转移他们的 SSCs 的负担，这表明 SSCs 的经济发生率与法定发生率一致。Facundal et al. 通过提出一种新的方法来调查工资税的发生率，利用缴款上限引起的差异，从而对这一文献做出贡献。这是基于当 SSCs 的边际利率下降到一个上限时，毛利润、净利润和劳动力成本的分配不可能都是连续的。

在美国，明确提及雇主税和私人补偿之间的权衡并不常见。例如，学术界在隶属于教师保险和年金协会（Teachers Insurance & Annuity Association）的 35% 的学院和大学，该机构对这一私人养老基金的贡献被向下调整，以抵消社会保障计划（Social Security Program）下每一次提高应纳税上限的成本。许多关于养老金支付的共同谈判协议都包含了类似的补偿；然而，这种做法正变得越来越少见。即便如此，由于雇主可能会在扣除所有这些成本后，以利润来评估他们的支付能力，增税削减了预期利润，削弱了劳工增加基本工资的理由。

Higgins（2015）在巴西和美国进行了首次全面的财政事件分析包括直接的现金和食品转移，有针对性的住房和供暖补贴，卫生和教育方面的公共支出，以及个人收入、工资、企业收入、房地产和支出的税收。这两个国家有许多相似之处，这使得比较变得有趣，包括高度不平等的发展水平，高度不平等的机会，庞大的和种族多元化的人口，以及相似的政府规模。美国通过直接税收和转移支付实现了更高的再分配，主要是因为巴西未充分利用个人所得税，并将累进性现金和粮食转移项目保持在较小规模，而规模较大的转移项目的累进性较低。然而，当用政府成本法将卫生和非高等教育方面的公共支出计入收入时，两国实现了类似程度的再分配。

Gavrilova et al.（2015）利用挪威境内各地区工资税税率变化的准实验性变化，以及这些地区边界的变化，来估计工资税的发生率。我们的数据是由挪威 1996—2012 年间的制造业公司组成的。因为，这些数据包括我们可以构建每小时总工资率的每个工厂的工作小时数，这样我们就可以完全将发病率与雇主和雇员的行为反应分离开来。我们发现，工资税每增加 1%，总工资率就会下降 0.66%，这意味着雇员平均要支付工资税的 66%。在大型工厂和工资较高的工厂，这种情况完全由员工承担，而在工资较低的小工厂，这种情况则由雇主承担。我们进一步将工资税的变化与关联方程结合使用，以测量每小时总工资成本的变化。我们发现有证据表明，企业在密集边际上增加了劳动力需求。员工数量不受影响。理论表明，工资税的长期经济影响主要在于雇员，即使法定影响落在雇主头上。然而，Saez 等（2012）利用准实验变量表明，雇主支付工资税的经济发生率完全取决于雇主。这表明工资税可以被认为是企业资本的附加税。作者使用挪威公司层面的数据来验证雇主支付的工资税的发生率是否确实与公司相关，并研究工资税改革是否在公司层面引发行为反应。我们关于发病率的结果与 Saez（2012）的结果形成了强烈的对比，因为在我们的研究中，很大一部分发病率转移到了员工身上。Saez（2012）利用员工数据和希腊的一项改革表明，工资税没有行为响应，希腊的工资税税率因进入劳动力市场的日期而不同。

同样地，Lehmann et al.（2013）通过对法国低收入工人的样本进行收入和工资税改革，发现工人会根据所得税的变化调整应纳税收入，但对工资税没有表现出行为上的反应。Saez et al.（2012）推测，由于工资总额中的工资刚性，法国低收入工人可以免受工资税变化的影响。我们的研究结果部分证实了这一推测，低收入工人的发病率确实比高收入工人低得多。然而，我们发现，当工资税上涨时，即使低收入工人的净工资率也会大幅下降。因此，我们的结果并没有完全解决为什么法国低收入工人对工资的反应不同于对所得税的反应。在挪威，Carlsen 和 Johansen（2005），Dyrstad（1992），Dyrstad 和 Johansen（2002）在解释工人人均工资成本时，将工资税率作为控制变量。他们的结果表明，工资税的负担在雇主和雇员之间平均分配。Bennmarker 等人（2009）利用瑞典的准实验性改革发现，工资税减免主要由雇主支付。然而，通过对芬兰的一项改革进行评估，Korkeamak 和 Uusitalo（2009）发现，大部分的发病率分别与员工有关。这一发现得到了美国早期研究（如 Gruber, 1994；Anderson 和 Meyer, 1997；Murphy, 2007）的呼应。这些研究表明，在雇主层面征收的一些税收和补贴，大部分（但并非全部）转移到了员工身上。

Gruber（1997）研究了智利的工资税改革，发现工资税完全转移到了雇员身上。然而，这可能是所得税同时改革的结果，其目的是抵消工资税改革引起的收入变化。在这些研究中，使用的因变量是每个工人的工资，而不是每小时的工资率。据我们所知，文献中唯一使用每小时工资率作为因变量的论文是 Johansen 和 Klette（1997）。然而，他们的研究从未得出结论。他们的初步结果和我们的初步结果是一致的。之前的一些研究已经考虑了工资税在决定劳动力需求和就业方面的作用。与我们的研究结果相似，Korkeamaki 和 Uusitalo（2009）以及 Bohm 和 Lind（1993）发现工资税改革后对就业没有影响，这与主要由员工承担的情况一致。相比之下，Bennmarker 等人（2009）研究了瑞典工资税削减后的就业效应。在评估发病率时，他们最初没有发现就业效应。然而，一旦他们考虑到企业数量，他们发现对企业进入的积极影响和对就业的普遍积极影响，而这种影响完全由雇主承担。但不知道有研究评估了企业行为反应的其他边际效应。

第二节 中国问题和国内文献中的前沿研究

一、商品税的税收归宿

按最终负税人的不同,税收归宿分为直接归宿和间接归宿,最终负税人是法定纳税人,则为直接归宿;最终负税人不是法定纳税人,则为间接归宿。根据税种不同,税收可以分为直接税和间接税,直接税的课税对象是所得者,包括所得税、财产税、社保税和工薪税,间接税的课税对象是商品和劳务,包括增值税、消费税和营业税。因此,国内关于商品税税收负担归宿的研究主要侧重于间接税的税收负担归宿,与直接税的税收法定归宿与实际归宿一致性不同的是,间接税对商品和劳务征税,导致税收负担可以通过价格运动形成税负转嫁,导致间接税法定归宿与实际归宿分割。

根据税负运动的方向,间接税税负转嫁可以分为前转、后转和混转三种模式。其中前转主要指纳税人通过提高商品和服务的价格将部分和全部税负转嫁给买方的过程,后转主要指纳税人通过降低商品购价的方式将税收负担转嫁给销售方的过程。薛凤阁(2002)探讨了税负转嫁和税收归宿的内在联系,纳税人提供的商品和劳务的价值实现程度是税收归宿的决定因素,而税负转嫁通过改变商品价格和价值格局而影响税收归宿,也就是说税收通过转嫁使税收归宿合理化。一般而言,商品税和劳务税影响收入的使用环节,会影响到个人和企业要素的相对占有份额,从而参与初次分配。根据税收转嫁及税收归宿的局部均衡理论来看,商品的税收归宿取决于商品的供给和需求弹性,如果商品的供给弹性大于需求弹性,消费者承担的税负份额重于生产者承担的税负份额。如果商品的供给弹性小于需求弹性,生产者承担的税负份额重于消费者承担的税负份额。由此,可以看出消费者和生产者承担税负的比例是由商品的需求弹性和供给弹性决定的(蒋洪等,2004)。卢洪友、李洁(2005)利用局部均衡分析的思路,借助线性支出模型计算了各类商品的需求弹性和供给弹性,各类商品的需求弹性估算结果表明当收入水平一定时,国民七大消费支出日用品消费的需求弹性最大,依次是交通通讯类、衣着类、文教娱乐类和医疗保健类,说明消费者在食品和居住类商品上承担的税负更重,日用品消费由于可以转嫁,则由生产者承担税负的可能性更大。

国内关于间接税税收负担的研究主要集中在间接税税收负担归宿测算及间接税税收负担归宿对收入分配的调节作用。严华惠(2003)总结了平衡预算归宿观和差异性归宿观以更好理解间接税税负归宿,其中平衡预算归宿观认为政府征税的目的既为计划支出筹集资金，同时满足政府收支平衡，研究的着眼点在于政府预算支出对税收分配的影响。差异性归宿观认为在政府税收政策保持不变情况下，各个税种之间存在相互替代的关系，研究的着眼点在于课税模式和税收政策对居民收入分配的影响。由于间接税转嫁的属性，因此间接税税收归宿往往成为研究税收与收入分配关系的突破口。

张阳（2008）关于我国流转税税负分析发现高收入群体承担的税负轻于低收入群体承担的税负，究其原因在于不同收入群体的商品需求弹性的差异，就增值税而言，生活必需品的需求弹性小于高档耐用，导致生活必需品的消费者承担税负更重，低收入群体在生活必需品上消费份额大于高收入群体，因而造成税负的累退性。聂海峰、刘怡（2004）具体测算了不同税种的税收负担归宿和收入再分配的关系，他们利用城镇住户调查资料比较不同收入群体的间接税收负担，整体间接税呈现比例分布，增值税和消费税呈现累退分布，营业税呈现累进分布，类比基尼系数，他们引入 Suit 指数计算各个税种的收入调节功能也得出一致结论。进一步的，聂海峰、岳希明（2012）从城乡间接税负对比上研究间接税对城乡居民收入差距的影响，发现在城乡居民内部间接税呈现明显的累退性，加剧了收入分配的不平等程度，从城乡间的间接税负担来看，城镇居民的间接税负担大于农村居民的间接税负担，说明间接税缓解了城乡收入分配的差距。

从具体的商品种类出发去测算税收负担的研究表明上，王鹏飞（2014）利用局部均衡分析方法对城乡居民七大类消费品的税收归宿情况进行测算并做了横向和纵向对比发现，一般消费者在食品和医疗保健消费上承担的税负份额最重，交通通信类消费品转嫁的可能性较大。从不同收入群体承担的税负来看，最低收入的社会群体在食品、日用、医疗和交通通讯消费上承担的税负更重，中等收入型的社会群体在休闲娱乐消费上承担的税负份额较重，高收入群体在居住和医疗保健上承担的税负份额更重，其主要从各个商品的税收负担和不同收入群体的边际消费倾向的角度去看待税收归宿与收入再分配。在此基础上，汪昊、娄峰（2017）在一般均衡分析框架下运用差别税收归宿方法基于间接税税负混转假设从居民收入来源端和使用端测算间接税负，对我国 2010 年城乡居民不同收入组的间接税负测算结果发现，农村居民收入的间接税负重于城市居民间接税负，不同居民收入结构和支出结构的差异是居民收入来源端税负和使用端税负的决定因素，收入来源端税负取决于居民收入结构中资本收入和劳动收入的相对份额，收入使用端税负取决于不同收入组居民的边际消费倾向和特定商品的税负，他们较好地回答了税收归宿的影响因素及城乡居民间接税具体分布情况，并且深刻揭示了间接税归宿在不同收入群体之间传导机制。

也有学者从税收结构、终身收入税负分布等其他视角对间接税税负归宿进行研究，冉美丽（2015）基于税收分享和共担的视角研究了税收结构对居民收入分配的影响和传导机制，指出税收结构改变商品相对价格和居民的实际收入，产生收入效应和替代效应，同时在要素的配置上，调节劳动和资本要素在居民部门和企业部门的分配，最终改变课税对象和课税负担的变化，以此对居民收入分配产生影响。聂海峰、刘怡（2010）利用投入产出法测算了增值税、消费税和营业税在城镇居民不同年度收入和终身收入的税负分布情况，发现所有的间接税在城镇居民之间均呈现累退分布，按照终身收入测算的税负累退性小于按照年度收入测算税负累退性，说明从长期来看间接税税收负担的累退性呈现降低态势。闫胜利、尹音频（2017）比较居民完全承担间接税负和居民部分承担间接税负下税前和税后基尼系数的差异和不同收入群体的平均税率差异，发现间接税对收入再分配存在逆向调节作用，与上述关于间接税累退性的结论不谋而合。与上文借助局部均衡分析的方法研究间接税归宿不同，李颖（2018）借助资金流量表和生产税净额研究间接税对收入分配的影响，研究结果也证实居民部门是的最终归宿，间接税的税负转嫁导致居民参与初次分配及消费的份额在减少。

与国外借助模型和实证数据以商品价格和需求变动捕捉商品税税收负担，从生产者和消费者之间的供求弹性、市场竞争程度背后去挖掘商品税税收归宿的影响因素的研究视角不同，国内的研究更关注间接税税负归宿对于不同收入群体和城乡居民收入再分配的影响，间接税税收负担是因，收入再分配是果，中间的影响机制主要通过法定税负和实际税负分离的税负转嫁和税负归宿来实现的。

二、所得税的税收归宿

国内关于所得税税收归宿的研究大体分为企业所得税和个人所得税税收归宿。

企业所得税的税收归宿的大体可以分为两种观点。按照课税对象的税基理解，一种观点认为企业所得税的税负完全由企业承担。张阳（2005）利用一般均衡分析模型测算企业所得税税负，结合我国具体情况设定的模型参数模拟测算结果显示资本要素承担了全部的企业所得税。而另一种观点认为企业所得税税负由企业、劳动者和消费者共同负担。王德祥和戴在飞（2015）认为企业所得税具有间接税转嫁特性，构建了劳资双方博弈模型，对企业所得税税收归宿测算结果表明，企业所得税由企业向员工转嫁，企业员工在短期上承担了 2/3 的企业所得税税负，在长期上承担了 1/3 的企业所得税税负。企业所得税税负存在行业异质性，资本密集型行业的税负转移最重，一般消费品行业企业所得税税负转移相对较轻，对此，赵云辉、王鹏飞（2015）的测算结果也表明企业所得税税负中的 77% 由资本要素所有者承担，23% 由劳动要素所有者承担。根据一般均衡模型解释征收企业所得税部门和非征收企业所得税部门资本密集度存在差异，企业所得税的征收并没有导致大量资本要素由征收企业所得税的部门转移到非征收企业所得税的部门，资本要素的相对价格并没有下降到企业所得税税负全部由资本要素负担，由于高收入人群的收入来源中资本要素收入占比较高，低收入人群中劳动要素收入占比较高，在企业所得税税负转嫁的条件下，说明企业所得税具有累进性。上述结论的一个重要假设是资本供给弹性不变，张阳和胡怡建（2006）引入资本供给弹性对所得税税收负担进行动态分析发现由于资本要素的边际储蓄倾向大于劳动要素的边际储蓄倾向，因此资本实际转嫁的税负多于静态的一般均衡分析结论。宋春平（2011）考虑到征税导致居民的实际收入水平下降，他认为企业所得税税收总负担由企业所得税税收负担和征税产生的超额企业所得税税收负担，在改进 Harberger 一般均衡分析模型的测算结果发现资本要素承担的所得税税负大约为 76.94%，劳动要素承担的所得税税负大约为 23.06%，进一步分析发现技术进步通过改变要素替代弹性，从而影响企业所得税税收归宿，而消费者偏好在两部门资本密集度差异不大的情况下对企业所得税税收归宿影响较小。岳希明等（2014）研究我国税制的收入分配效应得出企业所得税在农村存在明显的累退分布，而在城市呈现"U"型分布，揭示企业所得税对于收入调节的弱效应，进一步引入税收累进性指数测算得出企业所得税整体是累进性的，但是其累进性因税负转嫁和城乡而存在差异。万莹（2013）从企业微观层面的财务数据出发研究了我国 2001—2010 年不同资本规模的企业所得税税负部分，借鉴税收累进性指数测算的结果显示当企业所得税全部由社会资本承担时，企业所得税随着资本份额的变化呈现累退分布，而当企业所得税只是由公司资本承担时，企业所得税税负随着资本份额的变化呈现累进分布。吴春蓉（2016）将企业所得税税负在不同收入组家庭之间进行分摊，得出 5 个不同税收归宿假设下企业所得税在不同收入组家庭的税收分布状况，进一步计算税前基尼系数和税后基尼系数之差发现企业所得税对收入分配发挥积极的影响。

从个人所得税税收归宿的研究来看，个人所得税无法转嫁，个人承担了全部的税收负担。周波（2005）认为资本所得税税负主要由资本、劳动者和消费者共同承担，这样对工资征税导致了双重征税现象，因此将个人所得税和企业所得税合一是十分有必要的。个人所得税税收归宿的评价主要包括受益原则和支付原则，个人所得税的税收负担常常与税收的横向公平及纵向公平探讨联系在一起（马文良，2004）。涂晓静（2018）利用粗糙精确匹配方法对享受税收优惠的二手住房和非享受税收优惠的二手住房进行匹配后对比两者的价格发现享受税收优惠的二手房的价格低于不享受税收优惠的二手房价格，说明二手房交易环节的个人所得税的税负转嫁给了购房者，违背了对二手房交易环节课税抑制住房投机行为的初衷。在个人所得税与收入再分配效应的研究方面，田志伟等（2014）利用城镇住户调查数据研究个人所得税在不同收入组居民的分布情况，发现由于个人所得税本身的制度累进性，个人所得税对收入分配发挥着正向调节作用，并且这种趋势逐渐加强，作者特别关注 2006 年、2008 年、2011 年个税改革对个税收入再分配效应的影响，发现个税改革削弱了个税的收入再分配调节功能。楠张、邹甘娜（2018）探讨了个税的累进性对税负横向公平与纵向公平的调节作用，她们利用中国跟踪调查微观数据，测算了个人层面和家庭层面的 K 指数（累进性指数）和 MT 指数（税前和税后基尼系数差值），发现个人层面个税累进性对收入差距的缩小作用不明显，从家庭层面来看，分类征收的个税导致税收的横向不公平，个税对收入再分配的调节作用主要在于个税的纵向公平。张文春（2005）比较了发展中国家和发达国家个人所得税的负担率，发现发展中国家个人所得税率对收入分配调节作用微弱,主要是由于个人所得税征收成本高昂和低效率,因此他建议应该针对以低收入群体财政支出计划和其他政策来调节收入分配。李升(2015)从税收负担视角审视税制结构优化,研究发现随着城镇居民收入的提高,个人所得税税负呈现累退性,对城镇居民2012年的个税测算结果发现最低收入组的税负达到最高,最高收入组的税负处于次低水平。于洪(2004)从劳动供给的视角研究了个人所得税税负,他利用问卷调查的形式构建Logit回归研究不同群体的社会变量对劳动供给的影响,进一步解释背后个人所得税税收归宿,研究结果发现国有企业从业者、女性、40岁以上的从业者、低收入工薪阶层承担较高的个人所得税税负。

企业所得税税收归宿前期的研究主要在于阐明资本要素和劳动要素承担的税收份额,后期的研究主要更加关注企业所得税对收入再分配的影响这个现实话题。由于个人所得税的法定税收负担和经济税收负担具有一致性,因此个人所得税税负研究都是立足在社会公平和劳动供给等角度去研究的。

三、房产税的税收归宿

房产税在世界范围内普遍征收,而且是地方政府的主要收入来源。绝大多数发达国家的房地产税占地方政府税收收入的40%以上。美国2002年房地产税收入占地方政府税收收入的72%(北京大学中国经济研究中心宏观组,2007)。我国房地产税由于其设计复杂,税费混合等特点,难以估计其实际比例,据上海易居发布的报告认为我国2012年房地产相关税收收入占到地方收入的16.6%。由于纳税人都具有独立的经济利益,他们会通过各种社会经济活动来满足其独立的物质需要,因此理性的纳税人为了弥补因国家课税不足而造成的利益"损失",在"税收刚性"的冲击下,将会产生税负转嫁的动机,通过价格的浮动机制来实现税负的转嫁。

传统观点在分析中采用局部均衡方法,将财产税划分为对土地课税和对建筑物课税两部分,认为财产税是对土地和建筑物课征的一种货物税,税收归宿取决于相关的供给和需求曲线。对于土地而言,只要数量无法改变,其供给就是完全无弹性的,因而全部税负由土地所有者承担。如果土地的供给不是固定的(例如城市土地供给可以扩展至毗邻农用土地的市郊地区;同样,通过填埋改造也可以增加土地的数量),那么税负则由土地所有者和土地使用者分担,比例取决于供给和需求的弹性。对于建筑物而言,由于建筑业在长期内可以按市场价格取得所需资本,因而建筑物的供给曲线是完全水平的。如果资本无法在建筑部门取得预期收益,就将转移至其他部门。因此,对建筑物征收的财产税能够向前转嫁给消费者。对于财产税的收入分配效应,传统观点指出,对土地部分课征的财产税,取决于来自土地所有权的收入是否随着收入的增加而提高。同样,对建筑物课税的累进性取决于随着收入的增长,用于住房部分的收入是提高还是下降。赵新宇(2012)通过局部均衡分析方法，研究保有环节房地产的税收归宿问题。认为保有环节的土地税，一般由土地使用者承担；但在某些情况下，土地使用者可以将其加于所经营的产品和服务价格之中，将税负转嫁给消费者负担。非生产经营用房产，其房产税负由房产所有者承担；生产经营用房产，其房产税负可以通过生产经营的产品和服务，在一定程度上转嫁给消费者负担。出租房产的税负，在房地产供给零弹性的情况下，房产税完全由房产所有者即出租人承担；在房地产供给完全弹性的情况下，房产税完全由需求方即承租人承担；在房地产供给有弹性的情况下，税负由出租人与承租人共同承担，且弹性较低的一方承担大部分税收。与传统观点相反，Miesezkowski（1972）采用Harberger的税收归宿一般均衡模型（两个生产部门、全国范围内固定的资本存量以及一定的政府服务水平）分析地方财产税的归宿。后来人们将Miesezkowski，Zodrow，Wilson等人的观点合称"新观点"。Miesezkowski指出，传统的局部均衡分析没有考虑整个经济中所有地区广泛征收财产税时的一般均衡效应。他在模型中假设全国的资本供给完全无弹性，因此资本所有者作为一个群体承担全国范围内的财产税。Miesezkowski将这一效应称为财产税归宿中的利润税部分。由于资本所得在富有阶层收入中所占比重更大，因而财产税归宿中的利润税部分具有较高的累进性。该结论与上述传统观点截然相反。此外，在税收相对较高的地区，财产税使资本从该地区流出，降低了该地区生产要素（土地和劳动力）的生产能力和要素回报率。资本流入税收相对较低的地区，这些地区的工资和土地价格提高而住房和商品价格下降。Miesezkowski将其称为财产税归宿中的货物税效应，并指出，货物税效应扭曲了经济中的资本配置，使资本从高税收地区转移至低税收地区，直至所有地区资本的税后收益相等。可见，采用局部均衡分析与采用一般均衡分析的假设前提与结论的差异是显著的。谷成（2005）认为，这种差异的产生，主要源于对问题分析的角度不同。传统观点想要解释的是某一特定地区的财产税归宿，而一般均衡方法着重考察一个国家整体的财产税归宿。当考察问题的角度发生变化时，结论产生某些差异就不足为奇了。况且，两种观点并非完全对立。当某一地区的财产税相对于全国的平均税率而言较高时，该地区的消费者就将以更高的商品购买价格承担这种货物税效应。这时，财产税归宿的传统观点就可以视为一般均衡观点的一种特例。实际上，财产税是一种地方税，地方政府在讨论征收财产税所产生的效应时，似乎并不关心其他地区的资本收益和房屋的消费者，它们只考虑本地区居民所负担的税收以及对本地区经济所造成的扭曲。地区税收负担的增加，主要是通过货物税效应产生影响，利润税效应作用很小，因而总体效应是累退的。其他地区的利润税效应将被货物税效应的收益所抵消，从而将所有税收负担留给课税地区。课税地区的税收归宿不仅是累退的，而且该地区承受所有的税收负担。从整个国家的财产税体系上看，财产税的税收负担则包含累进性因素，但地方居民则视财产税为累退的。由于财产税主要是作为一种地方税发挥作用，因此后一角度显得更为重要，即货物税效应是问题的主要方面。

于述强（2014）认为在局部分析中，自住房屋可以看作供给和需求是同一个人，房屋一旦购买,其供给完全无弹性,因而房产税负是无法转嫁,房产税所有者承担全部税收,税收将会使房屋所有者的净财富减少。对于自住房中的高档房产征税,房地产税同样也无法转嫁,可以直接降低所有者的财富,调节高收入人群的收入水平,这是除所得税以外任何税法无法比拟的优点。但是到了一般均衡分析中,由于考虑到了多个市场的相互影响,自住房屋所有者也可能会最终将房地产税负转嫁出去,使得各生产要素同样承担税收负担。因为仅对一个特定部门使用的某种要素征税可能会影响到所有部门所有要素的收益,同时影响整个市场经济运行的价格。经营用房一般指自由房地产用于自身经营目的,其房地产税负能否转嫁以及转嫁比例,取决于经营用房的供给弹性、时间长短、其产品供给弹性和市场占有率等。其房地产的供给弹性一般取决于是否容易将房产出租给他人,一般来说认为供给弹性较小,因而从这一点看房主倾向于承担大部分的税负。从其产品市场看,如果外部市场竞争不太激烈,厂家的产品具有一定的垄断优势,也即厂家有足够的市场控制权来定价,也就是其产品的供给弹性较大,那么厂家就可以容易地将房产税负的一部分或大部分通过产品价格的传递机制转嫁到产品购买者。相反,如果产品面对的是完全竞争的市场,而且自身供给弹性较小,厂家会承担绝大部分的税收。在出租房中,承租人大部分都是收入较为低下的或者暂时没有能力买房的用户,他们对出租房的价格反应比较敏感,所以出租房的需求弹性较大。

四、社会保障税的税收归宿

朱美玉、梁长来(2010)认为社会保障税的税负应由雇主与雇员共同分担,他们采用数理方法可以从理论上推理出:在其他条件不变的情况下,雇主与雇员所分担的社会保障税税负比例为劳动供给弹性与未征税时劳动需求弹性. 在政府设计社会保障税制度时,要减少征税成本与税负转嫁成本,以减少社会保障税对经济效率所产生的扭曲及其他负面影响;要结合现时劳动供求状况制定雇主与雇员的法定分担比例;社会保障税税率在短期内应是相对稳定的,但在长期内应是动态变化的。分析劳动供给完全无弹性与劳动供给完全弹性是两种极端的情况,并不符合现实的劳动市场,因此本书主要以劳动供给弹性介于完全无弹性与完全弹性之间的情况进行分析. 不过仍然可以得出以下结论:完全无弹性的劳动供给曲线是一条垂直于横轴的直线,此时社会保障税完全由雇员负担税负;劳动供给完全弹性意味着供给曲线是一条平行于横轴的直线,此时社会保障税的税负将完全由雇主负担。分析不同劳动供给弹性对社会保障税经济归宿的影响,将两条弹性不同的劳动供给曲线放在同一个模型中,即可分析劳动供给弹性对社会保障税经济归宿的影响。同税率对社会保障税经济归宿的影响在没有任何税负转嫁成本的前提下,不管社会保障税的税率是多少,也不管法定的雇主与雇员各自的分担比例是多少,只要劳动供给弹性和未征税时劳动需求弹性既定,税负转嫁总能使雇主与雇员的分担比例达到一个合理的比值,而这个比值本身与税率高低无关。税收征收成本及税负转嫁成本对社会保障税经济归宿的影响前面的分析是假定了政府征税没有任何征收成本，税负转嫁也没有任何转嫁成本。在这样的前提下，市场通过税负转嫁充分发挥了竞争机制，使得雇主与雇员的税负分担比例自动达到合理的比值。而现实社会中，政府征税需要花费大量的征税成本，税负转嫁也受多种因素制约而承担大量的转嫁成本。假定政府法定的雇主负担社会保障税的比例过低，而雇员负担社会保障税的比例过高，则会导致雇主的劳动需求量大，而雇员提供的劳动供给量过小，税负转嫁成本仍然使得劳动市场难以达到均衡状态。

刘磊（2002）认为社会保障税两种征缴方式（雇主与雇员共同缴纳和雇员单独缴纳）最终的税负模式是一样的。即在不存在工会这样的组织的情况下，社会保障税的税负不论是否由雇主和雇员共同缴纳，最终其主要税负都将被转嫁给雇员，由雇员承担。如果考虑到工会组织，情况会有所变化。工会将坚决反对雇主压低工资，甚至可能要求雇主将工资提高以抵销征收社会保障税的影响，那么不仅雇主甚至可能雇员的社会保障税的部分税额将会转嫁给消费者。

文献索引

[1] 谷成. 财产课税与地方财政——一个以税收归宿为视角的解释 [J]. 经济社会体制比较, 2005 (05): 73-78.

[2] 谷成. 财产税归宿: 理论分析与政策引申 [J]. 改革, 2005 (08): 35-41.

[3] 蒋洪, 刘虹, 龚刚敏. 财政学 [M]. 北京: 高等教育出版社, 2004.

[4] 李升. 税制结构优化研究: 基于税负归宿的视角 [J]. 税务研究, 2015 (01): 58-62.

[5] 李颖. 资金流量表、生产税和间接税的经济归宿 [J]. 中南财经政法大学学报, 2018 (03): 98-105.

[6] 刘磊. 社会保障税的几个理论问题 [J]. 湖南税务高等专科学校学报, 2002 (02): 39-41.

[7] 刘怡, 聂海峰. 间接税负担对收入分配的影响分析 [J]. 经济研究, 2004 (05): 22-30.

[8] 卢洪友, 李洁. 商品税税负归宿局部均衡实证分析 [J]. 财贸研究, 2005 (04): 67-73.

[9] 马文良. 对我国个人所得税税负归宿的探讨 [D]. 杭州: 浙江大学, 2004.

[10] 聂海峰, 刘怡. 城镇居民的间接税负担: 基于投入产出表的估算 [J]. 经济研究, 2010, 45 (07): 31-42.

[11] 聂海峰, 岳希明. 间接税归宿对城乡居民收入分配影响研究 [J]. 经济学（季刊）, 2013, 12 (01): 287-312.

[12] 冉美丽. 税收结构影响居民收入分配研究 [D]. 北京: 中央财经大学, 2015.

[13] 宋春平. 中国企业所得税总税负归宿的一般均衡分析 [J]. 数量经济技术经济研究, 2011, 28 (02): 89-98+161.

[14] 田志伟, 胡怡建, 朱王林. 个人所得税、企业所得税、个人社保支出与收入分配 [J]. 财经论丛, 2014 (11): 18-24.

［15］涂晓静. 二手房交易环节个人所得税的税收归宿研究［D］. 济南：山东大学，2018.

［16］万莹. 我国企业所得税收入分配效应的实证分析［J］. 中央财经大学学报，2013（06）：18 - 22.

［17］汪昊，娄峰. 中国间接税归宿：作用机制与税负测算［J］. 世界经济，2017，40（09）：123 - 146.

［18］王德祥，戴在飞. 现阶段我国企业所得税的归宿：理论模型与实证检验［J］. 经济学动态，2015（07）：61 - 69.

［19］王鹏飞. 中国税收归宿研究［D］. 呼和浩特：内蒙古财经大学，2014.

［20］吴春蓉. 企业所得税的收入分配效应研究［D］. 南京：南京财经大学，2017.

［21］吴俊培. 论我国的财产税［J］. 涉外税务，2003（07）：12 - 17.

［22］吴利群. 构建财产税为我国地方税主体税种的可行性研究［J］. 税务研究，2005（05）：20 - 23.

［23］薛凤阁. 税负转嫁与税负归宿刍论［J］. 经济经纬，2002（02）：64 - 66.

［24］严华惠. 间接税理论及我国间接税的改革完善［D］. 天津：天津财经学院，2003.

［25］尹音频，闫胜利. 我国间接税的归宿与收入再分配效应［J］. 税务研究，2017（04）：20 - 26.

［26］于洪. 我国个人所得税税负归宿与劳动力供给的研究［J］. 财经研究，2004（04）：50 - 59.

［27］岳希明，张斌，徐静. 中国税制的收入分配效应测度［J］. 中国社会科学，2014（06）：96 - 117 + 208.

［28］张楠，邹甘娜. 个人所得税的累进性与再分配效应测算——基于微观数据的分析［J］. 税务研究，2018（01）：53 - 58.

［29］张文春. 个人所得税与收入再分配［J］. 税务研究，2005（11）：48 - 51.

［30］张阳，胡怡建. 中国企业所得税税负转嫁与归宿的动态分析［J］. 财政研究，2006（02）：63 - 64.

［31］张阳. 中国流转税税负归宿分析［J］. 财经论丛，2008（05）：28 - 33.

［32］张阳. 中国企业所得税税收归宿问题研究［J］. 税务研究，2005（12）：55 - 57.

［33］赵春玲. 缺乏非正式制度的约束是我国税收流失的重要原因［J］. 改革，2003（04）：67 - 70.

［34］赵云辉，王鹏飞. 中国企业所得税税负归宿两部门一般均衡分析［J］. 经济经纬，2015，32（04）：149 - 154.

［35］周波. 从税收归宿看经济性双重征税［J］. 广西财政高等专科学校学报，2005（02）：22 - 26.

［36］朱美玉，梁长来. 社会保障税的经济归宿分析［J］. 数学的实践与认识，2010，40（17）：24 - 30.

［37］AGARWAL S. CHAKRABORTY L. Who bears the corporate tax incidence empirical evidence from India. Working paper No. 616，2018.

［38］ANDERSON S P, DE PALMA A., KREIDER B. The efficiency of indirect taxes under imperfect competition [J]. Public econ, 2001, 81 (2): 231 – 251.

[39] ANDO A, MODIGLIANI F, RASCHE R. Equations and definitions of variables for the FRB – MIT – Penn econometric model, in econometric models of cyclical behavior [M]. New York: Columbia University Press, 1972.

[40] ANDREW L. Who benefits from the earned income tax credit incidence among recipients, coworkers and firms. IZA discussion papers, No. 4960, 2010.

[41] ARULAMPALAM W M P D. The direct incidence of corporate income tax on wages. Working paper series, 2010, No. 5293.

[42] BENZARTI Y, CARLONI D. Who benefits from the earned income tax credit incidence among recipients, coworkers and firms. Nber Working Paper Series.

[43] BESLEY T. Commodity taxation and imperfect competition: a note on the effects of entry [J]. Public econ, 1989, 3 (40): 359 – 367.

[44] BRADFORD D F. The incidence and allocation effects of a tax on corporate distributions [J]. Journal of public economics, 1981 (15): 1 – 22.

[45] BRAID R M. The spatial incidence of local retail taxation [J]. Quarterly Journal of Economics, 1987, 102 (4): 881 – 892.

[46] BREAK G. The incidence and Economic effects of taxation, in The Economics of public finance [M]. Washington: The Brookings Institution, 1974.

[47] CAIN G, WATTS H. Income maintenance and labor supply [M]. Chicago: Rand McNally, 1973.

[48] CARBONIER C. The incidence of non – linear price – dependent consumption taxes [J]. Journal of public economics, 2014 (118): 111 – 119.

[49] CARBONNIER C. Who pays sales taxes evidence from French VAT reforms 1987 — 1999 [J]. Journal of public economics, 2007 (91): 1219 – 1229.

[50] CHETTY R, LOONEY A, KROFT K. Salience and taxation: theory and evidence [J]. American economic review, 2009, 99 (4): 1145 – 1177.

[51] CHOUINARD H, PERLOFF J M. Incidence of federal and state gasoline taxes. Working papers, 2003.

[52] Complètes Tome VIIIC. N. R. S. And Librairie Philosophique [M]. Vrin, Paris, 1980.

[53] COURNOT A. Recherches Sur Les Principesmathematiques De La Theorie Des Richesses [J]. 1838.

[54] DERAN E. Changes in factor income shares under the social security tax [J]. Review of economics and statistics, 1967, 49 (4): 627 – 630.

[55] DWENGER N, RATTENHUBER P, STEINER V. Sharing the burden? Empirical evidence on corporate tax incidence [J]. German economic review, 2019, 20 (4).

[56] FELDSTEIN M. Comment on Brittain [J]. American economic review, 1972: 735 – 738.

[57] FUEST C A P A. The incidence of corporate taxation and its implications for tax progressivity [J]. Blog Post, VoxEU, 2017.

[58] FULLERTON D, METCALF G E. Tax incidence, handbook of public economics [M]. New York: Elsevier North – Holland, 2002.

[59] GOULD J. Adjustment costs in the theory of investment of the firm [J]. Review of economic studies, 1968, 35 (1): 47 –55.

[60] GRAVELLE J . Corporate tax incidence: review of general equilibrium estimates and analysis [J]. National tax journal, 2013, 66 (1): 185 –214.

[61] HAMERMESH D. The effect of government ownership on union wages, in labor in the public and non-profit Sectors [M]. Princeton, New Jersey: Princeton University Press, 1975.

[62] HANSON A, SULLIVAN R. The incidence of tobacco taxation: evidence from geographic micro – level data [J]. National tax journal, 2009, 62 (4): 677 –698.

[63] HARBERGER A C. The incidence of the corporation income tax [J]. Journal of political economy, 1962, 70 (3): 215 –240.

[64] HARJU J, KOSONEN T, SKANS O N. Firm types and heterogeneous consumption – tax incidence [C]. National Tax Association, 2015.

[65] HASSETT K A, MATHUR A. Taxes and Wages. American enterprise institute for public policy research working paper, No. 128, 2006.

[66] HOFFMAN R F. Factor shares and the payroll tax: a comment [J]. Review of economics and statistics, 1968, 50 (4): 506 –508.

[67] INSTITUTE FOR SOCIAL RESEARCH. A panel study of income dynamics: study design, procedures, available data [M]. Ann Arbor, Mich, ISR, 1972.

[68] JUDD K L. Redistributive taxation in a simple perfect foresight model [J]. Journal of public economics, 1985, 28 (1): 59 –83.

[69] KOPCZUK W, MARION J G, MUEHLEGGER E, SLEMROD J. Do the laws of tax incidence hold point of collection and the pass – through of state diesel taxes [J]. 2014: 1 –44.

[70] KOSONEN T. More and cheaper haircuts after VAT cut on the efficiency and incidence of service sector consumption taxes [J]. Journal of public economics, 2015 (131): 87 –100.

[71] KUBIK J D. The incidence of personal income taxation: evidence from the tax reform act of 1986 [J]. Journal of public economics, 2004, 88 (7 –8): 1567 –1588.

[72] MARION J, MUEHLEGGER E. Fuel tax incidence and supply conditions [J]. Journal of public economics, 2011, 95 (9 –10): 1202 –1212.

[73] MOURA C. The effects of small firm tax incentives on employment levels [M]. Texto Para Discuão, 2011.

[74] MURRAY M G , BRITTAIN J A . The payroll tax for social security [J]. Industrial and labor relations review, 1974, 27 (3): 479.

[75] MUTTI J, GRUBERT H. The taxation of capital income in an open economy: the importance of resident – nonresident tax treatment [J]. Journal of public economics, 1985 (27): 291 –309.

[76] OAXACA R. Male – female wage differentials in urban labor markets [J]. International economic re-

view, 1973, 14 (3): 693-709.

[77] PERRY G. Changing labor markets and inflation [J]. Brookings papers on economic activity, 1970: 411-441.

[78] RANDOLPH W C. International burdens of the corporate income tax. Congressional budget office Washington working paper, 2006.

[79] ROGERS D F L. Lifetime vs annual perspectives on tax incidence [J]. National tax journal, 1992, 44 (3): 277-287.

[80] WEYL E G, FABINGER M. Pass-through as an economic tool: principles of incidence under imperfect competition [J]. Journal of political economy, 2013, 121 (3): 528-583.

第九章

避税天堂与跨国纳税人利润转移

避税地集中了全球 1/3 以上的财富。

——皮凯蒂

  避税天堂，通常又叫作"离岸金融中心"或者"国际金融中心"，主要特征是通过低税率甚至零税率，借助其及不透明的金融体系为跨国公司、家庭和个人提供隐蔽服务，吸引大量的国际投资来源，造成自身繁荣的同时，也导致其他国家的税基侵蚀和财政损失。学术界通过结构化的模型和实证性的研究，从理论上构造了有效的打击避税的行为规范、实现社会经济福利最大化等问题，从实证上集中讨论了跨国公司投资地选择和利润转移，欧美国家家庭财富持有的原因、规模和分布，打击避税天堂措施有效性等命题。为了避免由避税天堂引发的恶行税收竞争、财政损失、公共资源浪费等后果，以 OECD 和 G20 为代表的国际组织陆续实施了预扣税、信息交换等行动和法令，通过多边协作，一定程度上打击了避税天堂。

20 世纪 80 年代以来，从瑞士到卢森堡，从阿根廷到开曼群岛，从香港到新加坡，避税天堂在全球范围内不断涌现，世界各国的跨国公司和高净值人士借助其运作而从中牟利，避税天堂成为全球金融产业链上的关键一环，甚至一度成为导致全球金融危机和财政危机的众多不稳定因素中之一。一直以来，世界各国（地区）和相关组织不惜动用大量金钱、政治、经济资源，企图以各种方法打击避税天堂①。虽然这些行动获得了阶段性的成就，但是远没有获得彻底的成功，从某种角度上看②，避税天堂反而更加繁荣（Zucman，2015）。如何揭开避税天堂的神秘面纱，打赢与避税天堂的这场持久战，减小世界各国数量惊人的财政、经济和效率损失，成为全球性当务之急需要解决的难题。

避税天堂——通常又叫作"离岸金融中心"或者"国际金融中心"——遍布于世界各地，是世界经济的成功参与者（Hines，2010），在不同程度上容忍着肮脏的商业交易（Antonopoulos，2011），有国家小、人口通常在 100 万以下，通常比其他国家更富裕（Dharmapala 和 Hines，2009）、政府治理水平较高（Antonopoulos，2011）等特点，例如欧洲的卢森堡和爱尔兰、亚洲的中国香港和新加坡、美洲的加勒比岛国等低税收管辖区（Desai，Foley 和 Hines，2006a）。它们通过低税率甚至零税率、借助其极不透明的金融体系为跨国公司、家庭和个人提供隐蔽服务，吸引大量的国际投资来源，从而造成自身的繁荣和非避税天堂国家的税基侵蚀和财政损失。跨国公司、家庭和个人利用避税天堂进行国际避税的手段繁多，包括在避税天堂设立虚假的空壳公司转移收入和利润、非法转让定价和资本弱化、故意瞒报或不报利润、利用国际税法体系的征管和监管漏洞等等。在全球化浪潮的大环境下，避税天堂引发了巨大规模的合法或者非法的资本流动，但较真实水平相比，我们从报告所得知的避税天堂每年所报告的资本流量还不够大，因为其中有一些投资仍未被公开（Hines，2010）。

---

① 例如，美国于 2003 年执行颁布《外国银行账户报告》（Foreign Bank Account Reporting）、2010 年颁布《外国账户税收合规法》（Foreign Account Tax Compliance Act）；欧盟于 2005 年制定《欧盟存款税指令》（EU Savings Tax Directive）；英国于 2014 年颁布《英国皇室属地和海外领土法案》（UK Crown Dependencies and Overseas Territories）；OECD 从 1998 年开始实施有害税收实践项目（Harmful Tax Practices Project）；G20 于 2009 年峰会确定避税天堂至少要和 12 个国家签署情报交换协议才不会被放在"黑名单"上，并于 2013 年共同启动了税基侵蚀和利润转移（BEPS）项目，而后于 2014 年推动金融账户涉税信息自动交换、签署并批准《多边税收征管互助公约》（The Multilateral Convention on Mutual Administrative Assistance in Tax Matters）；2014 年 7 月，OECD 受 G20 的委托发布《金融账户信息自动交换标准》（Standard for Automatic Exchange of Financial Account Information）；以及一系列各国针对于避税天堂的反洗钱运动等。

② 根据瑞士银行家协会的估算，2007 年瑞士各家银行账上管理的资产达 6.9 万亿瑞郎，是汇集全球资产最多的三个金融中心之一。在私人资产管理方面，瑞士所占的市场份额达 28%，同时名列第二位的加勒比海地区和卢森堡各占 15%。根据美国经济分析局的数据，2017 年美国总体海外投资增加了 4 273 亿美元，其有 2 436 亿美元流向欧洲，主要是流向瑞士、英国、爱尔兰与荷兰等国，其中存入瑞士银行账户的美国资金总额达 1 680 亿美元。

自 20 世纪 90 年代起，国际避税问题就引起了一些学者的注意（Gordon，1992；Harris 等，1993；Hines 和 Rice，1994；Janeba，1995；Bacchetta 和 Espinosa，1995；Grubert 和 Slemord，1998），2008 年国际金融危机爆发以来，避税天堂更是成为国际社会进行打击和制裁的众矢之的，围绕其产生的现实事件和引发的各种问题也成为学者们竞相讨论的热点。学术界通过结构化的模型和实证性的研究，从理论上构造了有效地打击避税的行为规范、实现社会经济福利最大化等问题，从实证上集中讨论了跨国公司投资地选择和收入或利润转移，欧美国家家庭财富持有的原因、规模和分布，打击避税天堂的某项措施是否有效以及逃税者和避税天堂的行为反应等命题。虽然不断推进的理论和实证研究取得了丰硕的成就，但却仍未能真正拨开笼罩在避税天堂之上的重重迷雾。避税天堂对全球经济的作用是正是负，各国应对避税天堂进行打击还是与其合作，学者们莫衷一是。

第一节 避税天堂的是是非非

一、税收竞争模型——避税天堂的消极影响

基于文献中各自不同的假设，学术界对避税天堂之于全球福利的影响并没有定论，其中有相当一部分文献认为避税天堂的存在对非避税天堂国家或者全球经济来说是有害的。避税天堂通过低税率和提供资本弱化（Haufler 和 Runkel，2012）的便利条件吸引跨国公司投资和进行国际税收筹划（Hsun Chu 等，2015），可能会加剧与非避税天堂国家的税收竞争，导致后者的税基流出（Krautheim 和 Schmidt–Eisenlohr，2011），侵蚀其税收收入，而且 Torvik（2009）认为避税天堂的这种有害影响对发展中国家来说则更甚。

Slemrod 和 Wilson（2009）构建的税收竞争模型是众多研究文献中较为经典的一个。他们将避税天堂的角色引入 Wilson（1999）的标准税收竞争模型，证明了全面或部分消除避税天堂将提高公共物品的均衡水平，改善非避税天堂国家的福利，退一步讲，即使废除数量足够少的相对较大的避税天堂也会使所有国家（包括避税天堂国家）都富裕起来。在小型开放经济中，考虑跨国资本税基和国内所得税税基之间的相互作用，根据公共物品市场 $\frac{u_g}{u_x} \equiv MC$ 和资本市场 $k[R(p,r)] = k^*$ 各自均衡的条件，Slemrod 和 Wilson（2009）证明了若相互独立的每个国家都减少等量的每单位执法成本，同时调整其资本税以保持其资本成本不变，考虑到预期税收回报总额和避税天堂收费价格（p）的均衡，那么 p 将上升且所有国家都会更加富裕。综合来看，避税天堂向企业提供逃税服务的行为必然会导致均衡

法定税率的下降和居住国税基弹性的增加，减少居民国的国家福利，而寻求限制逃税行为的税务机关则浪费了公共资源，但由于税收竞争的存在，消除所有避税天堂可以增加国家福利。

然而，Slemrod 和 Wilson（2009）假设的避税天堂国家的收入完全寄生于非避税天堂国家、其提供服务的价格取决于逃税者对其服务的需求各个国家相互独立等条件，较现实相比太过绝对与片面，而且他们所倡议的通过废除数量足够少的相对较大避税天堂来改善社会福利的做法也是很难成功的。

二、税收竞争模型——避税天堂的积极影响

另一些文献对避税天堂持有积极的态度。以低税率著称的避税天堂或是吸进跨国公司投资来降低其投资成本（Bartelsman 和 Beetsma，2003；Clausing，2003；Desai，Foley 和 Hines，2006a，2006b），或是吸引其通过税收筹划的方式向其转移收入（Hong 和 Smart，2010）的做法，从另一个角度衡量，则可能促进附近非避税天堂国家的繁荣（Hines，2005），甚至可能会提高全球国家的福利。

Desai，Foley 和 Hines（2006b）用一个税收竞争模型支持了"避税天堂是好的"的论点。在这个模型中，对避税天堂投资和对附近的非避税天堂国家投资之间的关系是互补的而非替代的（Konrady 和 Stolperz，2016），这意味着使用避税天堂投资的低成本可能会导致非避税天堂国家投资成本的降低，从而刺激对附近高税收国家的投资，使其更加繁荣。

以 Grubert 和 Slemrod（1998）中的理论模型为出发点，Hong 和 Smart（2010）利用了与 Slemrod 和 Wilson（2009）类似的模型研究了存在资本流动和收入转移的小型开放经济中的税收竞争框架，却得出了截然相反的结论：虽然向避税天堂转移收入可能会减少高税收管辖区的收入并且增加税基弹性，但国际税收筹划提供了一个理想的差别税收待遇机会（Hsun Chu 等，2015），从而使它引致的投资增强效应可以主导税收流失效应：如果初始税率不太高（例如，不高于公司当前平均水平的 50%），高税收国家公民福利则会增加。结论存在分歧的根本是此两篇文献的前置设定不同：Slemrod 和 Wilson（2009）设定政府有流动资本和国内劳动力两个税基，且政府可以自由地以任何税率对任何一个税基征税，而 Hong 和 Smart（2010）把资本税和劳动税都统一看作了企业所得税，这就允许政府在不转移移动跨国资本的情况下对国内企业家（一次性）征税，加之避税天堂的存在允许母公司向低税附属公司借款并扣除利息，而附属公司收到的利息是免税的，所以带来了福利的提升。

根据对避税天堂特质（Slemrod 和 Wilson，2009）、利润转移成本（Haufler 和 Schjelderup，2000)① 和税收竞争之于利润竞争不完善的假设，Johannesen（2010）构建了一个分析不存在避税天堂和存在避税天堂的两种世界经济的税收竞争模型。当世界经济中不存在避税天堂时，大量同质国家之间的税收竞争可能导致无利润转移的对称均衡②，或者企业将利润从高税收国家向低税收国家转移的不对称均衡③。引入避税天堂后，在对称均衡中，避税天堂通过吸引利润（渗漏效应，Leakage Effect）和造成高税率国家降低税率（竞争效应，Competition Effect）来减少非避税天堂国家的税收收入，但在非对称均衡中，避税天堂竞争利润的吸引力降低（拥挤效应，Crowding Effect）使得低税收国家成为高税收国家。但总的来说，数量有限的避税天堂的存在可能会增加各国的平衡税收。这一结论使人们怀疑消除避税天堂的做法是否可取，因为若全面消除避税天堂，一些国家将会选择成为新的税收洼地，新的税收竞争将会导致更加恶劣的后果。

三、税收竞争模型——当前的应对政策有效吗

参考 Narasimhan（1988）的经典竞争博弈模型，Elsayyad 和 Konrad（2012）建立了一个多阶段三方博弈的税收竞争理论框架，对 OECD 国家实施的有害税收实践项目（Harmful Tax Practices Project）进行了评估。他们对比了两种消除避税天堂的方式：第一种是联合报价，即 S 国分别向避税天堂 H_1、H_2 支付费用 b_1、b_2，若二者都接受则全部停止营业，只要有一个不接受则二者都继续营业。在这种情况下，只有两个避税天堂同时停业才能达到竞争均衡。第二种是顺序报价，即若 H_1、H_2 接受投资者支付的用户费 p_1、p_2 就要向投资者履行保密义务，投资者则不用向 S 国纳税。比较以上两种报价模式，如果首先补偿拥有更高资产的避税天堂，那么顺序报价的成本是同时关闭两个避税天堂成本的 1.5 倍；对若要连续关闭避税天堂，先关闭大避税天堂的成本则更小，因为这种做法会导致剩余活跃的避税天堂所享有的市场份额和市场权力增加，以及对对抗国际压力的能力增强——但这并不符合目前 OECD 税收信息交换条约的签约模式。

Konrady 和 Stolperz（2016）则关注了信息交换政策的作用和效果，以 Carlsson 和 Damme（1993）、Morris 和 Shin（1998；2003）不完全信息下的合作者博弈模型为理论基础，建立了两阶段博弈动态的均衡框架和税收竞争模型。该模型的核心是强调博弈者之间的互补性。这种互补性一是存在于避税天堂和投资者之间——避税天堂只有在能获得充足

---

① Haufler 和 Schjelderup（2000）假设避税天堂不征收资本税，且跨国公司利润转移数量和利润转移成本相关。

② 对称均衡是指若 N 个国家的税率都是 t^s，在其他国家税率不变的情况下，任何国家都不能通过改变其税率来增加税收收入。

③ 不对称均衡解是满足下列条件的向量（t^H，t^L，z）：zN 个国家的税率为 t^L，其余国家的税率为 t^H，在其他国家税率不变的情况下，任何国家都不能通过改变其税率来增加税收收入。

的财政收入时才提供避税服务，并且投资者只有合理的预期避税天堂将来会提供隐蔽服务时，才会来投资。第二个互补性存在于投资者之间——投资者们做出的是向避税天堂投资的决定不是相互独立的，而是可能依赖于其他投资者的投资决策。模型揭露了迫使避税天堂采取信息交换政策的国际压力是与居民国的税收水平、对公开逃税处罚程度和避税天堂的服务价格相关的，因此，信息交换政策能否成功实施则需要多方面政策的相互配合。

理论模型的构建不能完全解释真实世界经济行为的原因是多方面的。一方面可以归因于模型本身，因为简化的博弈模型和严格的前置假设难以完全契合现实世界中的随机性、多元性和复杂性。另一方面，由于受客观因素和自身境况的影响，参与博弈的避税天堂、国家和纳税人等角色的行为难以做到完全理性，从而造成了现实结果与理论模型的偏差。至于在分析实际问题时选择采取哪种模型，则要在一定程度上取决于外生条件和数据的限制。

第二节　避税天堂的实证评估

一、跨国公司的收入转移

避税天堂能够以促进投资和经济活动的方式降低跨国公司进入高税收管辖区的成本（Desai，Foley 和 Hines，2006a；2006b），它们是跨国公司进行投资、经营、收入转移的绝佳选择。早期的部分文献并没有特别提到避税天堂，而是关注了与避税天堂有大量同质特征的低税率国家，主要研究不同国家之间税率（或税制）的差异对跨国公司收入（或利润）转移的影响。

（一）来自美国的微观证据

自从 Wheeler（1988）和 Dworin（1990）观察到位于美国的外资子公司的盈利能力要低于美国的内资公司后，这场关于税收是否导致收入转移的因素的讨论便正式拉开序幕。在不同的文献中，收入转移的衡量标准进一步地被设定为跨国公司的盈利能力、企业税负以及对不同投资地点选择的概率等指标。

Grubert 和 Mutti（1991）以及 Hines 和 Rice（1994）估计了 1982 年位于国外税率不同辖区的美国跨国公司的附属公司的截面数据，为其利用避税天堂进行收入转移提供了显著的证据。Grubert 和 Mutti（1991）用税后利润/权益、利润/销售比率作为衡量公司盈利能力的两个指标，发现美国制造业跨国公司的附属公司选择在低税率管辖区申报更多收入；

当东道国法定税率从40%下降到20%时，其公司税后利润/销售从5.6%上升到12.6%，利润/权益则从14.2%上升到20.7%。Hines和Rice（1994）则使用59个国家的美国非银行控股外国附属公司的数据研究了美国海外直接投资的盈利能力与控制这些国家劳动力和资本投入后外国税收负担之间的关系，分析得出1%的税率差异会导致2.3%的息税前利润（EBIT）差异，如此跨国公司所在的国家税率与其利润呈负相关的证据，正说明了其收入可能出于税收目的进行了重新分配。然而，这两篇文献都没有提供衡量美国和其他国家之间收入转移程度的标准，这不仅是一个重要的政策问题，也是美国跨国公司收入转移更完整的情况所必需的（Grubert和Slemrod，1998）。当然，这并不能否认收入转移动机存在的事实，但却意味着引入其他更加客观和令人信服的指标的重要性。

与Grubert和Mutti（1991）以及Hines和Rice（1994）的方法并无二致，Harris等（1993）对200家美国制造业大型企业5年的面板数据以税负为收入转移的衡量指标进行了回归分析，结果表明在爱尔兰或亚洲"四小龙"国家拥有附属公司的跨国公司的纳税义务要低于未发生此行为的公司，即跨国公司通过将收入从高税收国家转移到低税收国家来降低全球税负，同时也逃避了它们在美国的纳税义务。这成为跨国公司为了避免资本管制和降低政治风险等非税责任进行收入转移行为的间接证据。但是，Harris等（1993）在论文关于跨国公司在外国附属公司经营地的选择与收入转移的决策无关的外生性假设，严格来说是有很大缺陷的。因为无论是现实还是经济学直觉都表明，避税天堂以低税率和其对跨国公司经营活动的支持或限制行为应共同的、内生的决定着跨国公司是否会选择它作为实际投资地点。因此，以更加完善和科学的模型进行实证就更加重要。

Grubert和Slemrod（1998）的研究弥补了Harris等（1993）的缺陷，他们指出跨国公司的收入转移和实际商业区位决策可能以复杂的方式相互关联，并以此为前提，建立了一个经济结构模型评估美国跨国公司收入转移决策的影响因素。他们采用美国936家跨国公司位于波多黎各附属公司1987—1988年的面板数据进行验证，发现如果没有收入转移的优势，波多黎各附属公司的资本运营和工薪总额将会降低三分之二多，这说明了税率和税制是影响投资活动的地点以及跨国公司报告应税收入的重要因素。但是，此研究所基于假设也并不完美。首先，跨国公司报告的利润总额等于其实际利润总额的假设并不符合跨国公司转移收入的避税动机，也回避了波多黎各作为一个避税天堂为投资者提供收入隐匿服务的本质属性。其次，作者认为波多黎各的附属公司投资的机会成本是恒定的，此观点并不符合经济现实和发展规律。

区别于以上文献的视角，Desai、Foley和Hines（2006a）从美国跨国公司选择在避税天堂设立附属公司的决定因素的角度，侧面证明了跨国公司利用避税天堂进行利润转移的事实。他们以1982—1999年美国跨国公司为样本进行实证，结果表明若附近非避税天堂国家的销售额和投资增长率提高1%，在避税天堂设立附属公司业务的可能性将会增加1.5%—2%，原因是附属公司利用较大避税天堂重新分配应纳税所得额，利用较小的避税天堂对外国所得的税收延期①。

(二) 来自欧洲的微观证据

除了美国跨国公司的现实经验，一些学者提供了主要以德国为代表的关于欧洲跨国公司的实证研究，这是对以美国为主实证研究的印证、丰富和补充。以德国为代表的OECD国家（例如，英国、法国、意大利）的税制和美国不同，美国跨国公司的外国附属公司获得的收入在被遣返时应在美国缴纳所得税，此时美国纳税人可以就已支付给外国政府的所得税申请抵免，此制度一方面减少了利用避税天堂运营来避税的动机，另一方面又以便于推迟本国税收该制度的利益驱使跨国公司使用避税天堂。而德国只对其居民公司的活跃海外业务利润征收5%的所得税，外国收入被遣返时不需要缴纳更多的本国税收，这使德国企业有强烈的动机利用重新分配应税收入来避免外国税收（Gumpert等，2016）。

Huizinga和Laeven（2008）在研究中延续了Hines和Rice（1994）关于跨国公司转移利润的边际成本与转移利润与真实利润的比率成正比的假设和利润估算方程，并使用1999年欧洲跨国公司的截面数据进行估计，发现欧洲各国之间的利润转移与母国和东道国之间的税收差异以及附属公司的地理位置相关。具体来说，跨国公司税前利润相对于最高法定税率的平均半弹性估计为1.31，弹性为0.45，虽然此结果小于Hines和Rice（1994）对美国跨国公司的估计，但已足以使国际利润转移成为欧洲税务当局需要面对的一个严重问题——其中德国付出的代价最大。更进一步，Weichenrieder（2009）分析了德国进出口FDI的面板数据集，得到了与Huizinga和Laeven（2008）中利润转移一致的经验结果，即外国投资者母公司母国税率每提高10%，其直接拥有的附属公司的盈利能力将提高约0.5%。

呼应Desai，Foley和Hines（2006a）的视角和思路，Gumpert等（2016）发现在高税收国家开展业务的跨国公司可以从将其应纳税所得额重新分配到避税天堂中获益。他们以德国跨国公司的国内外业务规模和研发强度作为附加控制变量，对避税投资的线性概率模型进行了回归，发现当外国税率提高1%，德国制造业公司在避税天堂拥有附属公司的可能性增加2.3%。这个结果与跨国公司的避税动机是一致的，并与美国公司的早期证据形成了对比（Desai，Foley和Hines，2006a）。

(三) 收入转移的手段

从跨国公司进行收入转移的事实出发，经济学家们开始研究其进行收入转移的工具和手段。其中，在避税天堂设立空壳公司大量增持在避税天堂的存款（Zucman，2015）、隐匿资产然后回投到国内市场（如证券市场、债券市场等）（Zucman，2013；Johannesen，

---

① 对于避税天堂和非避税天堂投资互补性的这一结论，Desai，Foley和Hines（2006b）利用模型进行了进一步解释。

2014；Johannesen 和 Zucman，2014；Roussille，2015）、转让定价等都是非常有代表性的操作。

虽然存在专门围绕避税天堂展开的关于转让定价的文献（Davies 等，2018），但本质上，转让定价属于全球企业（不限于跨国公司）经常采用的避税筹划方式之一，单就避税天堂的讨论并不存在代表性和特殊性。而利用设立空壳公司进行逃税的方法则是出现在避税天堂的特有现象。一般来讲，以美国市场为例，从避税天堂向美国的外国证券投资（FPI）应该随美国国内的税率增高而增加，且随着避税天堂进行信息交换动机的增加而减少（Hanlon 等，2015）。但现实与理论相悖，Hanlon 等（2015）利用来自美联储和美国财政部收集的入境投资组合数据（包含避税天堂和非避税天堂），研究了美国跨国公司利用巴拿马空壳公司向国内股票和债券市场进行资本回投逃避国内税收的行为：美国国内税率提升1%，逃税者从避税天堂到非避税天堂回投的 FPI 增加2.1%—2.8%。这也是源于投资者层面逃税影响跨境股权和债务市场投资的第一个实证证据。

关于跨国公司与避税天堂微观层面的研究层出不穷，但近几年已成逐步下降的趋势。就现有的实证结果来看，还存在以下几方面的问题：一是实证的范围一般只是针对美国或者欧盟国家的特定区域，并不能充分解释跨国公司在全球范围内收入转移情况（Grubert 和 Slemrod，1998；Desai，Foley 和 Hines，2006a；Huizinga 和 Laeven，2008；Weichenrieder，2009）；二是缺乏衡量美国和其他国家之间收入转移程度的标准（Hines 和 Rice，1994）；三是值得商榷的实证假设在一定程度上局限了实证的研究结果及其现实意义（Harris 等，1993；Grubert 和 Slemrod，1998）。

二、基于国家层面宏观数据的研究

国家级层面数据的开放进一步开拓了避税天堂相关问题研究的思路，经济学家们不再局限于对跨国公司这一微观主体行为的探讨，而是以全球化的视野，评估由避税天堂引发的全球资本流动和资产分布的规模，深挖其面临巨大风险却以愈加复杂的手段进行逃税的根源，并对当前各国（地区）或各组织所实施的针对性政策和采取的行动进行反思。

（一）持有跨国资产的决定因素

究竟是什么原因决定了跨国资产存在于避税天堂或者非避税天堂？大量文献利用引力模型①进行了实证分析和评估。学者们发现，早期决定跨境资本流动的因素主要是利息税，进入21世纪后，银行保密政策（主要存在于避税天堂）则扮演了越来越重要的角色

---

① 引力模型解释了两个国家之间的活动是一个国家经济大众的正函数，也是一个国家之间距离的负函数（Rose 和 Spiegel，2007）。

(Huizinga 和 Nicodème，2004)，另外，资本所处地理位置的影响也不能小觑。

Grilli（1989）是这项工作的开创者，他将非银行和银行间存款与利息和股息税、资本流动、银行保密指数、国民生产总值等趋势联系起来，发现非银行存款流动因受利息税和银行保密的影响，而银行间存款流动则受原经济规模和股息税的影响。Alworth 和 Andresen（1992）进一步推进了 Grilli（1989）的引力模型，并估算了来自国际清算银行 1983 年、1986 年和 1990 年 17 个来源国和 23 个东道国银行存款的横截面数据，报告了预提税和银行保密（交互变量的一部分）情况是吸引跨国银行存款的决定因素，持有这些存款则可能是为了逃税和/或洗钱。比 Alworth 和 Andresen（1992）更进一步，Huizinga 和 Nicodème（2004）掌握了关于个人利息收入、财富税等税收制度更详细的资料，并在研究中区分了向税务机关提供的国内外银行信息的可用性。他们使用国际清算银行有关 19 个工业化国家自 1983 年以来外部负债和 1996 年以来外部存款的双边面板数据估计了与 Alworth 和 Andresen（1992）相似的模型，发现非银行外部负债与利息所得税和国内银行报告的利息存在正相关关系，这为部分出于逃税目的持有国际存款的行为提供了证据。由于他们未能在实证中发现国际信息交流对国际存款模式的重大影响，因此，文章也就目前国际信息交流的有效性提出了质疑。

另外，还有少数学者从地理位置的角度出发分析跨境资产持有的原因。Portes 和 Rey（2005）提供了国际证券组合股权交易分配中有关地理模式的第一个证据。基于信息摩擦的假设，他们使用了包括中国香港和新加坡在内的 14 个富裕国家和地区 1989 – 1996 年的双边股权的面板数据，论证了信息在解释资产流动方面起着非常重要的作用。相比之下，Rose 和 Spiegel（2007）的研究则专门锁定了避税天堂。2001 年和 2002 年 200 多个国家跨境资产持有的双边数据支持了地理位置因素而非距离在确定跨境流量方面发挥着重要作用的论断，且避税天堂在洗钱与资产跨境流动增加的过程中发挥了作用。之后，他们使用同一时期的多边横截面数据利用 Probit 模型对上述论点进行了确认。

（二）全球财富的分布状况

上述关于持有跨国资产决定因素的讨论，从侧面佐证了高税率国家的一些商业活动由于低税率的诱惑而被吸引到避税天堂（Hines 和 Rice，1994），避税天堂则当仁不让地成为世界各国居民、家庭、跨国公司出于逃税目的转移财富的"理想"之地的事实。那么，避税天堂持有的资产规模和全球财富的分布状况也就顺理成章地成为学者们关注的话题。其实，学者们从很早就开始讨论有关全球财富分配的演变（Kuznets，1953；Lampman，1962；Atkinson 和 Harrison，1978；Piketty 和 Saez，2003）以及由此引发的不平等（Piketty，2014；Saez 和 Zucman，2016；Piketty，Saez 和 Zucman，2018），最近几年，避税天堂角色的引入又使话题热度不断攀升。那么，避税天堂到底隐匿了多少全球财富？为了回答这一问题，学者们根据现有数据从不同维度进行了测算。

研究发现，2007年全球富人在避税天堂持有的财富约为12万亿美元（Palan等，2010），2010年竟达到了约21万亿—32万亿美元（Henry，2012），其增长速度可见一斑。但是，目前的统计方法无法解释国际统计数据中长期存在于避税天堂的匿名资产和全球资产负债、资金收支的异常值和流动性差异。Zucman（2013）利用全新的全球离岸财富的估计方法，首次按照国别对家庭持有的离岸金融财富进行估计。他根据国际货币基金组织（IMF）提供的投资组合双边流动数据，推断出全球家庭金融财富的8%——相当于全球GDP的10%隐匿在避税天堂，其中约3/4没有被记录在案的结论，由此揭开了由于避税天堂隐匿全球财富造成的"国际投资统计之谜"（Negative Net Foreign Asset Position）。在此之后，Pellegrini等（2016）沿袭了Zucman（2013）的估计方法，但采用了与其组合资产划分的不同标准，发现在全球范围内，每年资本收入的国际逃税金额可能在200亿—420亿美元，相当于全球GDP的0.03%—0.06%。

虽然Zucman（2013）和Pellegrini等（2016）成功地测算了全球隐匿资产的规模，但是，学者们并不满足于这些研究对于全球资产总额或是平均值的估计，而是进一步对其结论所掩盖的国家之间的异质性进行了深入挖掘。Alstadseter等（2018）进一步推进了这项研究。他们构建了丹麦、芬兰、法国、俄罗斯等10个国家（这10个国家GDP总额接近全球的一半）家庭离岸财富份额分布情况，发现不同国家之间存在着很大差异。就隐匿的家庭财富占GDP的比重来看，斯堪的纳维亚地区只有几个百分点，欧洲大陆大约为15%，海湾国家和一些拉丁美洲经济体却高达60%。另外，以瑞士的相关数据为基础，学者们发现欧洲人在瑞士财富的90%未被宣告（Johannesen和Zucman，2014；Roussille，2015），而丹麦人和挪威人在瑞士汇丰商业银行未宣告的财富比例则高达90%—95%（Alstadster等，2018）。

第三节 避税天堂的应对策略

为了避免由避税天堂引发的恶性税收竞争、非避税天堂国家的财政损失、公共资源浪费以及对全球福利的损害等外部性结果，提高经济效率，以OECD和G20等为代表的国家（地区）陆续实施了预扣税和信息交换政策等一系列政策及法令条款，旨在通过多方合作与协同，全力打击避税天堂。

一、预扣税

2005年7月1日，欧盟储蓄税指令（EU Savings Tax Directive，以下简称"指令"）正

式生效，该指令要求欧盟家庭在瑞士和其他一些避税天堂的利息收入征收15%的预扣税，以此打击离岸逃税行为。学者们针对该指令的实施是否有效进行了广泛讨论。

Johannesen先是以自然实验的方法证明了欧盟储蓄税指令对欧盟居民在瑞士的存款有显著的负效应，但没有找到指令覆盖范围外国家的存款会增加的证据（Johannesen，2009）。而后，他又发现该指令中的预扣税政策出台的前后两个季度，欧盟居民在巴拿马和中国澳门拥有的银行存款却大幅增加，这表明瑞士银行存款的减少，部分是源于其向不受指令影响的避税天堂的转移，即预扣税的作用实则有限（Johannesen，2014）。Hemmelgarn和Nicodème（2009）部署了欧盟统计局部门的账户数据、国际清算银行的存款数据和成员国及其他辖区的共享信息以及政府收入数据，其回归结果也证明了指令对欧盟的储蓄和收入没有可测量的影响。

学者们认为预扣税有限的政策效果源于其设计的缺陷和政策漏洞（G'erard和Granelli，2013），包括指令的效力范围、对利息收益所有人的规定、利息收入的限定、缺乏对银行合规性的控制机制等。例如，在欧盟并不是向所有的债券都征收预扣税，针对某些债券的税收豁免便成为该指令的一个漏洞，而这个漏洞足以让逃税者继续以微不足道的额外成本（为免除预扣税的债券支付溢价）进行逃税（Klautke和Weichenreider，2010）。Roussille（2015）用来源于瑞士国家银行和瑞士财政管理局的27个国家2006—2013年的宏观数据，演示了逃税者如何利用欧洲存款税指令的漏洞进行逃税，且货币激励措施（逃税者所在居民国的税收减免或瑞士预扣税制度的实施）是纳税人进行纳税申报的第一推动力，相比之下，自动信息交换政策的影响力则最低。同时，Roussille（2015）认为如果不将欧盟看作一个整体，而是重点关注各个避税天堂的话，前文中Hemmelgarn和Nicodème（2009）的结论可能是错误的。

二、信息交换

信息交换政策不单在欧盟储蓄税指令、税收情报交换等政策中有所反映，2014年7月，20国集团（G20）国家更是要求OECD发布了金融账户涉税信息自动交换标准（Common Reporting Standard，CRS），政策制定者们将这一全球性的倡议称为"银行保密的终结"（Johannesen和Zucman，2014）。然而，避税天堂对是否签署协议（Elsayyady，2012）以及和哪些国家签署协议（Bilicka和Fuest，2014）等具有一定程度上的自主选择权，况且它们天然的不愿意签署任何类型的协议（Bacchetta和Espinosa，2000）。那么，是否要在成本高、难度大的情况下继续推进信息交换政策，则需要依靠于对其现有实施效果的评估，但对于该政策的态度，经济学家们依然分歧很大①。

出于逃税的目的，美国居民把资产隐藏在海外避税天堂的实体当中，然后回投到美国的证券市场，但税收情报交换政策的实施可能导致从避税天堂到美国的外国证券投资（FPI）减少。基于上述机制，Hanlon 等（2015）使用联邦储备银行对美国股票和债务证券中外国投资者的头寸 2001 年前后的估计数据进行了双重差分回归，他们发现，美国与避税天堂税收情报交换协定的签订后，避税天堂向美国的 FPI 平均下降了 32%。何杨和徐润（2016）通过构建 78 个投资国和 238 个被投资国 2001—2013 年的数据库，得出了某国与避税地签订情报交换协定后，由该国转移到避税地的有价证券资产平均下降了 30.39% 的结论，这更加一般性地支持了 Hanlon 等（2015）的结果。持相近观点的还有张瑶（2018），她利用 1990—2015 年中国上市公司的数据得出税收情报交换协定确实有助于打击企业的税基侵蚀和利润转移行为的结论，同时发现与不同避税地签订协定的效果差异较大。这些文献都强烈地支持了情报交换有用论的观点。

不同的结论出现在 Johannesen 和 Zucman（2014）的研究当中。在逃税者拥有避税天堂大约 50% 的存款的假设（Zucman，2013）下，他们利用来源于国际清算银行的 41 个管辖区（其中包括 13 个避税天堂）和美国在 1995 年第四季度至 2008 年第一季度的双边银行存款的面板数据进行了基准回归，发现该政策并没有从根本上打击避税，它只是迫使逃税者将存款转移到与未涉及签约的避风天堂，而不是将资金汇回居民国。虽然信息自动交换条约是打击逃税政策发展中的一个突破，但它基于税收居住权而非公民身份征税的设置使其难以完美操作，因为逃税者仍可以通过在避税天堂开设空壳公司等方式来逃税。因此，我们距离"银行保密的终结"还有很远的距离（Roussille，2015）。

对于相似问题的研究得到完全相反的结论，可能是由于研究对象选择、数据来源、前置假设等因素不同所致。况且，税收情报交换政策和双边信息自由交换政策在机制、实施方式等很多方面都有所差别，在实证中出现不同的结果也不足为奇。

三、避税天堂问题的协调路径

各国（地区）在打击避税天堂的斗争中，虽然取得了如避税天堂与非避税天堂国家所签订的双边协议大幅度增长、开放银行保密工作等一系列的成功，但是它们却难以掩盖上文所述的种种问题的严重性。由于边际税率的提高既能够为居民国带来由于信息交换协议产生的税收收入，又不能避免跨国公司、家庭和个人通过避税天堂逃税带来的意外税收损失（Halons 等，2015），所以，如果要从实质上打击避税天堂，一项多方协调的、对所有

---

① 其实，早在 Huizinga 和 Nicodeme（2004）进行的关于税收政策对全球存款影响的实证研究中，就已提及了信息交换之于投资组合或银行存款之间并无反向因果关系问题。

避税天堂联合打击的"大爆炸"政策势在必行（Elsayyad 和 Konrad，2012）。虽然经济学家们在自身的研究领域提出了不同的意见和建议，但仍就国际合作是解决当前问题的根本出路达成了基本共识。在国际协调的过程中，为了避免避税天堂和非避税天堂国家的高税率之间达到一种内在的"平衡"（Konrady 和 Stolperz，2016），各国需要制定强有力的防御措施，建立切实可行的交流机制和法律基础设施，改善信息交换的质量，扩大国际协调网络，加强国际税收管理，完善各国税制和金融体制，通过政治施压、提高银行透明度和对利用避税天堂的逃税行为严加惩罚，打击国际逃税（Christensen，2011；Hines，2010；Johannesen，2010；Elsayyad，2012；Zucman，2013；Bilicka 和 Fuest，2014；何杨和徐润，2016；Alstadsaeter 等，2018）。

第四节 文献评述与展望

作为全球经济链中极为敏感的一环，避税天堂所引发的热点与讨论日益增多且不断深入。现有文献对避税天堂及其相关衍生话题的探讨，从全球税收治理的角度深入了解避税天堂的运作机制、全球反避税政策的内生机制和实施效果、纳税人和避税天堂的应对措施、全球福利衡量的方式以及财富分布统计的理念等方面为我们提供了规范的理论支持和翔实的实证参考。但是，伴随经济社会的不断发展和国际资本流动的日益活跃，加之国际避税手段的科技化和隐蔽化，避税天堂所牵连的经济、政治、道德问题的复杂化，无论是从理论上还是实证上来看，目前对此领域的研究尚有明显的不足，仍然需要继续完善和推进。

第一，不符合实际的同质性假设和被忽略的异质性探索。为了得到理想的博弈结果，大多数理论文章简单的把博弈双方（或其中两方）区分为避税天堂国家和非避税天堂国家，假定避税天堂国家之间是同质的（Elsayyad 和 Konrad，2012 例外），非避税天堂国家之间也是没有区别的。但是，这种假设并不能完全说明现实问题。除了持有资产数量有所区别，地理位置、政治倾向、经济发展、风俗文化、语言情况等都会对避税天堂的业务以及相关决策产生重要影响，而非避税天堂国家在与避税天堂进行磋商、谈判和签约时也会受到政治、经济、社会地位等一系列因素的制约。目前的理论文献在很大程度上掩盖了博弈双方现实当中的异质性，由此得出的结论也难以成为处理避税等国际事务时的有力参考。

同样，实证研究中仍然缺乏对不同国家（地区）的异质性探索。受到数据或实证策略的限制，目前的实证文献主要集中研究瑞士（例如，Johannesen，2010；Johannesen 和 Zucman，2014；Johannesen，2014；Roussille，2015 等）、中国香港（Fisman 和 Wei，2004

等）等特定的几个避税天堂（例如，Alstadster 等，2018 除外）以及美国（例如，Harris 等，1993；Hines 和 Rice，1994；Desai 等，2006；Hines，2010；Hanlon 等，2015 等）、欧盟（例如，Huizinga 和 Laeven，2008；Weichenrieder，2009；Gumpert 等，2016 等）等国家和地区的行为反应，对其他避税天堂和国家的探讨甚少。但现实情况是，不同避税天堂的投资业务、服务形式、目标客户有着相当的差异，我们完全有理由相信，它们各自无论对于打击措施的应对策略，还是国际资本流动，行为反应应该有所不同，至少在反应程度上呈现高低之分。另外，发展中国家对打击避税天堂或者与其合作的态度和措施也应明显区别于欧美等发达国家和地区，但目前有关这一研究的领域尚属空白。之所以异质性探索尤为重要，是因为这种异质性不但能够在一定程度上影响打击国际避税措施的决策和避税天堂的应对策略，还能够内生地参与全球的资本流动和财富分配。

第二，在构建衡量社会福利理论模型的过程中，学者们一般以政府收入作为社会福利的代理变量，却忽视了跨国公司利润、家庭（或个人）收入的增减，即转移成本和税收的净变化（Johannesen，2010），或者单独考虑公司（资本）税收的增减而没有综合考虑国民收入的升降，这种方式所得出的结论有可能低估或者高估相关税收政策和治理策略的影响，造成分析结果的有偏，从而很难为政策决策者提供全面的参考建议。根据旧福利经济学的观点，在衡量社会福利变化时，需要全面考虑整个经济体系中实现经济福利最大值的变化趋势。单就由避税天堂及其衍生因素引起的社会福利衡量标准来看，虽然将各国福利的每个构成因素悉数识别是极其困难和复杂的，但尽可能地抓住最主要的影响因子，例如国家收入和跨国公司利润，进行综合考虑的做法是可行且必要的。设计更科学的指标、设立更规范的模型、收集更全面的研究数据，在现有的研究基础上，分析避税天堂带来的福利分配效应能否传递给企业、家庭或个人等微观主体，构建贴合现实的传导机制，并进行解释和估算，是解决目前研究中存在的片面性、更好地把握由于避税天堂存在衍生的福利内涵的有效途径。

第三，相关财富分布类的研究文献统计范围不够全面、方法上不够精确，结果存有争议。例如，Zucman（2013）写道"平均而言，中央银行将75%的资产投资于证券，25%投资于银行存款；我假设那些不提供数据的国家也是如此"。然而，Wooldridge（2006）认为中国持有的证券份额可能更高。上述两个假设完全是由经验推断而来，稍显主观和随意。Alstadsater（2018）中"在21世纪之前，这两个国家拥有的离岸资产存量与瑞士银行管理的离岸财富总量的演变是相同的（而且，隐藏财富在过去和现在一样集中）"的假设只用了"所有现有的证据表明，尽管欧洲人在瑞士持有的财富在第二次世界大战后的几十年中已远远不算微不足道，但却是在80年代和90年代增长最多"的文字解释是难以令人信服的。此外，现有文献主要是围绕存款、证券、债券投资等金融产品进行研究，鲜有涉及不动产等非金融资产。例如，Zucman（2013）只估算了家庭在避税天堂持有的金融财富，而没有考虑贵重物品、艺术品、房地产和其他非金融资产（Alstadster 等，2018）。后续研究可以继续挖掘相关数据，综合考虑避税天堂所持有的金融资产和非金融资产（或寻找非金融资产的有效代理变量）以扩大评估范围，选取正统的数学和统计学方法进行测算，使所得结果更加科学和客观。

第四，研究方向的拓展。基于双方或多方的博弈，众多的理论文献已经阐述了避税天堂提供隐蔽服务的机制、各方追求自身收益最大化的决策机制以及合作或打击避税天堂的行动机制，但是目前看来也基本仅限于此。首先，打击避税天堂所出台的政策影响通常是长期的和滞后的，甚至有可能在一定的政策期之后出现零效应或者负效应，因此，目前的两阶段博弈模型较难有效地刻画其持续性的影响，也难以识别其过程中可能受到的其他外部冲击，所以，理论模型的应朝着多阶段的动态模型设计和发展。其次，现有文献对宏观经济的关注一般止步于政府收入等社会福利的变化，但却没有关注一国社会福利的增加是否能够切实使本国企业、家庭、个人等微观经济主体收益，没有深入到有关资本流动扭曲、区域性经济增长的研究，没有能够由此剖析从而提出解决世界经济发展难题的思路（哪怕是冰山一角）。而显而易见，目前未能深入到的研究领域才把握当前政策的优劣以及未来行动指南的风向标，才是更应该详细解剖和更有现实意义的研究方向。而实证文章则需抛开对政策和行为反应等因果关系进行识别的思维禁锢，在与理论框架相结合的基础上，将同一政策在不同国家（地区）产生的影响或者不同时间段的表现进行横向对比，对不同国家或类型的跨国公司的逃税情况进行纵向比较的研究，有待进行深入的思考。

第五，就中国而言，国内学者已经注意到了由避税天堂引发的相关国际避税及其衍生问题，但目前的文献还大多集中于研究避税天堂的历史渊源（高阳等，2018）、相关法律制度的解读（薛峰、郁云岚，2013；樊穗、陈虎，2017）、涉税案例分析（朱晓丹，2016）、国际经验的比较（梁若莲，2008；崔晓静，2008）以及对中国的启示（李娜，2016；梁若莲和吴巧伶，2013）等，应用实证策略的文献仍然非常之少（何杨和徐润，2016；张瑶，2018；刘志阔等，2019；白思达，2019），但这并不失为一个良好的开端。作为世界第二大经济体，中国在全球经济、金融、财税链条上发挥着不可忽视和不可替代的作用。现行的由欧美国家和地区主导、由特殊利益集团参与制定（Hillman，1989；Grossman 和 Helpman，2002）的全球税收政策是否适用于中国国情，中国能否在打击避税天堂的国际合作行动中获益，中国特色金融监管政策下的资本流动应该如何度量，社会主义市场经济体制下的企业微观主体应对行动的表现是否和主流资本主义国家的经验不同，如何提高应对跨国逃税问题政策制定的过程中我国的话语权，这些都是非常值得深入探讨的问题。构建基于中国国情和具体现实的理论模型，结合社会主义市场经济的特殊性考察微观主体的经济行为，利用中国的数据进行实证分析，反思中国在全球税收治理背景下的税收实践，无疑将更加具有理论和现实意义。

文献索引

[1] 白思达. 中国跨国公司税基侵蚀和利润转移问题新研究 [J]. 世界经济, 2019, 42 (04): 174 – 192.

[2] 樊穗, 陈虎. OECD 关于有害国际税收竞争的法律规制概述 [J]. 税务研究, 2017 (01): 70 – 74.

[3] 高阳, 徐鹏庆, 杜秀玲. 由 "天堂文件" 引发的思考: 避税地的诞生及其与英国的历史渊源 [J]. 国际税收, 2018 (04): 43 – 47.

[4] 何杨, 徐润. 税收情报交换、双边税收协定与国际避税——来自全球离岸证券投资的证据 [J]. 财贸经济, 2016 (06): 35 – 50.

[5] 李娜. 论我国税收情报交换立法的完善 [J]. 税务研究, 2016 (04): 72 – 75.

[6] 梁若莲, 吴巧伶. 我国对外专项税收情报交换实践的思考与完善 [J]. 国际税收, 2013 (07): 43 – 45.

[7] 梁若莲. 美国税收情报交换的经验与借鉴 [J]. 涉外税务, 2008 (11): 36 – 40.

[8] 刘志阔, 陈钊, 吴辉航, 张瑶. 中国企业的税基侵蚀和利润转移——国际税收治理体系重构下的中国经验 [J]. 经济研究, 2019, 54 (02): 21 – 35.

[9] 薛峰, 郁云岚. "避税天堂" 风光不再? [J]. 国际税收, 2013 (07): 76 – 77.

[10] 张瑶. 情报交换协定是否能遏制企业的税基侵蚀和利润转移行为 [J]. 世界经济, 2018, 41 (03): 127 – 146.

[11] 朱晓丹. 《2016 美国所得税协定范本》——侧重保护来源国税基 [J]. 国际税收, 2016 (08): 36 – 41.

[12] AKERLOF G A. The market for " lemons": quality uncertainty and the market mechanism [J]. Quarterly journal of economics, 1970, 84 (3): 488 – 500.

[13] ALLINGHAAM M G, SANDMO A. Income tax evasion: a theoretical analysis [J]. Journal of public economics, 1972, 1 (1): 328 – 338.

[14] ALSTADSAETER A, JOHANNESEN N, ZUCMAN G. Who owns the wealth in tax havens? macro evidence and implications for global inequality [J]. Journal of public economics, 2017 (162): 89 – 100.

[15] ALWORTH J S, ANDRESEN S. The determinants of cross border non – bank deposits and the competitiveness of financial market centres [J]. Money affairs, 1992 (5): 105 – 133.

[16] ANDERRSON F, KONRAD K A. Taxation and education investment in the tertiary sector. in: Andersen, T. and Molander, P. (eds.), alternatives for welfare policy [M]. Cambridge: Cambridge University Press, 2003.

[17] ANTONOPOULOS G A, SHAXSON N. Treasure islands: tax havens and the men who stole the world [J]. Trends in organized crime, 2011, 14 (4): 361 – 363.

[18] ATKINSON A B, HARRISON A J. The distribution of personal wealth in Britain [M]. Cambridge: Cambridge University Press, 1978.

[19] BACCHETTA P, ESPINOSA M P. Information sharing and tax competition among governments [J]. Journal of international economics, 1995, 39 (1): 103-121.

[20] BARTELSMAN E J, BEETSMA R M W J. Why pay more? corporate tax avoidance through transfer pricing in OECD countries [J]. Journal of public economics, 2003, 87 (9-10): 2225-2252.

[21] BAYE MR, KOVENOCK D, CG D V. It takes two to tango: equilibria in a model of sales [J]. Games econom behav, 1992, 4 (4): 493-510.

[22] BECKER G S. Crime and punishment: an economic approach [J]. Journal of political economics, 1968, 76 (2): 169-217.

[23] BILICKA K, FUEST C. With which countries do tax havens share information? Int [J]. Tax public finance, 2014, 21 (2): 175-197.

[24] BUCOVETAKY S, HAUNFLER A. Tax competition when firms choose their organizational form: should tax loopholes for multinational be closed [J]. Journal of international economics, 2008, 74 (1): 188-201.

[25] CARDARELLI P M, QUINN M, BUCKMAN D, et al. Binding to CD20 by anti-B1 antibody or F (ab') (2) is sufficient for induction of apoptosis in B-cell lines [J]. Cancer immunology immunotherapy, 2002, 51 (1): 15-24.

[26] CARLSSON H, DAMME E V. Global games and equilibrium selection [J]. Econometrica, 1993, 61 (5): 989-1018.

[27] CHRISTENSEN J. The looting continues: tax havens and corruption [J]. Critical perspectives on international business, 2011 (7): 177-196.

[28] CHU H, CHENG C, LAI Y. A political economy of tax havens [J]. International tax and public finance, 2015 (22): 956-976.

[29] CLAUSING K A. Tax-motivated transfer pricing and US intrafirm trade prices [J]. Journal of public economics, 2003, 87 (9-10): 2207-2223.

[30] COWELL F A. Taxation and labour supply with risky activities [J]. Economica, 48 (192): 365-379.

[31] DAVIES R B, MARTIN J, PARENTI M, et al. Knocking on tax haven's door: multinational firms and transfer pricing [J]. The review of economics and statistics, 2018, 100 (1): 120-134.

[32] DHARMAPALA D, HINES J R. Which countries become tax havens? [J]. Journal of public economics, 2009, 93 (9).

[33] DWORIN L. Transfer pricing issues [J]. National tax journal, 1990 (43): 285-291.

[34] ELSAYYAD M, KONRAD K A. Fighting multiple tax havens [J]. Journal of international economics, 2012, 86 (2): 295-305.

[35] ELSAYYAD M. Bargaining over tax information exchange. Max planck institute for tax law and public finance, Working Paper No. 2012—02, 2012.

[36] ENGEL E M R A, HINES J R H R. Retrospective audits and tax evasion dynamics in the United States. Unpublished Manuscript, Harvard University, 1994.

[37] ERARD B, FEINSTEIN J S. Reporting behavior and audit selection decisions. Unpublished Manuscript, Yale School of Management, 1996.

[38] FISMAN R, WEI S. Tax rates and tax evasion: evidence from "Missing Imports" in China [J]. Journal of political economy, 2004, 112 (2): 471 – 496.

[39] GERARD M, GRANELLI L. From the EU savings directive to the US FATCA, taxing cross border savings income. Discussion Papers (IRES – Institut de Recherches Economiques et Sociales, Université catholique de Louvain), (2013007), 2013.

[40] GORDON R H. Can capital income taxes survive in open economies? [J]. Journal of finance, 1992, 47 (3): 1159 – 1180.

[41] GRILLI V. Europe 1992: issues and prospects for the financial markets [J]. Economic Policy, 1989, 4 (9) : 388 – 421.

[42] GROSSMAN G, HELPMAN E. Protection for sale [J]. American Economic Review, 1994, 84 (4): 833 – 850.

[43] GRUBERT H, MUTTI J H. Taxes, tariffs and transfer pricing in multinational corporate decision making [J]. Review of economics and statistics, 1991 (73): 285 – 293.

[44] GRUBERT H, SLEMROD J. The effect of taxes on investment and income shifting to Puerto Rico [J]. Review of economics and statistics, 1998 (8): 365 – 373.

[45] GUMPERT A, HINES J R Jr, SCHNITZER M. Multinational firms and tax havens [J]. The review of economics and statistics, 2016, 98 (4): 713 – 727.

[46] HANLON M, MAYDEW E L, THORNOCK J R. Taking the long way home: U. S. tax evasion and offshore investments in U. S. equity and debt markets [J]. Social ence Electronic Publishing, 2015, 70 (1): 257 – 287.

[47] HARRIS D, MORCK R, SLEMROD J, YEUNG B. Income shifting in U. S. multinational corporations, in A. Giovannini, R. G. Hubbard, and J. Slemrod, eds. Chicago: University of Chicago Press, 1993.

[48] HAUFLER A, Runkel M. Firm's financial choices and thin capitalization rules under corporate tax competition [J]. European economic review, 2012 (56): 1087 – 1103.

[49] HAUFLER A, SCHJELDERUP G. Corporate tax systems and cross country profit shifting [J]. Oxford economic papers, 2000 (52) : 306 – 325.

[50] HEMMELGARN T, NICODEME G. Tax co – ordination in Europe: assessing the first years of the EU – savings taxation directive [J]. European Commission Taxation Paper, 2009.

[51] HENRY J S. The price of offshore revisited: new estimates for missing global private wealth, income, inequality, and lost taxes. Tax Justice Network Working Paper, 2012.

[52] HILLMAN A L. The political economy of protection [M]. Amsterdam : Harwood Academic Publishers, 1989.

[53] HINES J R Jr, RICE E M. Fiscal paradise: foreign tax havens and American business [J]. Quarterly journal of economics, 1994 (109): 149 – 182.

[54] HINES J R Jr. Treasure islands [J]. Journal of economic perspectives, 2010, 24 (4): 103 – 125.

[55] HINES J R Jr. "Do tax havens flourish?" In James M. Poterba, ed. Tax Policy and the Economy, vol. 19, 65—99 [M]. Cambridge, MA: MIT Press, 2005.

[56] HONG Q, SMART M. In praise of tax havens: international tax planning and foreign direct investment [J]. European economic review, 2010, 54 (1): 82 – 95.

[57] HUIZINGA H, LAEVEN L. International profit shifting within multinationals: a multi – country perspective [J]. Journal of public economics, 2008 (92): 1164 – 1182.

[58] HUIZINGA H, NICODEME G. Are international deposits tax – driven [J]. Journal of public economics, 2004, 88 (6): 1093 – 1118.

[59] JANEBA E, WOLFGANG P. Tax evasion, tax competition and the gains from nondiscrimination: the case of interest taxation in Europe [J]. Economic journal, 1999 (109): 93 – 101.

[60] JANEBA E. Corporate income tax competition, double taxation treaties, and foreign direct investment [J]. Journal of Public Economics, 1995 (56): 311 – 325.

[61] JOHANNESEN N, ZUCMAN G. The end of bank secrecy? an evaluation of the G20 tax haven crackdown [J]. American economic journal: economic policy, 2014, 6 (1): 65 – 91.

[62] JOHANNESEN N. Imperfect tax competition for profits, asymmetric equilibrium and beneficial tax havens [J]. Journal of international economics, 2010, 81 (2): 253 – 264.

[63] JOHANNESEN N. Tax evasion and foreign bank deposits — evidence from a natural experiment. University of Copenhagen, 2009.

[64] JOHANNESEN N. Tax evasion and Swiss bank deposits [J]. Journal of public economics, 2014 (111): 46 – 62.

[65] KING I, MCAFEE R P, WELLING L. Industrial blackmail: dynamic tax competition and public investment [J]. Canadian journal of economics, 1993 (26): 590 – 608.

[66] KLAUTKE T, WEICHENRIEDER A J. Interest income tax evasion, the EU savings directive and capital market effects [J]. Fisc. Stud. 2010, 31 (1): 151 – 170.

[67] KOCAS C, KIYAK T. Theory and evidence on pricing by asymmetric oligopolies [J]. International journal of industrial organization, 2006 (24): 83 – 105.

[68] KONRAD K A, STOLPER T B M. Coordination and the fight against tax havens [J]. Journal of international economics, 2016 (103): 96 – 107.

[69] KONRAD K A, KOVENOCK D. The lifeboat problem [J]. European economic review, 2012, 56 (3): 552 – 559.

[70] KRAUTHEIM S, SCHMIDT – EISENLOHR T. Dualism and cross – country growth regressions [J]. Journal of public economics, 2011 (95): 122 – 133.

[71] KUZNETS S. Shares of upper income groups in income and savings [M]. New York: National Bureau of Economic Research, 1953.

[72] LAMPMAN R J. The share of top wealth – holders in national wealth, 1922—56 [M]. Princeton, NJ: Princeton University Press, 1962.

[73] MELUMAD N, MOOKHERJEE D. Delegation as commitment: the case of income tax audits [J].

Rand journal of economics, 1989 (20): 139 – 163.

[74] MIHIR A, DESAI C, FOLEY F, HINES J R Jr. Do tax haven operations divert economic activity? [J]. Economics letters, 2006 (90): 219 – 224.

[75] MIHIR A, DESAI C, FOLEY F, HINES J R Jr. The demand for tax haven operations [J]. Journal of public economics, 2006 (90): 513 – 531.

[76] MIRRLEES J A. Optimal tax theory: a synthesis [J]. Journal of public economics, 1976 (6): 327 – 358.

[77] MIRRLEES J A. Notes on welfare economics, information and uncertainty, in: M Balch, D McFadden and S Wu (eds) essays in equilibrium behavior under uncertainty [M]. Amsterdam: North – Holland, 1974.

[78] MORRIS S, SHIN H S. Unique equilibrium in a model of self – fulfilling currency attacks [J]. American economic review, 1998, 88 (3): 587 – 597.

[79] MORRIS S, SHIN H S. Global games – theory and applications. In: advances in economics and econometrics, 8th world congress of the econometric society [M]. Cambridge, UK: Cambridge University Press, 2003.

[80] NARASIMHAN C. Competitive promotional strategies [J]. Journal of business, 1988, 61 (4): 427 – 449.

[81] OATES W. fiscal Federalism [M]. New York: Harcourt Brace Jovanovich, 1972.

[82] PALAN R, MURPHY R, CHAVAGNEUX C. Tax havens: how globalization really works [M]. Ithaca, NY: Cornell University Press, 2010.

[83] PELLEGRINI V, SANELLI A, TOSTI E. What do external statistics tell us about undeclared assets held abroad and tax evasion? Bank of Italy occasional paper, 2016.

[84] PENCAVEL J H. A note on income tax evasion, labor supply and nonlinear tax schedules [J]. Journal of public economics, 1979, 12 (1): 115 – 124.

[85] PIKETTY T, SAEZ E. Income inequality in the United States, 1913—1998 [J]. Quarterly journal of economics, 2003, 118 (1): 1 – 39.

[86] PIKETTY T, SAEZ E, ZUCMAN G. Distributional national accounts: methods and estimates for the United States [J]. Quarterly journal of economics, 2018 (133): 553 – 609.

[87] PIKETTY T. Capital in the 21st century [M]. Cambridge: Harvard University Press, 2014.

[88] PORTES R, REY H. The determinants of cross – border equity flows [J]. Journal of international economics, 2005 (65): 269 – 296.

[89] RAZIN A, SADKA E. The economy of modern Israel: malaise and promise [M]. Chicago: University of Chicago Press, 1993.

[90] ROSE A K, SPIEGEL M M. Offshore financial centres: parasites or symbionts? [J]. Economic journal, 2007, 117 (523): 1310 – 1335.

[91] ROUSSILLE N. Tax evasion and the 'Swiss cheese' regulation. Mimeo, 2015.

[92] SAEZ E, ZUCMAN G. Wealth inequality in the United States since 1913: evidence from capitalized income tax data [J]. Quarterly journal of economics, 2016, 131 (2): 519 – 578.

［93］SANDMO A. Income tax evasion, labor supply, and the equity—evasion tradeoff ［J］. Journal of public economics 16（3）: 265 – 288.

［94］SLEMROD J, WILSON J D. Tax competition with parasitic tax havens ［J］. Journal of public economics, 2009, 93（11 – 12）: 1261 – 1270.

［95］SPENCE A M. Job market signaling ［J］. Quarterly journal of economics, 1973（87）: 355 – 374.

［96］STIGLITZ J E. The efficiency wage hypothesis, surplus labor and the distribution of income in l. d. c. ś ［J］. Oxford economic papers, 1976（28）: 185 – 207.

［97］TIEBOUT C. A pure theory of local expenditure ［J］. Journal of political economy, 1956, 64（5）: 416 – 424.

［98］TORVIK R. Why do some resource – abundant countries succeed while others do not? ［J］. Oxford review of economic policy, 2009, 25（2）: 241 – 256.

［99］VICKREY W. Counterspeculation, auctions and competitive sealed tenders ［J］. Journal of finance, 1961（16）, 8 – 39.

［100］WANG Y, FEI D, VANDERLAAN M, et al. Biological activity of bevacizumab, a humanized antiVEGF antibody in vitro ［J］. Angiogenesis, 2004, 7（4）: 335 – 345.

［101］WEICHENRIEDER A J. Profit shifting in the EU: evidence from Germany ［J］. International tax and public finance, 2009（16）: 281 – 297.

［102］WHEELER J E. An academic looks at transfer pricing in a global economy ［J］. Tax notes, 1988.

［103］WILDASIN D E. Fiscal competition for imperfectly – mobile labor and capital: a comparative analysis ［J］. Journal of political economy, 2011, 95（11）: 1312 – 1321.

［104］WILSON J D. A theory of interregional tax competition ［J］. Journal of urban economics, 1986, 19（3）: 296 – 315.

［105］WILSON J D. theories of tax competition ［J］. National tax journal, 1999（52）: 269 – 304.

［106］YITZHAKI S. A note on income tax evasion: A theoretical analysis ［J］. Journal of public economics, 1974, 3（2）: 201 – 202.

［107］ZODROW G, MIESZKOWSKI P. Pigeou, tiebout, property taxation and the underprovision of local public goods ［J］. Journal of urban economics, 1986, 19（3）: 356 – 370.

［108］ZUCMAN G. The missing wealth of nations: are Europe and the US net debtors or net creditors? ［J］. Quarterly journal of economics, 2013, 128（3）: 1321 – 1364.

［109］ZUCMAN G. The hidden wealth of nations: the scourge of tax havens ［M］. Chicago: University of Chicago Press, 2015.

［110］ZUCMAN G. The missing wealth of nations: are Europe and the US net debtors or net creditors? ［J］. Quarterly journal of economics, 2013, 128（3）: 1321 – 1364.